那是一個注定要用黑色筆填寫的日子

七月二十八日

中華書局

# 唐山大地震

錢鋼 著

# 序

　　1986 年，《唐山大地震》出版不久，我在北京收到來自香港教育署的一封信。在這封筆跡娟秀、文辭優雅的信裏，寫信者，一位公務員女士說，教育署正在籌備編撰將沿用到 1997 年後的香港中學語文課教材，有意將《唐山大地震》的引言《我和我的唐山》收入其中，希望得到授權。

　　《唐山大地震》的香港之緣就是這樣開始的。「九七」前我曾兩度來港。第一次是在 1992 年，北京三聯書店和香港媒體合作創辦《三聯生活週刊》，聘我任執行主編，我帶着編輯團隊來訪問學習。1996 年那次，逢唐山地震 20 週年，香港中華書局出版了《唐山大地震》紀念版，我應中華書局總經理陳國輝先生之邀參加香港書展，並第一次和香港的學生見面。

　　那以後的幾年中，我從北京來到鄰近香港的廣州，出任《南方週末》報常務副主編。2001 年卸任後不久，我即應香港中文大學熊景明女士邀請，到大學研究服務中心訪問。2002 年，我結識了香港大學新聞及傳媒研究中心總監陳婉瑩教授，2003 年，在她的安排下，我先作為訪問學者來到港大，後來受聘為香港大學新聞及傳媒研究中心中國傳媒研究計劃主

任。這決定了我 50 歲之後的道路：我將由一名記者和媒體負責人，轉向傳媒研究和教育，由一個內地人，變成香港人。

一個內地人要認識香港，融入香港，不太容易。我很幸運，有前面提到的諸位香港朋友的舉薦和引領。而《唐山大地震》，則使我有緣與香港人特別是年輕人成為朋友。

香港的朋友告訴我，上世紀 80 年代以來，我的那篇引言《我和我的唐山》一直是香港中學語文課的課文；學生課文的作者，古人、前人居多，所以 2003 年我來香港大學時，有聽到消息的同學問：咦？錢鋼還活着？

多數中學的同學，在會考時要寫《唐山大地震》的讀書筆記。港大一位研究生告訴我，她在巴士上曾看見一位學生在唸唸有詞看習題，湊近看，上面寫着「錢鋼先生如何看待死？如何看待生？」。

2003 年，在香港的網頁上，我看到有個同學模仿《我和我的唐山》，寫了篇搞笑文章《我和我的高考》：

# 序

　　無疑，高考是屬於我的。

　　如果説，開學前，那個腳蹬學生皮鞋，肩揹單肩式大書包，身穿新學校的白色校服，整日奔波在那堆苦了學生的書本中的十七歲年輕人，還沒有意識到，命運已經把一個可悲可憐的考試交給了他，今天，當我真的面對高考，並第一次挑戰它的時候，我才意識到，我和我的高考已經無法逃避了。

　　是的，那是一個注定要用黑色筆填寫的日子——

　　三月二十八日

　　二零零三年，高級程度會考第一份卷開考。

　　我又看到了我的高考。我的災難深重的高考。我的傷痕累累的高考。我的那大毀滅的九死無生的高考。


　　2003 年沙士事件後，我在香港中央圖書館發表演講《從唐山大地震到「沙士」的天災報道》，熱情的同學坐滿了演講廳和臨時另開的兩間錄影觀看室。我到港大後，受邀造訪的第一間中學是英華女學校，此後，曾到大埔三育中學、佛教大雄

中學、九龍華仁書院、保良局蔡繼有學校和老師同學們見面。在東涌保良局馬錦明夫人章馥仙中學，有七間離島學校的同學匯集一堂，聽我講在軍中自學寫作的經歷，和《唐山大地震》的寫作。香港教育局還幾次安排我為師生作關於報告文學的講座，其中一次在伊麗莎白體育館，有數十間中學的上千名師生前來。

香港人對天災、對救災和賑災，歷來關注。我來香港工作後，2004 年底，發生了南亞地震海嘯；2008 年，汶川地震發生；2010 年，又發生了青海玉樹地震。每次地震發生後，我都會接到香港媒體打來的採訪電話。趕赴災區的有的港媒記者和我保持着聯絡，其中有人去災區時帶着《唐山大地震》。

我明白我的責任。這些年，我曾三次在香港電台發表「香港家書」。前兩次和地震有關，後一次談 2011 年「7·23 溫州動車事故」。我多年居住的香港大學聖約翰學院，素有關心內地、扶貧濟困的傳統。前院長湯顯森牧師在汶川地震後發起對災區重建的支援，我和他及一眾香港朋友到茂縣實地勘察，商討籌款援助項目和港大師生到現場親身參與重建勞動的計

# 序

劃。一路上經歷了許多事，有熱情的幫助，也看到「剛性維穩」思維下，一些官員對境外人士的不信任態度。

天災，災禍，援救，重建，是香港朋友了解內地的一個窗口。我十分感激陳婉瑩教授，她讓我在主持中國傳媒研究計劃的同時，和她一起參與中心的教學，給研究生開課，從講《唐山大地震》、災難報道、個人的傳媒經歷，逐步擴大到講當代中國新聞史、向香港各方人士開「通傳媒，識中國」公開課。

認識久經磨難的中國傳媒，認識多災多難的中國，了解過去，看清現在，是許多香港朋友的願望。我願意做一個溝通者。我堅信溝通的必要，也堅信溝通的可能。對「人」的同情，對人性的尊重，是彼此理解的最重要基礎。擺脫意識形態左右，不造誇辭，不務諂媚，誠實，求真，是溝通的核心。

喬治·奧維爾在《一九八四》中曾藉主人公的口說：「所謂自由，就是可以自由地說，二加二等於四」。我跟許多同學談起，1976 年我到唐山參加救災，在災區生活兩個多月；但在思想僵化、虛假宣傳充斥報章的那時，決無可能寫一部《唐山大地震》。只有到了告別神話、告別假話的 80 年代中

期，這本以大劫難中的人為中心的書才能問世（詳見本書附錄《〈唐山大地震〉和那個十年》）。有感於自己的親身經歷，我在許多場合對香港的同學們說過，空話誤國，假話禍國，講真話才是真愛國。

《唐山大地震》把我和香港連在一起。我珍惜這段特殊的緣分，對所有在這裏接納過、幫助過我的人，懷有深深的感恩之情。我珍惜香港，願繼續為她盡力。

2016 年 5 月 7 日寫於香港大學

# 我和我的唐山

—— 一九八六年版引言

　　無疑，唐山是屬於我的。

　　如果說，十年前那個腳蹬翻毛皮鞋、肩揹手壓式噴霧器、身穿防疫隊的白色大褂、整日奔波在那片震驚世界的廢墟上的二十三歲年輕人還沒有意識到，生活已經把一片可歌可泣的土地交給了他，那麼，今天當我再次奔赴唐山，並又一次揮別它的時候，我才意識到，我和我的唐山已經無法分開了。

　　不久前，我和朋友們在新華書店看見了一本《世界歷史上的今天》。出於什麼呢？我立刻把它取下書架，幾乎是下意識地，隨手翻到了那一頁。

　　是的，那是一個注定要用黑色筆填寫的日子——

七月二十八日

……

一七九四年　法國革命家羅伯斯庇爾和聖·朱斯特被處死

一九一四年　奧匈帝國向塞爾維亞宣戰，第一次世界大戰
　　　　　　從此開始

一九三七年　日本佔領中國北平

# 錢鋼

一九七三年　法國在穆魯羅瓦珊瑚礁進行第二次原子彈爆
　　　　　　炸

一九七六年　中國唐山市發生大地震

我又看到了我的唐山。我的災難深重的唐山。我的傷痕累累的唐山。我的在大毀滅中九死一生的唐山。唐山大地震，它理所當然地要和世界歷史、人類發展史上一切重大事件一同被人類所銘記。

唐山人永遠也不會忘記這個忌日。這些年，每當七月二十八日凌晨到來的時候，唐山街頭就有一些人影在晃動着。悄寂無聲中，亮起的是一小簇一小簇暗紅的火苗。火光裏映出的是一雙雙愴然的眼睛——老年人的、中年人的，也映出了他們手中一張張點燃着的紙錢：

我兒×××收

愛女×××收

父母大人收

……

# 我和我的唐山
—— 一九八六年版引言

　　晨曦中，淡黃色的紙錢化作的煙，由絮絮縷縷漸漸融合成一片，如白色的霧，浮動在新建的高層建築之間。紙灰在霧中飄浮着，它們是孩子眼中一隻隻神奇的黑色蝴蝶，飛得很高，又緩緩飄落，落在路旁草叢中，落在佇立街頭的老太太們的銀色鬢角上。她們沒有拍去它，她們的眼睛在癡癡地望着大地，不，是在望着地底下的那個世界；老人的嘴唇顫動着，在喃喃地訴說什麼。

　　我曾不止一次走過那些飄飛過紙灰的街心。我理解，在唐山，「7·28」地震的死難者們是沒有墳場的；那些高樓下的十字路口，那些窄小的老巷，那些在地震後重新堆起的小山，甚至剛剛圈定的廠房新址，都是他們無碑的墓地。十年前，他們就是在這些地方，被房樑砸倒、被樓板壓碎、被瓦礫和落土活活窒息的。十年後，廢墟已不復存在，然而我認得出一切。我走着，從路邊栽着拳頭粗的小樹的新修的幹道，走向老樹夾徑的狹窄的老街。是一個無月的夜晚，我獨自漫步在一條十年前曾去過的小路上，忽然發現，路燈下那一棵棵高大的老白楊，通體銀白，閃着奇異的光。這些在大地震中，曾像浪中船

桅一樣劇烈搖盪過的老樹，這些曾目睹過當年一幕幕慘狀的老樹，它們至今還在默默地、忠實地守護着什麼呢？那一根根形狀彎曲的枝條，使人想到它細密的根鬚。十年來，老樹的根鬚一點一點地伸向死難者長眠着的大地深處，是在為地上和地下、生者與死者傳遞着什麼音訊嗎？

唐山大地震，是迄今為止四百多年世界地震史上最悲慘的一頁。中國地震出版社出版的《地球的震撼》一書，向全人類公佈了這一慘絕人寰的事實：

死亡：二十四萬二千七百六十九人

重傷：十六萬四千八百五十一人

每當我看到這些數字的時候，我的心便會一陣陣發緊。

一九二三年九月一日日本東京八點二級大地震的情景是極為可怖的，強震引起的次生災害——大火幾乎焚燬了半個東京，死亡計十萬人。

一九六〇年五月二十二日智利八點五級大地震，引起了橫掃太平洋的海嘯，巨浪直驅日本，將大漁船掀上陸地的房頂；這次地震的死亡者，總數近七千人。

# 我和我的唐山

—— 一九八六年版引言

還有美國一九六四年三月二十八日阿拉斯加八點四級大地震，冰崩、山崩、海嘯、泥噴，總共使一百七十八人喪生。

這些數字意味着什麼？它們意味着：唐山大地震的死亡人數，是舉世震驚的東京大地震的二點四倍，智利大地震的三十五倍，阿拉斯加大地震的一千三百多倍！

更為重要的，是這些數字背後，人的悲慘命運。人們盡可以用數十億美元、數百億美元來計算物質財產損失，可是又能用什麼來計算人的損失呢？活生生的人是無價的。

太難了，要想忘掉那一切是太難了。

不久前我訪問過一位唐山婦女。在她家，她給我端出水果和糖，出於禮貌，我請她也吃。她卻連連搖手：「不，不！」她說，「大地震後，我就沒吃過一點甜的東西……」她告訴我，她是在廢墟中壓了兩天兩夜之後被救出來的，出來後吃的第一樣東西，是滿滿一瓶葡萄糖水。從此，一切甜的東西都會使她產生強烈的條件反射。蘋果、橘子、元宵、年糕，甚至孩子的朱古力……這一切都會喚起她十年前在廢墟裏渴得幾乎要發瘋的感覺。「我不能沾甜的東西，我受不了！」十年了，苦澀的

滋味一直沒有離開過她，一直沒有……

「經過地震的人，都像害過了一場病。」另一位婦女對我說，「我一到陰天，一到天黑，人就說不出的難受。胸口堵得慌，透不過氣來，只想喘，只想往外跑……」她不止一次這樣跑到屋外，哪怕屋外飄着雪花，颳着寒風，任丈夫怎樣勸也勸不回來。她害怕！她是壓在廢墟中三天後才得救的，她至今還牢牢地記着那囚禁了她三天的漆黑的地獄是什麼樣子。平時只要天氣變暗，當時那恐怖絕望的感覺又會回來，令她窒息。十年了，是什麼無形的東西還在殘忍地折磨着這羸弱的女人呢？

你，一位中年教師，語調十分平靜，平靜之中又透着說不盡的酸楚：「那些傷心的事多少年不去想它了，忘了，都忘了。」真的忘了嗎？當年，為了救出你的愛妻，你曾在廢墟上扒了整整一天，是一場大火最終將你的希望斷送。你告訴我，妻子是活活燒死在那片廢墟中的，你當場暈了過去。怎能夠忘記啊！那是一場可怕的火。採訪中，曾有人捋起衣袖，指着臂膀上的疤痕對我說，大火燒化了親人的屍體，這是滾燙的人油燙的痕跡……

# 我和我的唐山
—— 一九八六年版引言

　　還有你，老軍人劉祐，我在你那冷清清的家裏坐着，看着你竭力作出的輕鬆的笑，我真想哭。「地震前的那天晚上，我出差在天津，夜裏十來點鐘還跟家裏通了電話，是小女兒接的，她問：『爸爸，我要的涼鞋你買好了沒？』我說：『買好啦。』她又問：『是銀灰色的嗎？』我說：『是的！』她問我好看不好看，還要我快快捎回去……」你說不下去，老淚順着滿臉的皺紋往下淌。十年了，你至今還珍藏着那雙銀灰色的小涼鞋，像是珍藏着女兒那顆愛美的活潑潑的心……

　　二十四萬生靈彷彿就是這樣一點一點離去的。

　　一千二百人中有四百人遇難的陸軍二五五醫院，是我這次去唐山的住處。醫院有一個小靈堂，保存着部分遇難者的骨灰盒。當我走進那間點着昏黃小燈的屋子時，我的胸腔立刻被塞緊了。所有骨灰盒上的照片，那一雙雙眼睛都是活生生的，活生生的。

　　一個紮小辮的女護士，穿着洗得發白的軍裝，戴着一頂有簷帽，胸前還有一枚碩大的毛主席像章。一切都帶着那個年代的烙印，只有她那楚楚動人的笑容是超越時間的，以至於十年

後的今天，當我看到這張照片，我產生了一個奇怪的想法，如果說她曾把什麼照片送給自己的戀人，那一定就是這一張。

有一個戴鴨舌帽的極可愛的大眼睛男孩，我簡直不忍心正視他。他的骨灰盒上，放着一個小小的花圈，輓帶上寫：

韓冶安息。你的爸爸媽媽

旁邊還有一個小花圈，上面是同樣的字跡：

韓松安息。你的爸爸媽媽

他的弟弟，一個更小也更討人喜歡的男孩。失去了這樣一對可愛的孩子，我很難想像他們的父母是在用什麼來支撐自己的生命和感情。

失去的是太多了。在小靈堂裏，我不僅看到了一行行淚寫的字，而且清清楚楚地聽到了那些可憐的父母們淒婉而不絕的呼喚。

一個小女孩的骨灰盒上，有一包剝開錫紙的朱古力，朱古力都化了。可憐的孩子！也許生前她並沒有盡情地吃過她所愛吃的東西，但一切都已不能再挽回。這就是大自然強加給人間的悲劇！

# 我 和 我 的 唐 山

―― 一九八六年版引言

　　靈堂裏還有一個特製的大骨灰盒，由一大三小四隻骨灰盒組成。這真是一組特殊的圖案，它出自一位父親的手，象徵着人間失去了一位母親和她的三個孩子。我無法想像，孩子們的父親在親手製作這隻骨灰盒時，會是怎樣的心情。孩子們都依偎在母親的身邊去了，獨獨扔下孤寂的他；究竟是死去的人更不幸，還是活着的人更不幸呢？

　　靈堂外是一座小山。那是震後清理廢墟時，用整個醫院的斷牆、殘壁、碎磚、亂瓦堆成的。「山」上有石階，有涼亭，有嬉戲的孩子――是那些未經過災難的震後出生的孩子。石縫間，偶爾伸出一截截鏽蝕的金屬，那是十年前折彎、擰斷了的水管、暖氣管；站在它們旁邊，我彷彿置身於一片死寂的黑色的洋面上，傾聽着極深極深的大地深處傳來的種種屬於人的微弱的信號。常常地，於寂靜之中，我會突然聽到自己的腳步又重新踏上昔日廢墟上的聲音，聽到那些埋在地殼深處的二十四萬活生生的靈魂的氣息，他們詛咒、叫喊、哀求和呻吟；他們在生命被撕裂的那一刻，尚未來得及去思、去想、去躲、去避，就被活活地剝離開了那個光明的世界，成了這地心深處大自然

牢獄的終生禁囚。我又想起了靈堂中那些無辜的天真的孩子，也許因為他們的存在，致使我腳下的每一寸土地都在痛苦地抽搐着。

這就是我的唐山。

十年前，當我——一個未諳世事的青年，從平靜的生活中一步跨到了堆滿屍體的廢墟上時，我只是感受了什麼叫做「災難」。儘管住在災民的小棚子裏，幫他們領救濟衣、救濟糧，排長長的隊領一小桶水；儘管參加了護送數百名孤兒轉移他鄉……我只是感覺到自己像在一夜間長大了，卻還沒有理解生活的底蘊。而這次重回唐山，我忽然覺得，自己懂得些什麼了……

是的，與那二十四萬蒙難者相比，與唐山目前依然存活着的人相比，我的確是來自另一世界的人。我彷彿第一次從災難的角度觀察我的民族、我的同胞、我的星球。這是殘酷的，也是嶄新的。如此驚人的災變，如此慘重的浩劫，如此巨大的死亡和悲傷，我已經不能用正常的規範來進行思維。那些美麗得令人傷心的東西，那些親切得令人腸斷的東西，那些堅硬得令

# 我 和 我 的 唐 山

—— 一九八六年版引言

人發抖的東西，那些弱小得令人渴望挺身而出的東西，一切屬於人的品質都俱全了。

這就是我的唐山。

一九八五年的春節，我是在唐山度過的。除夕那天一早，我就聽見噼噼啪啪的爆竹聲，過午，那聲音更響，及至薄暮，滿城的爆竹聲已密得分不出點兒來，整個天空都被映得通紅！我看見高樓上、大路口，那些年輕人正一個接一個地點燃掛鞭和煙花：「閃花雷」、「菊花雷」、「銀龍吐珠」、「五獻花」……聽不見輕鬆的笑聲，只是不停地放，放。我覺得那震耳欲聾的炸響聲中，飽含着一種極為複雜的情緒。

十年前訪問過的那位在廢墟中壓了十三天的盧桂蘭大媽，邀我去她家包餃子。在地震中失去了丈夫和愛女的孤獨老人，似乎把我當成了唯一的親人，她一口一個「孩子」，喊得叫人心痛。我要走了。拿起提包，忽然感到那麼沉。原來老人在裏面塞了半包玉田小棗！

我提着沉甸甸的包，在唐山的街道上走着。滿地是爆竹的碎紙，空氣中飄着火藥的甜香。我的心沉甸甸的。

除夕的唐山，光明和黑暗形成了強烈的反差。新建區燈火

輝煌，而那些尚未推倒的「防震棚」裏，只有暗暗的燈光。但那裏有着真正的人間的氣息，正如我這沉甸甸的包裹裝着的盧大媽那顆母親的心。在文化路路口，我停住了腳步，我又看到了十年前看見過的那一株株老柳樹。當年，樹下是聚集屍體的地方。老柳樹枝條仍然不動，彷彿在此起彼落的爆竹聲中沉思着歷史。我的眼睛發澀。人們對這些老柳樹的理解，也許遠不如它們對人的理解呵。

二十四萬人無疑是一個悲哀的整體，它們在十年前帶走了完整的活力、情感，使得唐山至今在外貌和精神上仍有殘缺感。一切似乎都逝去了，一切似乎又都遺留下來了。彷彿是不再痛苦的痛苦，彷彿是不再悲哀的悲哀。

正是這一切，促使我用筆寫出我的唐山。我要給今天和明天的人類學家、社會學家、地震學家、醫學家、心理學家……不，不光是他們，還有人——整個地球上的人們，留下關於一場大毀滅的真實記錄，留下關於天災中的人的真實記錄，留下尚未有定評的歷史事實，也留下我的思考和疑問。

這就是我的心願。

# 目 錄

# 目錄

1 9 7 6

第 一 章

# 蒙難日「7・28」

# 3 時 42 分 53.8 秒 ……

歷史將永遠銘記地球的這一個座標：東經 118.2 度，北緯 39.6 度。

人類將永遠銘記歷史的這一個時刻：公元一千九百七十六年七月二十八日，北京時間凌晨三時四十二分五十三點八秒。

僅僅在一秒鐘以前，地球的表面似乎還是平靜的。在東經 118.2 度、北緯 39.6 度——中國河北省唐山市，一切都和往日一樣，夜闌人寂，大街上幾乎看不見行人；開灤礦務局唐山礦的高高的井架上，天輪還在以慣常的速度旋轉；新落成的開灤醫院七層大樓，透出幾處寧靜而柔和的燈光。整座城市在安寧地熟睡。某機關宿舍中，一位名叫蔣紅春的女中學生，在屋裏打完驅趕蚊蟲的「DDT」，剛剛回到牀上；河北礦冶學院幹部陸延麟擔心有雨，剛剛起來收下晾在窗外的衣服；火車站服

務員張克英正和一位工友商量買夜餐的事；一位名叫劉勛的大夫，因有急診，剛剛披上外衣走出屋子⋯⋯

誰也不曾想到，若干年來，唐山市腳下的地殼正在發生着可怕的變動。唐山和唐山以西地區，上地幔和下地殼的岩漿和熱物質向上地殼加速遷移，引起垂直作用力。地殼運動產生的強大地應力長期集中造成的巨大彈性應變能，正在岩石中積聚着、貯蘊着，岩石痛苦地支撐着自己，直至岩石強度被突破的那個災難性時刻。七月二十八日凌晨三時四十二分，唐山市地下的岩石突然崩潰了！斷裂了！

凌晨三時四十二分五十三點八秒，如有四百枚廣島原子彈在距地面十六公里處的地殼中猛然爆炸！

唐山上空電光閃閃，驚雷震盪；大地上狂風呼嘯。強烈的搖撼中，這座百萬人口的城市頃刻間被夷為平地。

整個華北大地在劇烈震顫。

天津市發出一片房倒屋塌的巨響。正在該市訪問的澳洲前總理惠特拉姆被驚醒了，他所居住的賓館已出現了可怖的裂縫。

北京市搖晃不止。人民英雄紀念碑在顫動，磚木結構的天安門城樓上，粗大的樑柱發出彷彿就要斷裂的「嘎嘎」的響聲。

在華夏大地，北至哈爾濱市，南至安徽蚌埠、江蘇清江一線，西至內蒙磴口、寧夏吳忠一線，東至渤海灣島嶼和東北國境線，這一廣大地區的人們都感到了異乎尋常的搖撼。而強大的地震波早已以人們感覺不到的速度和方式傳遍整個地球。

美國阿拉斯加帕默天文台驟然響起扣人心弦的警鐘聲。按規定住在離天文台只有五分鐘路程範圍內的四名地震學家和兩名技術人員，急急忙忙地趕來觀察儀器。他們發現在警鐘敲響的時候，阿拉斯加州上下跳動了大約八分之一吋。阿拉斯加州的居民們紛紛打來電話詢問：發生了什麼事情？地震？中國大地震？美國是否也會有大震？！

全世界的地震台都感到了來自中國的衝擊力。雖然沒有得到關於震中的確切情報，可是所有的地震學家都能感覺到，一場巨大的災難已經發生。全世界的各大通訊社當日便公佈了各地震台的記錄結果──

美國全國地震情報中心稱：中國北京東南一百哩發生地震。

美國地質調查所稱：北京東南約一百哩，北緯 39.6 度，東經 118.1 度，在天津附近，發生八點二級地震。

美國加利福尼亞大學稱：中國發生七級以上地震，震中在北京附近。

美國夏威夷地震台稱：中國發生八點一級地震，震中在北京附近。

美國阿拉斯加帕默地震台稱：中國發生八點二級地震。

美國檀香山地震台稱：中國發生八級地震。

日本氣象廳稱：中國發生七點五至八點二級地震，震中在內蒙古，即北緯 43 度，東經 115 度。

日本長野地震台稱：中國發生七點五級地震。

天津遭受重創

北京：遭到破壞的德勝門

成為一片瓦礫的唐山火車站
（李耀東攝）

瑞典烏普薩拉地震研究所稱：中國發生八點二級地震。

里氏震級發明者里克特（美）宣佈：中國發生八點二級地震。

香港的英國皇家天文台宣佈：中國發生的地震為八級左右，震中位於東經 111.1 度、北緯 39.6 度，距唐山極近。

中國台北「中央氣象局」稱：陽明山鞍部的地震儀測到大陸北部的強烈地震，規模為八級。震中在北平東部一百三十五公里附近。台北記錄到的總震動時間約一小時三十二分鐘。

……

一道道電波，接連不斷地穿越太空。

然而，當時誰也想像不到會出現這樣一個史無前例的慘景：中國唐山，一座百萬人口的工業城市，已經在地球局部的震動中夷為平地！

中國新華通訊社於七月二十八日向全世界播發如下消息：

　　新華社一九七六年七月二十八日訊　我國河北省冀東地區的唐山—豐南一帶，七月二十八日三時四十二分發生強烈地震。天津、北京市也有較強震感。據我國地震台網測定，這次地震為七點五級……

幾天後，中國再次公佈經過核定的地震震級：Ms 七點八級。

謎一般的災難。

謎一般的三時四十二分。

然而，這一切又都是怎樣開始的呢？

# 大自然警告過

似乎是一場無法預料、無法阻止的浩劫。

可是，大自然又確實警告過。如果，在當時有一位能夠縱覽方圓數百里、通觀天上地下種種自然景物的巨人，那麼，對於地震前夕出現的不可思議、甚或是帶有魔幻色彩的自然界的變異現象，他一定會感到震驚。正是這些大自然的警告，使得那些於災難發生之後重新搜集起它們的地震學者們毛骨悚然並陷入深思。

只是，對於「7·28」來說，這一切都太晚了。

## · 恐怖極了的魚

### 唐山八中教師吳寶剛、周萼夫婦：

一九七六年七月中旬，唐山街頭賣鮮魚的突然增多。他們只是奇怪，多少日子裏難得買到新鮮魚，為什麼今天特別多，而且價格非常便宜。

「這是哪兒的魚？」

「陡河水庫的。」賣魚人告訴他們，「這幾天怪了，魚特別好打。」

這一對夫婦當時怎麼也想不到，一場災難已經臨頭。幾天

後，他們於地震中失去一兒一女。

**據蔡家堡、北戴河一帶的打魚人說：**

魚兒像是瘋了。七月二十日前後，離唐山不遠的沿海魚場，梭魚、鯰魚、鱸板魚紛紛上浮、翻白，極易捕捉，漁人們遇到了從未有過的好運氣。

戟門河閘附近，光着身子的孩子們用小網兜魚，魚兒簡直是往網中跳，數小時就兜到幾十斤魚。

**唐山市趙各莊煤礦　陳玉成：**

七月二十四日，他家裏的兩隻魚缸中的金魚，爭着跳離水面，躍出缸外。把跳出來的魚又放回去，金魚居然尖叫不止。

**唐山柏各莊農場四分場養魚場　霍善華：**

七月二十五日，魚塘中一片嘩嘩水響，草魚成羣跳躍，有的跳離水面一尺多高。更有奇者，有的魚尾朝上頭朝下，倒立水面，竟似陀螺一般飛快地打轉。

**唐山以南天津大沽口海面，「長湖」號油輪船員：**

七月二十七日那天，不少船員擠在舷邊垂釣。油輪周圍的海蜇突然增多，成羣的小魚急促地游來游去。放下釣鉤，片刻就能釣上一百多條。有一位船員用一根釣絲，拴上四隻魚鉤，竟可以同時釣四條魚。魚兒好像在爭先恐後地咬魚鉤。


## ‧ 失去「理智」的飛蟲、鳥類和蝙蝠

**唐山以南天津大沽口海面，「長湖」號油輪船員：**

據船員們目睹：七月二十五日，油輪四周海面上的空氣

嗦嗦地響，一大羣深綠色翅膀的蜻蜓飛來，棲在船窗、桅杆、燈和船舷上，密匝匝一片，一動不動，任憑人去捕捉驅趕，一隻也不飛起。不久，油輪上出現了更大的騷動，一大羣五彩繽紛的蝴蝶、土色的蝗蟲、黑色的蟬，以及許許多多螻蛄、麻雀和不知名的小鳥也飛來了，彷彿是不期而遇的一次避難的團聚會。最後飛來的是一隻色彩斑斕的虎皮鸚鵡，牠傻了似地立於船尾，一動不動。

**河北礦冶學院教師　李印溥：**

七月二十七日，他正在唐山市郊鄭莊子公社參加夏收，看見小戴莊大隊的民兵營長手拿一串蝙蝠，約有十幾隻，用繩子拴着。他說：「這是益鳥，放了吧。」民兵營長說：「怪了！大白天，蝙蝠滿院子飛。」

無獨有偶，就在那幾天，天津市郊木廠公社和西營門公社都可以看見成百上千隻蝙蝠，大白天在天空中亂飛。

**唐山地區遷安縣平村鎮　張友：**

七月二十七日，家中屋簷下的老燕銜着小燕飛走了。

同時，唐山以南寧海縣潘莊公社西塘坨大隊一戶社員家，屋簷下的老燕也帶着兩隻剩餘的小燕飛走了；據說，自七月二十五日起，這隻老燕就像發了瘋，每天要將一隻小燕從巢裏拋出，主人將小燕撿起送回，隨即又被老燕扔出來。

**寧河縣板橋王石莊社員：**

七月二十七日，在棉花地裏幹活的社員反映，大羣密集的蜻蜓組成了一個約三十平方米的方陣，自南向北飛行。

同日，遷安縣商莊子公社有人看見，蜻蜓如蝗蟲般飛來，飛行隊伍寬一百多米、自東向西飛，持續約十五分鐘之久。蜻蜓飛過時，一片嗡嗡的聲響，氣勢之大，足以使在場的人目瞪口呆。

## ·動物界的逃亡大遷徙

### 唐山地區灤南縣城公社王東莊　王蓋山：

七月二十七日，他親眼看見棉花地裏成羣的老鼠在倉皇奔竄，大老鼠帶着小老鼠跑，小老鼠則互相咬着尾巴，連成一串。有人感到好奇，追打着，好心人勸阻說：「別打啦，怕要發水，耗子怕灌了洞。」

同時，距唐山不遠的薊縣桑梓公社河海工地庫房院子裏，那幾天有三百多隻老鼠鑽出洞子，聚集在一起發愣。

### 撫寧縣墳坨公社徐莊　徐春祥等人：

七月二十五日上午，他們看見一百多隻黃鼠狼，大的揹着小的或是叼着小的，擠擠挨挨地鑽出一個古牆洞，向村內大轉移。天黑時分，有十多隻在一棵核桃樹下亂轉，當場被打死五隻，其餘的則不停地哀嚎，有面臨死期時的恐慌感。二十六、二十七兩日，這羣黃鼠狼繼續向村外轉移，一片驚懼氣氛。

敏感的飛蟲、鳥類及大大小小的動物，比人類早早地邁開了逃難的第一步。然而人類卻沒有意識到這就是來自大自然的警告。他們萬萬沒有想到，一場毀滅生靈的巨大災難已經迫近了。

## · 不可捉摸的信息

大自然確實是在警告人類。

唐山東南的海岸線上，浪濤在發出動人心魄的喧響。七月下旬起，北戴河一帶的漁民就感到疑惑：原來一向露出海面的礁石，怎麼被海水吞沒了呢？海灘上過去能曬三張漁網的地方，怎麼如今只能曬一張漁網了呢？海濱浴場淋浴用的房子進了海水。常年捕魚的海區，也比過去深了。距唐山較近的蔡家堡至大神堂海域，漁民們似乎不太相信自己的眼睛；那從來是碧澄澄的海水，為什麼變得一片渾黃？在不平靜的海的深處，就像有一條傳說中的龍尾在擺動，在攪動着海底深處的泥土。

據當時在秦皇島附近的海水裏的一位潛泳者說，他看見了一條色彩絢麗的光帶，就像一條金色的火龍，轉瞬即逝。

水！水也在向人類發出警告！

唐山地區豐潤縣楊官林公社一口深約五十多米的機井，從中旬起，水泥蓋板上的小孔「嘶嘶」地向外冒氣。七月二十五日到二十六日，噴氣達到高潮，二十米外能聽見響聲，氣孔上方，小石塊都能在空氣中懸浮。

在唐山地區灤縣高坎公社也有一口神祕的井。這口井並不深，平時用扁擔就可以提水，可是在二十七日這天，有人忽然發現扁擔掛着的桶已夠不到水面，他轉身回家取來井繩，誰知下降的井水又猛然回升了，不但用不着扁擔，而且直接提着水桶就能打滿水！那幾天，唐山附近的一些村子裏，有的地方，池塘的水忽然莫名其妙地乾了，有的池塘卻又騰起濟南趵突泉

那樣的水柱。水！忽降忽升的水！它是在向人類傳遞大自然的什麼信息啊?!

人類有時也收到了大自然的信息，可這些信息是那樣的不可捉摸。

距唐山二百多公里、海拔約一千三百米的延慶縣佛爺頂山上，有一台測雨雷達，附近還有一台空軍的警戒雷達，二十六日、二十七日，都連續收到來自京、津、唐上空的一種奇異的扇形指狀回波，這種回波和海浪干擾、晴空湍流、飛鳥等引起的回波都不相同，使監測人員十分惶惑。京、津、唐一帶，什麼時候出現了如此奇特的一個磁場呢？

人們就在那樣一個強大的磁場中毫無知覺地穿行着。

七月二十七日，唐山北部一個軍營裏，幾個士兵驚叫起來。他們發現地上的一堆鋼筋莫名奇妙地迸發出閃亮的火花，彷彿有一個隱身人正在那裏燒電焊。

在北京、唐山，半夜，不少人家中關閉了的日光燈依然奇怪地亮着。

在通縣，有人發現一支卸下的二十瓦日光燈管在閃閃發光。二十七日是一個不可思議的日子。

唐山林西礦礦區，飄來了一股淡黃色的霧。這是一股散發着硫磺味的「臭霧」，它障人眼目，令人迷茫。人們被那股異味熏糊塗了，他們已經看不清這世界的面目，更弄不清大自然正在醞釀着一場什麼樣的悲劇。

如果這一切奇異的信息都能及時地被搜集、被集中、被輸

送、被處理，那麼，關於災禍的描述也許完全可能是另一個樣子。遺憾的是機會喪失了！人們眨着大惑不解的眼睛，迷迷蒙蒙地，不知不覺地走到了七月二十七日深夜。

## ·大毀滅前的「7·27」深夜

**唐山市郊栗園公社茅草營大隊　王財：**

深夜十二點鐘看完電影回家，看見出門前總趕不進院子的四隻鴨子，依然站在門外，一見主人，牠們齊聲叫起來，伸長脖子，張開翅膀，奓[1]撒着羽毛，搖搖晃晃地撲上前。王財走到哪兒，牠們追到哪兒，拚命用嘴擰着他的褲腿。

**灤南縣東八戶大隊　張保貴：**

七月二十七日深夜，久久睡不着，老聽見貓叫。他以為貓餓了，起來給牠餵食，貓不吃，依然叫聲不絕，並亂竄亂跑。

同時，唐山市栗園公社的王春衡親眼看見，他二大爺家裏養的一隻一年多的母貓，隔着蚊帳撓人，非要把人撓醒不可。

那一夜，唐山周圍方圓幾百公里的地方，人們都聽見了長時間的尖利的犬吠。

**唐山市殷各莊公社大安各莊　李孝生：**

他養的那條狼狗，那一夜死活不讓人睡覺。李孝生睡覺時敞着門，狗叫不起他，便在他腿上猛咬了一口，疼得他跳起來，追打這條忠實的狼狗。

---

1 奓：音 zhā，方言，張開的意思。

### 豐南縣畢武莊公社李極莊大隊　劉文亮：

七月二十七日夜裏，他是被狗叫吵醒的。當時，他家的狗在院內使勁撓着他的房門。他打開門放狗進來，狗卻要把他拖出屋去。

### 唐山市遵化縣劉備寨公社安各寨大隊　張洪祥：

他家的狗也不停地狂叫起來，一直叫到張家的人下了牀，狗在張洪祥的兄弟的腿上咬了一口，像要引路似的，奔向屋子外。

### 豐南縣蘭高莊公社于北大隊　王友才妻：

那天晚上由公社回家，剛走到門口，家裏的公狗突然從門口向她撲來，阻撓她進院。

### 大廠回族自治縣陳福公社東柏辛大隊　李番：

他親眼看見他家的母狗把七月十五日生的四隻小狗，一隻一隻從一個棚子裏叼了出來。

### 香河縣周元大隊　蘇玉敏：

蘇家的母狗，把七月二十一日生的三隻小狗從窩裏一個個地叼到空場地上，牠甚至還刨了一個坑，把牠們安放其中。

夜越來越深了。這是一個充滿喧囂的夜，七月二十八日就在這不安的氣氛中來臨了。

一時三十分，撫寧縣大山頭養貂場的張春柱被一陣「吱吱」的叫聲驚醒，全場四百一十五隻貂，像「炸營」似的，在鐵籠裏亂蹦亂撞，驚恐萬狀。

與此同時，豐潤縣白官屯公社蘇官屯大隊養雞場也出現一

片混亂：一千隻雞來回亂竄，上窗台嘎嘎怪叫。工作人員給牠們餵食，牠們毫無食慾，愈來愈慌亂，彷彿有什麼東西在追逐牠們，有一二百隻雞在雞舍內搧翅驚飛！

與此同時，豐潤縣左家塢公社揚谷塔大隊飼養員陳富剛，在一個馬車店裏正起來餵料。他發現騾馬在亂咬亂踢亂蹦，怎麼吃喝也不管用。三點多鐘，六十輛馬車的一百多匹馬全部掙斷了韁繩，大聲怪叫着，爭先恐後躍出馬廄，在大路上撒蹄狂奔！

與此同時，唐山地區昌黎縣虹橋公社馬鐵莊大隊的李會成親眼看見：鄰居家的二百多隻鴿子突然傾巢而出，飛到房頂上空，盤旋着，衝撞着，久久不肯下落！

離那個恐怖的時刻越來越近了。

灤縣安各莊的幾個社員，驚叫着從一個水池裏跳上來。那池子的水是從近旁一口熱水井裏汲取的，平時水溫四十八到四十九度。這天凌晨，他們幾個出夜工的小伙子跳進池子洗澡，水竟已燙得無法忍受。他們納悶、他們罵娘，他們獨獨沒有想到，大地的震顫就在眼前！

就在眼前了。昌黎縣有幾個看瓜的社員，看到距離他們二百多米遠的上空忽然明亮起來，照得地面發白，西瓜地中的瓜葉、瓜蔓都清晰可辨。「怎麼，天亮了？」豐潤縣一位中學生，揉着惺忪的睡眼，也產生了同樣的感覺。他見窗外十分明亮，連黃瓜架上的葉子都泛着白光，但一看錶，才三點多鐘。正奇怪，天色又變暗了，屋外又如墨染一般。

那一刻，大地正沉浸於一片毀滅之前的寧靜之中。

顯然，在唐山地震前，許多人都接收到了大自然的警告信號。但是這些信號具有「不唯一性」——天氣悶熱也會使雞犬不寧，連日多雨也會使井水突漲，人們也正是用最尋常的經驗解釋了那些「異常」。人與動物最本質的區別在於思維，思維使人類獲得經驗、獲得邏輯、獲得所有被稱之為科學的一切知識，然而這一切同時又障礙了人類的本能。知識使人類變得敏銳和堅強，知識也使人類變得聾盲和脆弱。

一九七八年美國地質調查局出版的《地震情報通報》中，刊印了一張幽默照片——一隻閉眼張口、驚恐慘叫的黑猩猩，照片上方寫着：「為什麼我能預報地震，而地震學家們不能？」

這是人類的自責。然而人們常常忘了：人是社會的動物，即使在同大自然的鬥爭中，人也只是作為一個整體，才能顯示出他們的力量。當人各自為戰的時候，也並不比動物有更多的優越性。僅僅依賴本能，人甚至遠不及動物。在地震這樣重大而又神祕的自然災害面前，人們沒有形成一個防範的整體，沒有相應的通訊渠道和手段對自然界的異常信息進行及時的收集和處理，他們怎能不被突降的惡魔各個擊破？

永遠記住大自然的警告吧！

# 目擊者言

為了給後人留下一份逼真的史料，我一次又一次尋找他們。是的，災難突發於萬籟俱寂的夜間，親眼看見地震發生全過程還活着的人十分罕見。筆者僅將九位被採訪者的錄音整理成文，錄以備考。

## 李洪義（二五五醫院原傳染科護士）：

那天晚上，我值後半夜班。上半夜又悶又熱，人根本就沒睡着。十二點接班後，睏得不行，在病房裏守到三點半光景，我就跑到屋外乘涼。我記得我是坐在一棵大樹下，一個平常下棋用的小石桌旁邊。

四周圍特別安靜。我好奇怪，平時這會兒，到處都有小蟲子叫，青蛙叫，鬧嚷嚷的；可眼下是怎麼了？一點兒聲音都沒有，靜得反常，靜得叫人發慄。

突然間，我聽見一個古怪的聲音，「吱──」從頭頂飛過去。像風？不。也不像什麼動物的叫聲。說不清像什麼，沒法打比喻，平時就沒聽見過這種怪聲音。那聲音尖細尖細，像一把刀子從天上劃過去。我打了個哆嗦，起了一身的雞皮疙瘩。

抬頭看天，陰沉沉的，有一片奇形怪狀的雲彩，說紅不紅，說紫不紫，天幕特別的昏。我心想：「是不是要下雨啊？」起身就往屋裏走。

可是人莫名奇妙地直發慌。我從來沒有產生過這種感覺，像有人隨時會從身後追過來，要抓我。我平時膽子挺大，太平間裏也敢一個人站，可那時卻害怕得要命，心忡忡亂跳，走着走着就跑起來，可穿雙拖鞋又跑不快。

我回了一下頭，見西方的天特別亮，好像失火了，又聽不見人喊。到處像死了一樣。我越發緊張，趕快逃進屋子，一把撐亮電燈，又把門插上。

這時我就聽見了「嗚——嗚」的巨響，像百八十台汽車在同時發動。「糟了！」邢台地震時我在滄州聽見過這種聲音的。我立刻想到：是地震！

說話間房子猛烈搖晃起來。桌上的暖瓶栽下地，炸了個粉碎。我用力打開門，只開了一小半，就衝出房子，衝向那棵大樹。

我緊緊抱住大樹。黑暗中，只覺得大地晃晃悠悠，我和大樹都在往一個萬丈深淵裏落、落、落。周圍還是沒聲音，房子倒塌的聲音我根本沒聽見，只看見宿舍樓的影子剛才還在，一會兒就沒了。

我伸出手在眼前晃，可什麼也看不清。

我嚇傻了，拚盡全身力氣吼了一聲：

「噢……」

### 田玉安（唐山豐南縣稻地大隊農民）：

嗨，那一宿，真嚇人。

地震時我還在外邊打場。怎麼幹得這麼晚？都因為我們的

那個隊幹部，他升隊長不幾天，新官上任，三把火剛燒起來，非要我們連夜趕活，說是怕誤農時。這話也是，那些天連着下雨，麥子都快捂壞了。沒法子，只得加班加點。

打到十二點，停了電，脫粒機沒法轉了。我們就嚷嚷：「回家睡覺吧！」隊長卻正在興頭上：「不行！都等着！啥時來電啥時打！」

沒想到他這話還救了好幾條命。

大伙兒罵罵嘰嘰坐着等，罵到兩點鐘光景，真又來電了。一陣猛幹，三點多就完了事。別人拾掇工具回村去，我和兩個人留下掃場子。

猛然間，像當頭挨了個炸雷，「轟隆隆——」地動山搖！我像讓一個掃堂腿掃倒在地，往左擁了個個兒，又往右打了個滾，怎麼也撐不起身子。場上的電燈一下子滅了。

一扭頭，媽呀，嚇死人！一個大火球從地底下鑽出來，通紅刺眼，噼啪亂響，飛到半空才滅。

天亮以後，我看見火球竄出的地方有一道裂縫，兩邊的土都燒焦了。

**姜殿威（開灤印刷廠老工人）：**

地震時，我正在鳳凰山公園門口打太極拳。

我血壓高，休病假，跟一個七十多歲的老頭兒學了一套「二十四式」，那人天天三點鐘起早，我這當徒弟的也得一樣。七月二十八號早上，我們三點半來鐘就在公園門口碰頭了，一塊兒去的還有一個姓唐的。

我們閒聊了幾句，剛剛擺開架勢想打拳，就聽見「嗚——嗚——」的聲響，像颳大風，又像昔日礦上的「響汽」。那時我面衝西南，老頭兒臉朝東北，就聽他大喝一聲「不好！失火了！」我一扭頭，見東北邊火紅一片！

人還沒反應過來，地就顛上了。起先是沒命地顛，跟著是狠狠地晃。那姓唐的緊緊扒住公園的鐵欄杆，我和老頭兒就叉開雙腿，死死抱在一塊兒。一開始我倆還說話，我說：「地動山搖，花子撂瓢，明年準是好收成！」老頭說：「不，是失火！」我說：「不，是地震！」

沒爭兩句，就覺一陣子「檜鬆」——人像擱在一個大篩子上一樣，被沒完沒了地篩著！

「嘩啦啦——」，公園的牆倒了。緊接著，對面一個大樓也倒了，眨眼的工夫！只聽磚頭瓦塊嘩嘩的響，漫天塵土，烏煙瘴氣。「可壞了！」我說，「快回去摳人要緊！」

我家離得不遠，就在鐵路邊上。可我跑到了鐵路就傻眼了，怎麼也找不著家——我們家周圍那整個一片房子都平了！

**張以喜（柏各莊農場附近前李莊社員）：**

七月二十七號晚上，我裝好了一輛草車，是輛單轆車，那滿車的葦草要往收購站送。

第二天地震那會兒，我正趕夜路走在半道兒上，就是那段從軍墾農場到小集鎮的油漆路（柏油路）。突然間，就聽東北方向一聲山響，有閃電光，馬上又有下暴雨似的聲音傳到身邊。只覺得車子前沉，人腳輕，我攥著車把一下子身子懸了

空，一會兒，又落了地。

就在這時，我看到路邊的小樹樹身彎到了平路上，樹梢直掃地。我看得清楚極啦！

我稍稍回過神兒：是地震吧？想跑，腳動不了，不聽使喚了。約莫一分鐘，腳才可以挪步。回頭一瞧，路已凹凸不平，不能走車。我連忙扔下那車草，沒命地往家跑。道上的人越來越多，那些人一個個沒魂兒似的，慌慌張張地在你問我，我問你：「你家炕上噴水了沒有？」「你家院子裏冒沒冒沙？」

路邊有的人家地面噴水，已經漫了整個院子，噴出的沙像一個小墳包，嚇得那些人直往大樹上面爬。

### 楊松亭（煤氣公司基建科幹部）：

地震發生前，悶熱悶熱，有霧氣沼沼的感覺。

那年我十六歲，初中畢業後沒工作，在路北區公安分局刑警隊防範組臨時幫忙，抓小偷、「流竄犯」。七月二十七號晚上，我們在長途汽車站那裏巡邏值班，因為那兒人特別多，特別亂。二十八號三點多鐘，沒啥事了，我們哥兒幾個在汽車站旅館前頭坐着聊天，突然，屁股底下猛力顫動起來，耳邊像有老牛吼叫，又像是人立在大風口上聽到的聲響，嚇得我們跳起來就往馬路當中跑。路挺窄，我們又怕房子倒下來壓着，又怕路燈掉下來砸着，可路燈一下滅了！

我和一個叫王國慶的抱在一塊兒，可是撐不住，像有雙手硬把我們撕扯開，我們都摔倒了。強站起身，又來一人，三個人撐在一起，還是撐不住。人像站在浪尖甲板上，你也晃，我

也晃，我們都蹲下來，互相死死扒住。地在狠勁地顫，腳都顫麻了。

這時候，我聽見了「嘭！嘭！嘭！」房倒屋塌的巨響，就聞到了一股子嗆人的灰土味兒。成羣的人湧到了路上，可誰也跑不快，搖搖晃晃，一步一個筋斗。我看見三個賣煙酒糖塊的女人逃出了售貨棚子，可是車站飯店那個正在做豆腐花的女人卻沒逃出來，不知是叫啥傢伙砸中了，她一腦袋扎入了滾開的鍋裏。

### 宋寶根（唐山火車站調車員）：

那一震，我差點從車卡上掉下來摔死。

我是調車員，地震發生前，我正在專用線上掛車卡，對了，是一車卡的毛竹，堆得特高，我就坐在高高的毛竹頂上搖燈。那時車頭已經掛上了，我給了司機一個「頂進」信號，司機拉了一聲笛，正要開動，只聽「咣!!!」一聲巨響，車卡就猛地晃動起來。我第一個念頭是「糟！脫軌！」，立刻打了個「停車」信號，誰知燈還沒搖起來，人就栽倒了。晃得真兇啊！我從毛竹頂上被掀下來，幾個滾兒滾到幫上。「完了！」我不顧一切地抓住捆毛竹的鐵絲，哪怕鐵絲勒進肉裏，不抓住就得摔死！這時候又一陣搖晃，幸虧不是左右橫着晃，而是前後直着晃，我頭皮直發毛，要左右晃，車非翻了不行！

那搖晃剛停，我就從車卡上滑下來。這時候車頭大燈還亮，往前一看，天吶！溜直的鐵道，都撐成了麻花，曲着拐彎像大長蟲。我這才明白是地震，只聽有人喊：「地要漏下去

了，快抓住鐵道呀！」

我一下子撲倒在地，緊緊抓住鐵軌不放，人都嚇傻了……

### 張克英（唐山火車站服務員）：

地震時那一聲巨響，我一輩子也忘不了，真嚇死人啦。

那天我兩點多鐘起來值班，在問訊處賣站台票。三點多光景，聽見有人喊：「要下雨啦，要下雨啦。」我趕緊跑出去搬我的新自行車，只見天色昏紅昏紅，好像有什麼地方打閃。站前廣場上的人都往候車室裏湧，想找個躲雨的地兒。

那光景，候車室裏有二百多人，接站的，上車的，下車後等早班公共汽車的，鬧嚷嚷一片。我還記得有一男一女兩個年輕人，要找我買站台票，接北京來的車，我說：「這會兒沒車，五點以後再買吧。」他倆也不走，就在窗口等着，誰想到就這麼等來了大地震！

地震來以前，我正隔着玻璃窗和陳師傅說話，商量買夜餐的事，我讓他帶倆包子來，話還沒說完，就聽「咣!!!」那聲響啊，把人都震懵了。我覺得是兩個高速行駛的車頭對撞了！沒等喊出聲，整個候車室滅了燈，一片漆黑。房子搖晃起來，候車室亂作一團。喊爹的，叫媽的，人踩人的，東西碰東西的，什麼聲音都有。先是聽見「撲通！撲通！」吊燈和吊扇落下來砸在人腦袋上的聲音，被砸中的大人孩子一聲接一聲地慘叫。不一會兒，「轟隆隆」一聲，整個兒車站大廳落了架，二百多口子人哪，差不離全給砸在了裏面！

多廂房門斜倒在「小件寄存」貨架上，把我夾在中間，沒傷着要命的地方。我聽見離我很近的兩聲慘叫：「哎呀——」「媽呀——」

我聽得出，是那等站台票的一男一女。他們只喊了這一下，再沒有第二下⋯⋯

**劉勛（唐山市第一醫院醫務處副處長）：**

七月二十八日凌晨三點半，我睡得正香，就聽有人敲我家門：「劉大夫！劉大夫！」聲音特別焦急。開門一看，是郊區醫院的王開志，他說：「前兩天咱們一塊兒做手術的那個病人，情況危殆，你是不是辛苦一趟去看看？車已經開來了⋯⋯」

這次出夜診實在是太碰巧了。我穿上衣服，剛和王開志邁出門坎，地震就來了！

先是晃，天旋地轉，晃得人站不住，又挪不開。再就是顛，腳底像過電似的。緊接着，房上的磚瓦就開始飛下來，也怪，「劈里啪啦」地砸在身上，一點也不覺得疼，只覺得慌。那「嗚嗚」的地聲太瘮人了。我看過一部火山爆發的紀錄片，火山口像有一鍋鐵水在咕嘟。地震那一刻，我覺得比站在火山口上還害怕，人根本控制不住自己，心跳的節律完全亂了。四周一片漆黑，煙氣騰騰⋯⋯房倒屋塌！

不一會兒，人忽然可以跑起來。我自己也都不知道我是怎麼跑起來的。可是才跑了三四步，就覺得腳下不對勁，一看，呀！我怎麼已經上了房頂！

**張俊清（唐山發電廠工人）：**

地震時，我正在鍋爐控制室值班。突然房子搖起來，所有儀錶的讀數都出現異常。剎那間，整套設備自動掉閘，全廠一片漆黑！

我一屁股摔倒了。控制室裏，椅子翻了，水瓶砸了，掛在牆上的安全帽、工具包、手電棒噼啪落地。我抓住一個電棒，立即做水汽隔絕處理。大家不知發生了什麼事，只知道電網發生了最怕人的事故，得趕緊恢復！

衝出控制室，樓房嘎嘎地響，磚頭亂砸，只見滅了火的八號和九號鍋爐，煤煙倒流，從鍋爐底部呼呼地倒捲出來。我們全被滾燙滾燙的煤煙和粉塵包裹住了。只聽黑煙中傳來喊聲：「現在是地震！總值班長有命令，不准離開崗位，擅離職守的要負法律責任！」

全廠的空氣緊張到了極點，房在倒，地在顫，蜂鳴報警器「嘟！嘟！嘟！」地響，還有電鈴、小喇叭，都一齊發瘋似的叫。最怕人的是幾台鍋爐發出的排氣聲。由於安全閥這陣兒起作用了，鍋爐裏的水蒸氣，以每平方厘米一百公斤的壓力猛勁噴射出來，發出扎耳的尖聲。所有的人都被這尖聲驚呆了，它比幾百台火車頭一塊噴氣的聲音還要響，就像要把人的心切爛撕碎！

被扭曲的鐵軌

地震後的開灤礦務局醫院（李耀東攝）

## 瀕死的拂曉

唐山第一次失去了它的黎明。

它被漫天迷霧籠罩。石灰、黃土、煤屑、煙塵以及一座城市毀滅時所產生的死亡物質，混合成了灰色的霧。濃極了的霧氣瀰漫着，飄浮着，一片片、一縷縷、一絮絮地升起，像緩緩地懸浮於空中的帷幔，無聲地籠罩着這片廢墟，籠罩着這座空寂無聲的末日之城。

已經聽不見大震時核爆炸似的巨響，以及大地顫動時發出的深沉的喘息。僅僅數小時前，唐山還像一片完整的樹葉，在狂風中簌簌抖動；現在，它已肢殘體碎，奄奄一息。灰白色的霧靄中，僅僅留下了一片神祕的、恐怖的戰場，一個巨人——一個二十世紀的赫拉克力士奮力搏鬥後留下的戰場。所有的聲息都消失了。偶爾地，有幾聲孩子細弱的哭聲，也像是從遙遠的地心深處傳來，那般深幽，那般細長，像幻覺中一根飄飄欲斷的白色的線。

——空空凝視着的不再合攏的眼睛。

——冰冷了的已不會再發出音響的張着的嘴。

唐山，耷拉着它流血的頭顱，昏迷不醒。淡淡的晨光中，細微的塵末，一粒粒、一粒粒緩慢地飄移，使人想起瀕死者唇邊那一絲悠悠的活氣。

一切音響都被窒息了，一切生命都被這死一般的霧裏藏了。

濛濛大霧中，已不見昔日的唐山。筆者僅據當年目睹及查

閱資料在此錄下幾個角落的情景：

三層鋼筋混凝土結構的唐山礦冶學院圖書館藏書樓，第一層樓面整個兒向西剪切滑動，原三層樓的建築像被地殼吞沒了一層，憑空矮了一截。

唐山火車站，東部鐵軌呈蛇行彎曲，俯瞰，其輪廓像一隻扁平的鐵葫蘆。

開灤醫院七層大樓成了一座墳丘似的三角形斜塔，頂部僅剩兩間病房大小的建築，顫巍巍地斜搭在一堵隨時可能塌落的殘壁上。陽台全部震塌，三層樓的陽台，垂直地砸在二層樓的陽台上，欲落未落。

唐山市委宿舍樓的一扇牆面整個兒被推倒，三層樓的側面，暴露出六塊黑色的開放着的小空間，一切家庭所用的設備都還在，完整的桌子、牀鋪，甚至一盞小小的枱燈。

鳳凰山腳下的外賓招待所，兩層樓的餐廳僅剩下一個空空的框架，在沒有塌盡的牆壁上，華麗的壁燈還依稀可見。

唐山第十中學那條水泥馬路被攔腰震斷，一截向左，一截向右，錯位達一米之多。

吉祥路兩側的樹木，在大地震動的那一瞬間，似乎曾想躲而避之，有的樹已「逃」離樹行，卻又被死死地扯住，錯位的樹與樹行，相距一點五米。

遷安縣野雞坨公社衛生院，一側門垛整個兒向南滑去，斜倚在另一個門垛上；而開平化工廠廠門的高大門垛，在地震的那一刻，也彷彿被一雙巨手扭斷，成左旋而傾斜。

……

　　更為驚心的是，在「7 · 28」地震地裂縫穿過的地方，唐山地委黨校、東新街小學、地區農研所，以及整個路南居民區，都像被一雙巨手抹去了似的不見了。彷彿有一個黑色的妖魔在這裏肆虐，是它踏平了街巷，折斷了橋樑，掐滅了煙囱，將列車橫推出軌。一場大自然的惡作劇使得唐山面目全非，七零八落的混凝土樑柱，冰冷的機器殘骸，斜矗着的電線杆，半截的水塔，東倒西歪，橫躺豎倚，像萬人坑裏根根支棱[2]的白骨。欲落而未落的樓板，懸掛在空中的一兩根曲彎的鋼筋，白色其外而內裏泛黃色的土牆斷壁，彷彿是在把一具具皮開肉綻的形容可怖的死亡的軀體推出迷霧，推向清晰。二十世紀七十年代的死亡實況，就這樣殘酷地被記錄在案了。

　　濃濃的霧氣中，聽不見呻吟，聽不見呼喊，只有機械的腳步聲，沉重的喘息聲，來不及思索的匆匆對話，和路邊越堆越高、越堆越高的屍體山！頭顱被擠碎的，雙腳被砸爛的，身體被壓扁的……

　　陸軍二五五醫院護士李洪義永遠也不會忘記，一個女兵被一根水泥樑柱戳穿了胸膛，胸口血肉模糊；一個孕婦已快臨產，她人已斷氣，下身還在流血。

　　二五五醫院外一科副主任張木傑親眼看見一位遇難者，眼

---

2 支棱：方言，豎起、翹起的意思。

球外突，舌頭外伸，整個頭顱被擠壓成了一塊平板；另一位遇難者，上半身完好，下半身和腿腳卻已模糊難辨。

開灤醫院醫生謝美榮講述她心愛的孩子時說，兒子死去時，頭上還壓着一本掀開的小說《劍》，可是他永遠也不可能翻完這本書了，就像他短暫的生命，也不可能繼續到它最後的一頁。

這無疑是人類歷史上最悲慘的一頁。無辜的死難者，幾乎都是在毫無準備的狀況下，被突如其來地推向死亡的。太匆忙、太急促，死亡就發生在一刹那間。

慘淡的灰霧中，最令人心顫的，是那一具具掛在危樓上的屍體。有的僅有一雙手被樓板壓住，砸裂的頭耷拉着；有的跳樓時被砸住腳，整個人倒懸在半空。他們是遇難者中反應最敏捷的一羣：已經在酣夢中驚醒，已經跳下牀，已經奔到陽台或窗口，可是他們的逃路卻被死神截斷了。有一位年輕的母親，在三層樓的窗口已探出半個身子，沉重的樓板便落下來把她壓在窗台上。她死在半空，懷裏抱着孩子，在死去的一瞬間，還本能地保護着小生命。隨着危樓在餘震中搖顫，母親垂落的頭髮在霧氣中拂動。

一座城市毀於一旦，在中國歷史上有過這樣的慘例麼？一五五六年陝西大地震，一九二〇年甘肅大地震，都未曾發生在人口稠密的城市，儘管如此，慘重的傷亡已令世代後人震驚。而今天，被七點八級地震所擊中的唐山，卻是一座有一百萬人口的城市。

地震後的唐山地區招待所
（李耀東攝）

被震裂的公路

被震斷的橋樑

一片廢墟。

在路南區小山街道，有一位幸免於難的老太太從瓦礫中掙扎着鑽出來。眼前的一切，使她呆呆地翕動着嘴，說不出一句話。這條老街，這條歷史悠久的老街，這條繁華一時的老街，就像她滿頭飄動的絲絲銀髮，它如今在哪裏？許多年之後，當她常常孤零零一人站在那片廢墟上時，她呆滯的目光中還有幾分猶豫，像在追憶以往，又像在追尋現實。「大世界」商場在哪裏？聽評戲的「落子院」（劇場）在哪裏？那些雜耍場呢？那些澡堂、藥舖呢？那些布店、刻字店、「委託店」呢？那些出售「棋子燒餅」、「開平麻花」、「唐山燻雞」的小舖子呢？還有她們——從前天天在一起拿菜籃上街的老姐妹們，她們都到什麼地方去了？一片死寂。路都沒有了，只有從一行歪歪倒倒的電線杆上，才能分辨出那是老街。因為它本來是那麼窄小，兩邊的老樓塌下來，整個兒把它填平了。早起的清潔工、運糞的馬車，都被埋葬在窄窄的老街上。更悲慘的是小巷兩側的平房區，就這樣被惡魔一腳踩平，像踩碎了一堆蛋殼。此時，這裏變成了空曠得駭人的廣場，陰風淒淒，只有些許人影，在僵死般地佇立着。

唐山人佇立着。在那些被濃霧裹着的廢墟上，在那些被濃霧裹着的大路邊，他們呆呆地佇立着。許多人還在惡夢之中：是原子彈爆炸？是煤礦失事？他們不知道擦去臉上流動着的血，不知該怎麼搶救地獄中的親人，連自己站在什麼地方都忘了。有人不知為什麼，手裏攥着一隻死鵝，怎麼也不撒手；有

人眼盯着放在腳盆裏的死孩子，半天一動不動。許多人赤身裸體，那些只戴一個胸罩的姑娘，甚至忘了找件衣服遮身⋯⋯這些默默喘息着的尚存的生靈，就像那座痛苦地攔腰扭轉過去的門柱，已經沒有力氣，也沒有絲毫慾望去呼喊了。沉默。黯淡的目光。僵硬的四肢。凝固的血液。這就是瀕死的一切。

一位名叫陸實的唐山人，震後在一篇回憶錄中這樣描寫他在那個拂曉見到的幸存者們。

⋯⋯因為大都是光着身子從廢墟裏爬出來的，所以用什麼遮體的都有。有相當一部分人（不分男女）都穿着寬袍大袖、長及腳面的外國睡衣，我知道這是從服裝廠弄出來的出口服裝；幾個小伙子身穿灰制服，頭戴新四軍帽，有兩個居然戴着日本戰鬥帽，還有一個光着膀子穿着日本馬褲，這一定是京劇團的戲裝，因為這都是《沙家浜》裏的東西。有個拄棍子的白鬍子老頭，光着乾瘦的身子，下邊卻圍了一條姑娘穿的花布裙。一個十多歲的小孩攙着一個中年人走過來，那人腿受了傷，一拐一拐的。他右手搭在小孩肩膀上，左手卻緊握着一把魚皮鞘的寶劍，鮮艷的橘紅色燈籠穗飄然地在他腿邊盪來盪去。大概是祖傳的吧！

⋯⋯

形形色色的人影，在灰霧中晃動着。他們驚魂未定，步

履踉蹌，活像一羣夢遊者，恍恍惚惚被拋到了一個陌生的星球上。他們的一切都是麻木的：淚腺、聲帶、傳導疼痛的神經。誰也想像不到這場浩劫的規模，他們無暇思索，無暇感覺，甚至來不及為骨肉剝離而悲慟。

太陽出來了。當這輪火球像往常一樣高高懸起的時候，大霧中，也僅像一張圓圓的薄薄的淡色的剪紙，在這片濃極的瀕死的霧中滑動。但是，熾熱的光終究使濃霧開始變薄，開始流動。籠罩着霧的廢墟出現了嗡嗡的聲浪，那聲浪像來自大地的深處，低低地、動盪地、不安地，它預示着昏迷中的瀕死者開始疼痛，開始痙攣。昏迷中的唐山即將甦醒。當霧就要散盡的時候，驚恐着的人們，發現了兩隻從動物園裏逃出來的同樣驚恐的狼。牠們相依着，站在遠處黑色的廢墟上，孤獨地睜着驚懼的眼睛，餘悸未消地喘息着。突然，牠們縱身一跳，彷彿重受驚嚇似的又飛快地奔竄起來，牠們躍過斷牆，躍過倒塌了的屋頂，躍過那一堆堆暴露在曠野中的屍體，箭一般地在鳳凰山腳下轉着圈子，像是在尋找一條求生的路。茫然之中，牠倆雙雙奔上鳳凰山頂。斷崖上，牠們終於站住了，石雕一般。面對山下整個破碎的唐山，面對這樣一片無邊的廢墟，面對這樣一片災難的海洋，牠們發出了酷似人聲的淒厲的嗥叫。

「7‧28」的清晨殘霧以及這充滿恐怖的狼嗥，久久不散。

我的面前，放着一疊震災資料和一張從鳳凰山上俯拍的唐山廢墟照片：

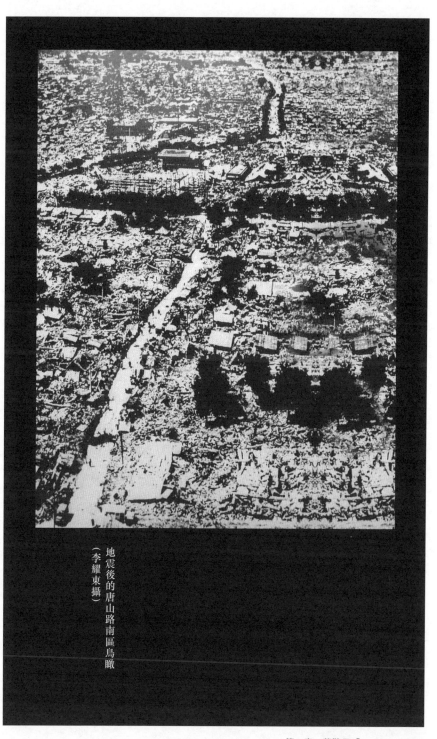

地震後的唐山路南區鳥瞰
（李耀東攝）

作為這片廢墟北界的萬里長城，烽火台已經倒塌；

位於薊縣的遼代白塔，塔身震裂，塔尖落地；

位於遵化縣的清東陵——那葬有包括慈禧在內的清代帝、后、妃、皇子、公主一百六十一人的陵寢，石人石獸被震翻⋯⋯

僅僅幾秒鐘之內，凝結着數千年歷史的古代建築，便受到了來自地殼之中的深刻的震撼。

我的耳邊，我的眼前，又同時出現了「7‧28」清晨的狼嗥和濃霧。我想，當時如果有一位歷史學家，面對這樣一片廢墟，他會看到些什麼？

作為一座城市，唐山的歷史並不久遠。明代，這裏不過是個小小的集鎮，然而，它地底豐富的資源，似乎使它注定會有車水馬龍的日子。人們在這裏挖煤、採石、製陶⋯⋯村落漸密，商賈雲集。「唐山」的名字，因鎮北一座山上有唐太宗東征所築的石城（又一說因有後唐將軍姜興之墓）而得。唐山是近代中國資本主義工業發展十分迅速的一個城市。我國歷史上自行興建的第一條鐵路（唐胥鐵路）和我國自行製造的第一台蒸汽機車（「龍」字號）都誕生在這裏。然而此時呢？歷史悠久的唐山第一中學——這所建於戊戌維新後不久的老學堂，和五十年代後興辦的那些中學、大學一起被毀於一旦。唐山陶瓷公司那個「五百年陶瓷製品陳列室」裏，古老的缸、盆和現代的高級出口瓷器——薄胎瓷、骨灰瓷的成套茶具、中西餐具、酒具、煙具、咖啡具，一起在塌落的樓板之下成為碎片。

縱觀歷史，輝煌的印度河流域文明持續了約一千年，其中心正是在公元前十八世紀前後的地震高潮期開始衰落。如今，國外有些學者認為，印度河流域古文明城市的衰亡，是公元前一千七百年左右發生的大地震和地震引起的水災造成的。

公元前一千六百年，地中海上的希臘克里特島曾發生過三次震中烈度為十度的地震，於是，史前的這一大文明區消失了，克里特文化毀滅了。

那麼，今天的唐山呢？

如果當時有一位建築學家就站在歷史學家的身旁，那麼，我想他的眼光一定不是悠遠的，而是現實的。

他看到的烈度為十一度的極震區，就位於唐山市區——東起近郊越河公社，西至土產倉庫、礦冶學院，南到女織寨公社，北到煤研所、二十一中一線，等震線呈橢圓形，長軸十一點五公里，短軸三點五至五點五公里，面積約為四十七平方公里。

十度區：東起古冶、大莊坨公社，西達蘭高莊公社，南至豐南稻地鎮、董各莊公社，北到傅家屯公社和王輦莊公社，面積約為三百二十平方公里。

九度區：東起灤縣霍莊一帶，西到寧河岳龍莊、小張莊一帶，南達豐南縣小集、蜂坨、西葛莊一線，北到豐潤縣新莊子、李莊子一線，面積約一千四百三十平方公里。

八度區：東起盧龍縣石門，西至寶坻縣林亭口，北起豐潤

震後的老商業區小山街道

被震毀的工廠（李耀東攝）

被震毀的革命烈士公墓

縣北部的火石營，南到渤海邊，面積約為五千四百七十平方公里（天津市的破壞已達八度）。

七度區：東起撫寧縣麻姑營、棗園，西至大廠縣的祁各莊、永清縣的別古莊、靜海縣的大豐灘一線，南至黃驊縣的歧口，北達三河、薊縣、遵化以北，面積約為二萬六千平方公里。

在極震區內，工業廠房大部分倒塌毀壞，廠房屋蓋大面積塌落，圍護磚牆特別是外包磚牆，柱間支撐嚴重變形，鋼筋混凝土的柱子裂開、擠酥或折斷。多層廠房的破壞尤為嚴重。而所有民用住房——多層磚混結構房屋全部倒塌。許多新建築的用磚質量低次，近似沙磚，震動中幾乎全部碎成了拳頭大的磚礫。房屋磚牆傾倒，預製板的屋蓋、樓板散落，造成嚴重傷亡。

而農村房屋——絕大多數是磚石、土牆承重，上覆由爐渣和白灰混合的厚焦子頂重屋蓋，此類房屋在烈度八、九度區已破壞嚴重，十度區大量倒塌，在極震區更是蕩然無存。倒塌原因主要是牆體強度低、屋蓋重，連接不牢靠。

房屋，本是人類保護自己、抗風禦雨的處所。人類在自己的發展史中，從穴居野處到學會建築房屋，從建造草、木的房屋到營造磚、石、金屬的房屋，他們的棲身之處在不斷地改善着、進化着。然而在一場大地震中，人類卻首先直接死於倒塌的建築物！房屋，使災難變本加厲，它成了助紂為虐的幫兇，成了人類的墳墓。在唐山城鄉總計六十八萬二千二百六十七

間、一千零九十三萬二千二百七十二平方米的民用建築中，竟有六十五萬六千一百三十六間、一千零五十萬一千零五十六平方米在地震中倒塌和遭到嚴重破壞！

這一切確實是令人震驚的。唐山是歷史上不曾記錄過破壞性地震的地區，在城市建築上，是一個不設防的六度區。可是偏偏在這裏，發生了震級為七點八級、烈度為十一度的強震！

顯然，建築學家特有的目光還會注意到另一些房屋。在十度區，竟然有一座八層高樓完整的框架獨立於廢墟之上，這是尚未完全竣工的新華旅館主樓。該樓原設計是內框架外牆承重結構，海城地震後，又在周邊承重外牆中續加了十二根構造柱，結果經受強震而未倒。還有一些形體簡單、開門較小、高度較矮、屋蓋較輕的房屋，也幸免於難。

面對着幾十萬唐山人死傷於不堅固建築的冷酷事實，那些「幸存」的房屋，會引起建築學家多少痛心的思考和沉重的惋歎！


我又想到，如果當時有一位經濟學家俯瞰唐山廢墟，那麼他看到的將會是一連串沉默着的卻又是觸目驚心的數字。

唐山，華北著名的工業城市。它的面積約佔全中國的萬分之一，人口約佔全中國的千分之一，而產值約佔全中國的百分之一！

唐山素有「煤都」之稱，它以當時全國最大的煤礦開灤礦為主體，形成了自己的重工業體系。開灤煤礦的煤炭產量，佔

地震後的唐山冶金礦山機械廠

被震裂的煙囪（李耀東攝）

全國的二十分之一，在整個國家的經濟生活中，它起着牽一髮而動全身的作用。它的煤種以煉焦配煤——肥煤為主，煤炭除供鞍鋼、首鋼、本鋼、包鋼以及京津滬地區生活用煤外，還遠銷日本和韓國。

唐山的電力工業也是舉足輕重的。一九七六年正在興建中的陡河電站，是華北電網的主力電站之一，是我國最大的火力發電站。

唐山還是著名的「華北瓷都」。唐山陶瓷有着和景德鎮陶瓷一比高下的競爭力，從全國解放至一九七五年，唐山陶瓷業的總產值超過十億元。

還有冶金業，還有紡織業，還有水泥、汽車、機械製造……許許多多極其重要的企業！

然而此時，整個唐山——這座河北省最大的重工業城市，卻已經幾乎看不見一根直立的煙囪。

作為一個巨大的經濟生命體，它已經沒有了呼吸，沒有了脈搏，沒有了流動着的血液。

只見瓦礫一片。

只有短短的幾秒鐘，中國國家經濟大廈的一根極為重要的支柱，便被無情地摧垮了。一種強烈的經濟震波，將傳遍華北，傳遍中國。整個中國的經濟結構將發生強烈的搖撼——難道還有比摧垮一個重要能源基地更可怕的嗎？

毫無疑問，唐山經濟在「7・28」地震中的可計算的直接損失達三十億元以上！

用於救災和重建的投資幾乎是無法計算的⋯⋯

一八三五年三月四日，偉大的進化論者達爾文來到剛剛發生過強烈地震的智利康塞普西翁市，面對一片廢墟，他發出了由衷的感慨：「⋯⋯人類無數時間和勞動所建樹的成績，只在一分鐘之內就被毀滅了；可是，我對受難者的同情，比另外一種感覺似乎要淡薄些，就是那種被這往往要幾個世紀才能完成，而現在一分鐘就做到了的變動的情景所引起的驚愕的感覺⋯⋯」

這也是無數中國人對唐山蒙難日──「7‧28」的感覺。

# 第 二 章

# 唐山——廣島

古今中外，許多軍事家在描述戰爭的巨大場面時，常常把它比作一次毀滅性的地震。然而，這一次，那些乘坐直升機俯瞰過唐山廢墟、並親臨救災第一線擔任指揮員的身經百戰的將軍們，卻對我說，這次地震，就像一次空前殘酷的戰爭。

　　「我從沒見過這樣巨大的傷亡，這樣慘的場面……」一等殘廢軍人、北京軍區後勤部副部長楊立夫說，「到唐山最初的幾天，我天天夜裏做惡夢，每次都會夢到廣島。我在軍教片裏見過廣島的浩劫——一顆原子彈毀了一座城市，瓦礫遍地，人燒得不像樣子……可我們的唐山比廣島厲害得多，一個早晨幾十萬人喪命啊！」

　　唐山——廣島，兩座蒙難的城市，一次可以遷怒於法西斯發動的戰爭，遷怒於製造人間慘案的人自己；而這一次呢？地震科學家說，僅唐山七點八級地震釋放的地震波

能量，約等於四百個廣島原子彈的總和（而地震波的能量僅為地震的全部能量的百分之幾！）。

# 紅色救護車

七月二十八日凌晨四點十分左右，地震發生後不到三十分鐘，一輛紅色救護車吼叫着從開灤唐山礦開出。它碾過瓦片磚塊，駛入起伏不平的新華路，在茫茫灰霧中顛簸、搖擺，拚盡全力奔馳向西。這是自地震之後，唐山市第一輛甦醒的車。車上有四個人。這四個人當時根本沒有想到，僅僅三個多小時之後，紅色救護車會出現在北京中南海的門前。他們中的三個，跨進了國務院副總理們的會議室。

歷史應當記下車上那四個人的姓名：

唐山礦前工會副主任李玉林；

唐山礦武裝部隊幹事曹國成；

唐山礦礦山救護隊司機崔志亮；

唐山礦機電科絞車司機袁慶武。

一切都是在瞬間決定的。

當李玉林和曹國成從增盛里宿舍區的廢墟中鑽出來時，他們的第一個閃念是：到礦黨委去報告！十多分鐘後，他們見到了礦黨委辦公樓的瓦礫堆。站在這片瓦礫堆上，他們這才注意到開灤礦務局黨委和唐山市委也已是一片廢墟。

與此同時，在風井口上夜班的崔志亮以為風井出事，駕車回礦告急。

　　三個人到了一起，完全沒有時間商量和考慮，恐懼、焦急、震驚的混亂情緒，在那時只濃縮成了李玉林嘴裏短促的幾個字：「上車！找電話……」

　　這時又跑來了袁慶武。

　　「我也去！」

　　四個普普通通的人誰也沒有意識到，就從那一瞬間開始，他們已經成了危難中最先點燃烽火的報警者。

　　「玉林！咱們上地委！」曹國成喊道。

　　車剛出門，就見公安分處副處長高錦花迎面跑來，李玉林喊：「我們出去掛電話，走哪兒算哪兒！你趕快組織保衞礦山……」

　　紅色救護車沿着新華路狂奔。李玉林驚愕地瞪大雙眼：路上有七個大招待所，七個招待所全成了廢墟。他留心數了數，只有幾十個幸存者站在路邊。這就是唐山！

　　地委在哪裏？

　　軍分區在哪裏？

　　司機小崔對李玉林說：「李叔，我聽你的，你讓我上哪我就上哪！」

　　李玉林說：「向西！再向西！」

　　廢墟中已隱約傳來一陣陣呼救聲，有人揮手攔車，要求運送傷員。

「別停！」李玉林狠狠心，「趕快走！打電話要緊！」

一塊塊大磚頭向救護車飛來。路邊的人在破口大罵。

救護車在唐山市郊又一次被攔住了。人羣。傷員。橫在路中央的屍體和水泥電杆⋯⋯

「送唐山！快把傷員送唐山！」

「嗨，唐山全平啦！」曹國成探出頭去，「房倒屋塌呀，哪還有什麼醫院？你們趕快組織自救吧！」

「這是送信的車！」李玉林跳下車喊，「時間比什麼都寶貴，上級早一分鐘知道，就可以多活不少人！」

人羣活動了。人們挪開屍首，搬開石頭，移開橫在路上的電杆。汽車從染血的路上通過。

五十邁[3]！六十邁！七十邁⋯⋯一堵堵斷牆在窗外飛速閃過，一個個村落的廢墟撲面而來。李玉林，這個前中國人民志願軍戰士，第一屆全軍運動會的摩托車賽選手，是個身材魁偉、膽大過人的漢子；放高產時，他在井下連軸轉地幹過八班，礦井出事，他常常出現在搶救現場。此時，他赤裸着上身，只穿游泳褲，緊盯着前方有着條條裂紋的道路。身着汗衫的曹國成，不時把他那頂礦工帽伸出窗外搖晃，示意路人躲避。年輕的司機崔志亮，緊握着方向盤的手在微微發顫。前方是玉田。

縣委大院。揹着手槍的縣委書記正在廢墟上團團打轉。

---

3 邁：英里。

電話！

哪裏還有什麼電話？

一位縣委領導攔住曹國成等人，盤問不休。先問單位、身份、政治面貌，然後又仔細詢問地委大院的情況。（人們後來才知道，他的家在地委院內。）

紅色救護車又在公路上奔馳。電話，一路上沒有地方可以打通電話。前面呢？前面的薊縣能有希望麼？

當曹國成在薊縣縣委被一連串煩躁的「不行」擋住的時候，他的腦袋都快急炸了：「走，趕快走！」

可是屋裏跑出了國家地震局地震地質大隊的幾個工作人員，他們在尋找震中，剛剛趕到薊縣。

「你們是唐山的？快！快說說那邊的情況⋯⋯啊，⋯⋯啊！⋯⋯你們派一個人跟我們上唐山，我們派一個人跟你們走！」

車又開動了。袁慶武跟地震地質大隊的車返回唐山，地震地質大隊一位姓卞的跳上了紅色救護車。快，快走！快去找電話！直到開至北京郊區的通縣，李玉林和曹國成還想試圖從一個工廠往北京掛長途。只聽工廠的看門老頭說：「還掛什麼電話？有等電話的工夫，車就到了！」

對！開到北京去！

又是一個在瞬間作出的決定。從三點四十二分起神經已處於高度緊張狀態的李玉林等人忽然發現，在尋找電話的路上，救護車竟然已經開到了北京的城門口。

紅色救護車拉響警報器，風馳電掣般駛入北京建國門，沿着雨水澆濕的寬闊的大街疾速奔馳，不管路口是綠燈還是紅燈。

　　「上我們地震局吧。」老卞說。

　　「你們向中央報告需要多長時間？」

　　「回去整一份材料，有半天就差不多……」

　　「半天？那不比打電話還要費事！」李玉林幾乎要吼起來，「上國務院！」

　　紅色救護車向新華門飛馳而去。


　　在訪問唐山礦病休幹部李玉林和服務公司負責人曹國成時，我發現他們對當年的情景都記得那樣真切。是的，這是烙在他們心上的一段特殊經歷。時光如流，中國政治舞台發生了巨大的變化，許多匆匆過客已無可挽回地被人淡忘。但非凡的歷史事件將被留下。對於曹國成、李玉林、崔志亮來說，重要的不是他們在那一天見過誰，而是他們本身的存在，是他們為幾十萬瀕死的唐山人所做的這一件事。

　　我有責任記下他們的回憶。


**李玉林：**

　　……救護車在距新華門十米的地方被一個警察攔住了。小崔剛剎住車，警衛戰士就衝了出來。我光着上身，穿着褲衩

錢鋼（左）採訪
李玉林（右）

跳下車去。警察問：「幹什麼的？」

我說：「唐山來的，到國務院報警……」

那民警態度倒很好，他說：「你們上國務院接待站去，府右街四號，六部口向右拐！」

到了國務院接待站門口，我穿上了一件修車的破衣服，正想進去，一看，兩手的血，那是地震時扒一個鄰居的孩子時，他母親身上流出的。我蹲在路邊，用地上的雨水洗淨了血跡，又抹了抹臉，才往裏走。

那時是早晨八點零六分。

國務院接待站有位解放軍首長，一聽說是唐山來報警的，立刻進去打電話。一會兒便出來，讓我們登記。正在這時，唐山機場乘飛機的兩位空軍幹部也到了。我們和兩位空軍幹部一起被領進中南海。進去時，一輛「大紅旗」正開出來，和我們擦肩而過。

當時，政治局關於大地震的緊急會議剛剛結束，震中已初步確定，河北省委第一書記劉子厚和煤炭部部長蕭寒奉命立即乘飛機趕赴唐山。和李玉林等人一同進入中南海的兩位空軍幹部，是某飛行團副政委劉忽然和師機關參謀張先仁。他們乘坐蘭州空軍高永發機組赴唐山執行任務的「里－2」飛機，於六時五十一分起飛，七點四十分在北京着陸。

**曹國成：**

我們被領到中南海紫光閣。當時在會議室裏有幾位副總理：李先念、陳錫聯、陳永貴、紀登奎、吳桂賢。桌上攤着一幅大地圖，他們拿着紅筆在那兒指指點點，氣氛很緊張。不一會兒，吳德到了，好幾個人一齊問：「老吳！北京郊區怎麼樣？」

吳德說：「一會兒報數！一會兒就報數！通縣大概是倒了四百户！」

**李玉林：**

看到我們進去，他們站了起來。我說：「首長啊，唐山全平啦！」李先念、陳永貴、紀登奎過來把我抱住了。記不清是誰說：「別急，別急，坐下來，喝口水，慢慢說……」

所有人都問：「怎麼樣？」

我說着就哭了起來：「首長啊！唐山一百萬人，至少有八十萬還被壓着吶！」

在座的人都哭了。

李先念問我：「井下有多少人？」

我說：「一萬！」

他說：「這上萬人，危險了……」

他又問：「唐山樓房多還是平房多？」

我說：「路北樓房多，路南平房多，一半對一半吧。」

「得趕快想辦法救人！」

陳錫聯遞過一張紙，叫我畫一幅唐山草圖。吳德走過來

問：「開灤總管理處那座英國人蓋的大樓在哪個位置？」

我指着圖說：「在這兒。已經塌了……」

吳德歎了口氣。他當過唐山市委書記，知道那座英國人蓋的老樓——那樓十分堅固，牆有一米厚。吳德說：「……唐山不存在了，唐山不存在了……」

**曹國成：**

我們提了三條要求：派軍隊；派礦山救護隊；派醫療隊。

當時真是十萬火急，我們說一條，會議上議一條。幾個副總理站起又坐下，坐下又站起。馬上有人問陳錫聯：「老陳！哪個部隊近？」陳錫聯報了一連串野戰軍的番號和駐地。正在這時，有個解放軍跑進來報告：瀋陽軍區李德生司令來電，瀋陽軍區的救災部隊已經待命！和我們同去的空軍同志打開皮包，掏出地圖，標出全國各個機場的位置，立刻幫着擬定礦山救護隊的登機方案。

會議室裏一片緊張的聲音：

「叫總參來人！」

「叫空軍來人！」

「通知衛生部、商業部、國家物資總局的領導，立刻到這裏開會！」

「煤炭部，還有煤炭部！蕭寒呢？」

「跟子厚上機場了……」

「噢，對，叫他留在唐山，別回來了！通知煤炭部副部長——」

「他立刻就到，已經在半道上！」

當時主持會議的像是紀登奎。李先念低頭坐在一邊，紀登奎有時回過頭去，問他：「先念，你看這樣好不好？」先念就說自己的意見。他顯得心情十分沉重，人比照片上看到的老。

進去半小時之後，有解放軍給我們幾個送來了軍裝，有軍醫來給我們看病。當時我們都快垮了，玉林直感到噁心。

國務院各部的領導都到了。他們開緊急會議，我們被領到隔壁吃飯，醬牛肉，鹹鴨蛋，一人兩三個的小花卷。我們餓極了，可都吃不下。陳永貴進來說：「你們完成任務了！」我們激動得不知該說什麼好，直喊「毛主席萬歲！」

曹國成、李玉林、崔志亮的出現，使國務院副總理們深切意識到了災難的慘重程度。中南海被攪動了。整個中國被攪動了。

七月二十八日上午十時正，北京軍區副參謀長李民率領指揮機關先頭人員，乘飛機在唐山機場緊急着陸。

少頃，空軍機關人員到達。

十一時，河北省委、省軍區先頭人員到達。

十二時許，北京軍區副司令員蕭選進、副政委萬海峯、政治部副主任鄭希文和河北省委書記劉子厚、馬力，省軍區司令員馬輝、煤炭部部長蕭寒乘坐的飛機降落。

下午二時，三架飛機載來瀋陽軍區指揮機關人員和遼寧省醫療隊。

下午四時起，五架飛機分別運載大同、陽泉、峯峯、撫順、淄博、淮南礦山救護隊趕到唐山。

此時，救災部隊正由西南和東北兩路向唐山開進。

此時，全國各地的醫療隊正迅速組成⋯⋯


一九七六年八月一日上午。上海虹橋機場。

有關部門沒有允許我登上飛往唐山的飛機。這是一架滿載着塑料屍體袋的「三叉戟」。

「不行！現在跟唐山聯絡不上，你一個人下去找不到上海醫療大隊的⋯⋯」

「不怕，我自己闖！」

「那太危險！沒吃沒喝，到處有傳染病⋯⋯」

「我得趕去採訪！」

「跟防疫隊坐火車走！」

⋯⋯我跟着防疫大隊來到了唐山。

我開始了對唐山的採訪⋯⋯


## 陡河！陡河！


陡河水庫告急！

這是一個人們意想不到的險情：大震後，位於唐山東北十五公里的陡河水庫，大壩下陷一米，主壩縱向斷裂一千七百米，橫向斷裂每隔五十米就有一處，約有五十多道裂紋。裂紋有的寬達一米，長達十一米。時逢天降暴雨，水位猛漲，大壩岌岌可危。該水庫庫底高出唐山市十米，有三千六百萬立方米

的儲水量，一旦決堤，架在唐山人頭上的一湖水將咆哮而下，把已經震碎了的唐山完全置於沒頂的洪水之中，那將是難以想像的慘況。

可怕的次生災害！

一九二三年東京毀於地震之後的大火，不就是震撼人心的史例麼？

「快逃啊——」

「陡河要決堤啦——」

「水要下來啦——」

暴雨中，住在水庫周圍的地震幸存者們亂作一團，他們喊着、叫着，顧不上掩埋親人的屍體，顧不上扒出值錢的財物，只是挾着包裹、抱着孩子，沒命地往高坡上跑。

恐怖的情緒迅速蔓延，一時之下，造成了一種強大的危險的態勢，直接危及人心。

事態確實很緊張，已經聽得見沉沉的雷聲挾裹着水庫中的波濤的喧響。

一隊軍人正跑步奔向水庫大壩。這是駐在陡河水庫附近的北京軍區炮兵某團的指戰員，剛剛從廢墟中脫身，他們就接到了保護水庫大壩的命令。團部先是派兵上壩警衛，「以防階級敵人破壞」。可是他們很快意識到了情況的危急：大雨中，急漲着的陡河水像沸騰般地咆哮着，黑汽濛濛，濁浪洶湧，拍打着有裂紋的壩堤，大有「黑雲壓城城欲摧」之勢。當時，陡河上游的洪水，也像野馬奔騰而來，水庫水位在令人發怵地上

漲，殺機四伏的漩渦，瘋狂的濁浪，千瘡百孔的大壩⋯⋯人們似乎能聽見大壩在巨大的洪水壓力下，發出支撐不住的痛苦的呻吟。水庫已經飽和了，入庫的水仍在無限止地膨脹，寬厚的堤壩此時竟薄得像一張透明的紙頁。潰堤之險，危在旦夕！

必須立即溢洪減壓，這是一切一切的關鍵。

炮兵團副參謀長董俊生率領八連戰士上堤搶救，他高聲喊着：「打開溢洪閘！」

然而早已停電，閘門啟閉機無法啟動。

他又帶領士兵們衝進絞車房，要靠這架手搖絞車，去啟動那兩扇四十噸重的閘門。

這是一個驚心動魄的場面：士兵們每四人一組，用手臂的力量去搖動絞車，去開啟那十幾萬斤重的閘門。

風雨飄搖，大地仍在餘震中戰慄，惡浪仍在閃電中發光，濤聲如雷，泡沫飛濺。從中午到夜晚，小屋內一陣又一陣地傳出「嘎吱嘎吱」的手搖絞車響，和戰士們於緊張、疲憊中喊出的號子。

困難啊！四個壯小伙子拚命地搖動一百圈，閘門提高還不到一厘米！整整七八個小時過去，戰士們輪班操作，就像用生命與洪水搶時間。

鋼鐵大閘一毫米一毫米地上升了。


我站在陡河水庫大壩，極目遠眺白茫茫的水面。正是冬日，枯水季節，可是眼前仍水天一色，波湧浪迭，氣勢

很大。我不禁想到，當山洪暴發之時，這裏該是一番什麼樣的情景啊？

驅車來炮兵團採訪的路上，我一直感覺到在上坡、上坡。無疑，在「7·28」當日，如果陡河水庫決堤，我途經的所有地方都將是一片汪洋。

三營副營長魏世德當時是參加大壩搶險的一名班長。他指給我看那座不尋常的絞車房。這座小屋是架空在溢洪水道上方的，下面便是巨大的閘門。很難想像，這座「空中樓閣」在那天為什麼竟沒有倒塌。倘若倒塌，屋內的人不僅會被砸死，而且會栽入數十米的「深淵」。對那種巨大的危險性，魏世德和他的戰友們並不是木然無知的。

### 魏世德：

那天的情景，想起來就有點害怕。

我們開始還當提閘很容易，幾聲號子一喊就起來了，誰想到要連續搖七八個小時！

絞車房已經震裂，站在外面，都能見到裏面的人，房子隨時都有可能落架。大清早我們剛扒過死人，身上的血跡還在，人挨砸是怎麼回事兒我們知道。

每個進去的人，都是又焦急又緊張。搖，拚着命搖，汗珠子叭嗒叭嗒地掉，心怦怦地跳。十分鐘一班，以最快的速度換班。在那十分鐘內，誰都有可能送命，可是沒有縮脖子的。

大壩上一片哭喊聲，逃難的人成羣成羣從那兒跑過。我

們的警戒哨大聲叫着，讓羣眾躲開這座隨時有可能倒塌的絞車房，快速通過震裂了的大壩。

那時我們都覺得大壩隨時會塌下去，十分鐘換下來，我們就跑離大壩，到山坡上蹲着。可是輪班到接班，沒二話，上！我當時想，水庫決堤可怎麼得了？唐山要災上加災啊！

就跟打仗一樣，進也是死，退也是死，我們豁出來了！

我們光着身子，穿着褲衩，發瘋一樣搖着絞車。手磨破了，腰快斷了，開始還以十分鐘為限，後來顧不上了，時間越拉越長，外邊喊換班的聲音都聽不見了！

傍晚，來了一次強餘震，大壩轟隆隆響着，絞車房猛烈晃動起來，站着的人都栽倒在地。我當時在外面。我的心突然亂跳，趴在地上，心想這下完了，大壩要垮了，絞車房要塌了！可是怕人的事情沒有發生。大壩在，小屋也在，小屋裏還傳出戰友的號子……

那天的情景我一輩子也忘不了。夜裏，兩扇大閘門終於提了起來。黑暗中我們聽見溢洪水道中嘩嘩的淌水聲，一口氣一鬆，頓時渾身發軟，癱倒在地……

唐山在「7·28」大震後終於沒有發生次生災害，這不能不說是萬幸。除了陡河大壩，當時出現險情的還有兩個地方：一是開平化工廠。該廠液氯車間在地震時閥門被砸壞，劇毒的液氯漏出，當場毒死二人。因搶修及時，又因大雨稀釋了溢出的毒劑，才沒有釀成大禍。否則，幾

十噸液氯全部溢出，將給開平一帶災民造成嚴重威脅。其二為唐山鋼鐵廠附近的高各莊油庫，地震時油罐破裂，一千三百多噸汽油遍地流淌，一個火星便能燃成燎原之勢，因軍隊及時警戒，火災得以幸免。十分湊巧，參加油庫警戒的正是參加過陡河搶險的那個炮兵團的英雄士兵。

## 開灤！開灤！

七月二十八日上午，幾乎沒有人懷疑，在災難中境況最慘的是開灤煤礦的萬名井下工人。

地震一開始，他們就被無情地留在大地深處了。

已無法拉響警報。可是比以往任何警報回響的時候都更加可怕。從廢墟中鑽出來的女人們，顧不上擦去身上的血跡，便喊着丈夫的名字，披頭散髮地向礦井口奔去。哭聲，喊聲，紛亂的人流⋯⋯就像發生了瓦斯爆炸，發生了「冒頂」，發生了「透水」。不，沒有任何事故能和今天的慘況相比。煤礦的地面建築幾乎全部倒塌——那麼地下呢？那些圓木支撐的窄窄的巷道，那些平時就險象環生的礃子面，那些豎井、斜井⋯⋯

開灤礦務局副局長郭彪深一腳淺一腳地向調度室跑去。他的房子裂而未塌，他是最早脫險的局領導幹部。他不敢細看眼前發生的一切，更不敢想像井下的情景。二十七日晚，全開灤放高產，大多數機關幹部和工人一起下了礦井。那時全國工業戰線盛行的口號是：「學大慶，趕開灤！」

遇到嚴重破壞的開灤煤礦

上萬人，足有上萬人呵⋯⋯

調度室已變成一片廢墟。

各礦已斷電、斷風⋯⋯

郭彪五內俱焚，束手無策。那時他根本沒有想到那個令人難以想像的事實：此時開灤各礦的井下設備基本上沒有遭到毀壞。萬名幹部職工正在奮力自救，想方設法，通過各種途徑返回地面⋯⋯

## ·唐山礦

從碚子面撤下的工人們在大巷匯合。

這裏有一千六百多人。三個採區的負責人緊急碰頭，決定率領大家蹚水穿過十五里地的大巷，從本礦二號井的「馬路」上去。所謂「馬路」，是一條可以通向地面的狹窄、傾斜的「戰備小道」。

在沒有流動空氣的地底十三道巷，一千多人的隊伍開始了艱難的移動。新工人在前，老工人在後，羣眾在前，共產黨員在後，人們相互攙扶，輕聲呼喚⋯⋯

數千米長的延伸線上，似乎看不清人影，只有一串活動的亮點，一串閃耀着的光斑。一盞盞的礦燈，像一隻隻睜大着的眼睛。

這一個個亮點在九百米井下艱難地移動上升，頑強地移動上升。

九道巷。七道巷。六道巷⋯⋯彷彿是從深深的海底，向

陸地前進。暈眩，無力，濕漉漉的「馬路」似乎永無止境。五道巷。人們終於感覺到了涼颼颼的風！這是地面的救險人員打開風門送進的自然風，它送來了希望……

## ·呂家坨礦

六百多人——包括一百多名幹部、幾十個婦女和幾名下井才六天的新礦工，在礦黨委常委賈邦友的帶領下，已穿過交錯的巷道，來到陡峭狹窄的備用豎井。

他們要攀登上百米高的金屬梯子！

「抓緊梯子！」

「不要鬆手！」

這無異於順着雲梯攀登一座百米高的峭壁。新工人站在井口哆嗦着；婦女們連累帶怕，手腳發軟；有人在低聲抽泣。但是另一些人粗壯有力的手抓住了他們，可以說，在當時，是一種強大的力量，把他們推向長梯。

一支垂直向上的隊伍，一股向井口湧突的生命之流。是那麼的緩慢，那樣的艱難，肉體緊貼着冰冷的峭壁一寸寸移動，手指在黑暗中摸索着梯檔，那些婦女和弱小的青工，被人下托上拽，在極其危險的姿態下，逐檔攀援。他們彷彿隨着一股巨大的上升氣流，在一步步接近地面，接近地面……

## ·范各莊礦

新井工地。一片緊張氣氛。

罐籠停機，幾十名鑿新井的工人被困在五百二十米深的井下！

這口被工人們稱之為「龍潭」的大型豎井，每小時井底湧水加上淋水達五十多噸，工人們在僅有六十多平方米的井底面上，用不了幾個小時就會被水淹沒。

一條保險梯緩緩滑下豎井，梯上坐着下井組織營救的礦建一區副區長郭振興。他扒着貼井壁的兩根鋼絲繩，摸索着滑向「深淵」；也許，當開灤工人都在奮力向地面攀援的時候，只有這個二十多歲的年輕人是在向地底深處前進。大地顫動，水花飛濺。他在這漆黑的深井中整整探索了三個小時！三個小時，每一分鐘都是生和死的搏鬥。他時而被鋼絲斷茬割破雙手，時而因摸不到鋼絲繩而懸掛在半空中嗖嗖打轉；最危險的時候，保險梯和鋼絲繩緊緊纏繞在一起，他上不得下不得，摸黑分解着一個又一個紐結⋯⋯

終於，他聽見了鑿井工人的聲音！

自一八七六年清朝政府直隸總督兼北洋大臣李鴻章下令調查開平煤礦情形，到一九七六年唐山大地震，開灤煤礦恰好有了整整一百年的歷史。這一百年間，它有過多少不平凡的經歷？英商騙佔，日軍進駐，一次又一次產業工人的罷工和暴動⋯⋯

唐山大地震將為百年礦史留下新的一筆：當嚴重自然災害發生的時候，由於井下設施周圍有岩體或土體約束，

與大地結成整體，不易受地震力破壞，又由於地震引起的加速度隨深度的增加而減少，井下建築的毀壞反較地面建築為輕。正在井下工作的萬名工人和幹部，在停電、停風、停提升的情況下，除因堅守崗位壯烈犧牲和因路線不熟誤入採空區死亡的十七人和短時間內未能找到的幾名失蹤者外，其餘全部在七月二十八日下午安全升井，撤至地面。這是一個奇跡。

在那些壯烈犧牲的人中，我要記下一個普通工人的名字：張勇。十年前在唐山，我不止一次聽人說起他：這是一位負責保管炸藥和雷管的保管工，在井下工人向地面撤退的時候，他已經可以脫離險境，可是由於炸藥沒有收齊，擔心發生危險，又返回井下去找，直到飛速上漲的地下水把他吞沒。

# 目標——唐山

## ·唐山！唐山！

「7·28」當日，通往唐山的一條條公路上，煙塵瀰漫，馬達轟鳴，中國人民解放軍十萬救災部隊，日夜兼程向地震災區開進。搖晃着鞭狀天線的電台車，不時向部隊發出聯絡信號；飄飛着紅十字旗的衛生車上，各醫療隊正緊急部署搶救工作，無數輛滿載士兵的解放牌卡車，此起彼落地鳴響急促的汽

解放軍趕赴災區（李耀東攝）

軍車在開裂的公路上繞行（李耀東攝）

笛，在泥窪不平的公路上連成了一條條長龍。

猶如「戰爭初期」。面臨着的就是一場戰爭，一場山崩地裂的戰爭，一場屍橫遍野的戰爭，一場自然和人的戰爭。

任何一個當時參加過抗震救災的軍人，至今都沒有忘記「7·28」那一天的強烈感受：一支支救災隊伍彷彿是在敵方實施原子突襲後，正以最快的速度向被摧毀的城市開進。倉促，混亂，火急火燎⋯⋯

## ·西南線：高碑店 → 唐山

某摩托化軍在火速前進。

當時擔任師副政委的高天正，多少年之後依然清晰地記着那天從凌晨到深夜的一個個扣人心弦的時刻。

三點四十二分。一座座營房在大地的顫動中發生駭人的搖晃。士兵們奔出宿舍，師領導立刻進入指揮位置，他們一面向上級聯繫了解所發生的情況，一面命令部隊處於待命狀態。

九點整。在唐山地震發生五個多小時之後，該師接到作為先頭部隊赴唐山救災的命令。當時全師部隊正分散在方圓一百多公里的七個縣、二十三個點上，執行訓練、營建、生產等任務。剛剛成立的軍「前指」立即決定：邊收攏邊出發，邊編隊邊開進。作訓處以向京、津、唐地區機動的戰備方案為基礎，迅速制定了行軍方案，給每台車下發了路線圖。

九點三十分。擔任尖刀連的某團「紅二連」離開營房。

十點二十分。高天正和一位副師長率先頭團出發。

有多少年沒有經歷這樣動人心魄的場面了？漫天的烏雲像濃黑的硝煙，隱隱的雷聲如遠方的炮響，路邊是越來越多的坍毀的房屋，迎面走來一羣羣纏着繃帶的傷員……。霸縣，天津。滿街的塑料棚，滿街的老百姓。救災大軍就從那一片呻吟和哭喊聲中穿過一個個滿目瘡痍的城市和集鎮，向災難的中心推進。

下午四時許。摩托化部隊突然停止了推進。薊運河！長達一百五十米的大橋被震斷，橋板從中間斷裂，跌落在湍急的波濤之中。大部隊被攔阻在河南岸，各級指揮員焦急萬狀。架舟橋麼？需要五、六個小時；這是不容遲滯的五六個小時。河對岸可以看見黑壓壓的逃難的人羣，人們在揮手，在呼喊。這一邊，千軍萬馬被淤塞在道上，士兵們在跺腳，在攥拳。漸濃的夜色裏，到處是晃眼的車燈；風中雨中，到處能聽見步話機員急不可待的呼叫……

終於，先頭團政委羅尚立從地圖上發現了一條經玉田、豐潤到唐山的機耕道，他立刻向「前指」建議：

改道！

被堵塞在公路上的大部隊，幾乎是整個調了一個頭尾。無數輛軍車，費力地扭過車頭，吼叫着開上那條狹窄、泥濘的拖拉機小路。

深夜，小路始終在隆隆馬達聲中震顫着，方圓數十里的田野上飄漫着汽油和柴油的氣味。

司機們已經整整顛簸了十多個小時。

一位在隊列中來回傳遞命令的摩托車通信員，由於連續行軍，滾熱的發動機把他的腿烤起了燎泡。

一位慵倦不堪的司機，不時從口袋裏掏出預先準備的辣椒，大口大口嚼着，驅散睡意。

一位得了重感冒，在路上發燒達三十九度多的駕駛員，在實在支持不住的時候，讓衞生員坐在身邊為他扎針，一次不行，兩次不行，乾脆把銀針留在穴位上，每當眼皮打架，就讓衞生員捻針，用酸痛的強刺激提神⋯⋯

七月二十九日凌晨三點四十分。幾乎恰好是在地震發生二十四小時之後，先頭團進入唐山。

## ・東北線：山海關 → 唐山

瀋陽軍區某軍晝夜兼程。

先頭部隊也被波濤洶湧的大河攔住。公路橋已震斷，車隊只有唯一的出路：強行通過尚未毀壞的鐵路橋！

「我的車領頭！」一位師長指着他的指揮車吼道，「我死也要死在這車裏面！」

另一條路上，某部二營正以強行軍速度向唐山開進⋯⋯

當時的營教導員王慶祝終生難忘那一天的經歷：上午，部隊正在進行實彈射擊，上級突然下達立即出發參加救災的命令。全營幹部戰士跑步二十里路趕回營房，當時午飯已快熟，整個部隊不等吃飯就開始登車；炊事員一瓢水澆滅爐火，揹着行軍鍋就和部隊一起出發。

在大橋震斷的灤河邊，又累又餓的指戰員們，下車泅渡過河，步行前進。

衣褲濕透的軍人們，頭頂烈日大步疾行。他們被一層令人窒息的水蒸汽包裹着，一路滴落着水珠：先是河水，再是汗水。他們在酷暑的熱浪中拚盡全力搶奪着時間。

士兵們疲憊不堪。從上午到夜晚，奔跑、泅渡、強行軍……他們一刻也不曾喘息。沒吃午飯，沒吃晚飯，餓得眼冒金星。更令人難以忍受的是乾渴，喉嚨生煙的士兵們，大口大口地喘着氣，臉上的汗珠止不住地流淌。

渴極了……有三個戰士已經暈倒！

忽然，隊伍中出現了一陣波動。前方，在一條鐵路旁邊，有一片亮光，彷彿是一窪積水。

機敏的衛生員立刻意識到：那是火車中排出的廢水。他跑到王教導員面前，讓他大聲命令：「不許喝髒水！各連注意，誰也不許喝路邊的髒水！」

誰知這命令卻收到了適得其反的效果：幾乎所有的戰士都看見了水光，像聽到發令槍聲，他們向鐵路邊蜂擁而去。這些渴極了的小伙子，一個個伏在碎石地上，沒命地喝着浸透了煤屑的黑水，無論誰也喝斥不住。

天亮，二營趕到唐山的時候，戰士們一個個無力地坐倒了。炊事班馬上在路邊架鍋，熬出了一鍋大米粥。整整一天了，耗盡體力的戰士們粒米未進啊……

小伙子們端着茶杯剛站起身子，想喝一碗熱粥，可是他們

隨即又不約而同地坐下了。粥鍋邊，已經圍了一羣飢餓的唐山孩子。

第一鍋粥分給了這些可憐的孩子。

第二鍋粥分給了路邊的百姓。

第三鍋粥還沒有熟，戰士們又接到了命令，奔向廢墟……

刻不容緩！儘管已經竭盡全力，救災大軍的到達畢竟是遲了。唐山，已經在劇痛中呻吟了整整一天。

## 劇痛中的城

當十萬大軍還在公路上奔行的時候，唐山在痙攣，在疼痛，在甦醒。

震後的黑色的雨，瓢潑般地傾向廢墟；和歷史上許多大震之後的情形一樣，無休無止的暴雨。不知從什麼時候起，唐山的廢墟中開始一片一片地滲出殷紅色的液體。它越滲越多、越積越濃，像一道道細細的殷紅色的泉水，從預製板的裂縫中淌出來，沿着扭曲的鋼筋滴下來，繞過毀斷的窗櫺門框，又從灰白的牆壁碎土中滲出來。人們終於看清，這是從蒙難者尚未清理的屍體中流出的血水。淡紅色的血水緩緩地流着，聚合成一條條紅色的小河，在黑色的廢墟上留下了一道道離逝了的生命的軌跡。所有經歷過「7·28」震災的唐山人，都很難忘記暴雨中這一驚心動魄的慘景。尤其是那些沿着這一道道紅色的軌

跡爬出生還的人，他們更難忘卻。

## ・採訪筆記（一）

唐山市建設銀行女職員姚翠芹，一個二十三歲的姑娘。半年以前，她還是一名漂亮的女兵，一名部隊宣傳隊的女演員。她脫下軍裝才幾個月，剛剛有了一個安定的工作，剛剛開始戀愛，她的生活似乎注定是要和歌聲、掌聲、微笑與甜蜜聯繫在一起的，可是……

我醒來時正躺在瓦礫堆上哼哼。我記不得我們住的宿舍樓是怎樣搖晃着倒塌的，只記得周圍的同伴在喊叫。我以為是夢，拼命想從夢中醒來，卻怎麼也醒不了，直到嘴和鼻子都被灰土塞住，身子像被刀刃卡住，腦袋疼得像要崩裂一樣的時候，我還以為自己是在惡夢中。有一串重重的腳步聲由遠而近，然後是一個男人的聲音。我在模模糊糊中被一位看大門的師傅救出來……一陣劇痛，我又昏迷過去。那會兒，我怎麼也不會想到，劇痛是從脊椎發出的，脊椎折斷了，我已經永遠站不起來了。

我躺在那兒，一會兒昏睡，一會兒又疼醒。當我清醒時，天正下着淅淅瀝瀝的小雨，我只覺得灰濛濛的天很低，在哭，在歎氣。

我感到口渴難忍。「衣服……衣服！」我還衣不遮體地躺着。有人扔給我一條褲子，不知因為那是一條孩子褲子，還是因為我的大腿已經腫脹，我只能拉上去一半。我的腿已毫無知

覺，像不屬於我了。

當時的情景非常恐怖。離我不遠的地方，我看見有個女人正在一口接一口地吐血，一個男孩伏在一具屍體上抽泣，還有一個頭髮蓬亂的少女正捧着一隻骯髒的茄子大口大口地吞食。我渴極了，我伸出手去，想要點什麼。可是我什麼也喊不出，只是朝那少女望着。突然，我發現那坐着的少女的身下，有一灘越來越大的血跡。

周圍殘存的房屋還在倒塌，身邊是紛亂的腳步聲。有人在喊着：「受傷的，快上機場呀！」又過了一會兒，我的哥哥趕來了，他把我抱到一塊破紗門上，又請人幫着抬上了一輛架子車。我問「去哪兒？」哥哥說「上機場！」

不知出於什麼心理，在那一天，那一時刻，幾乎所有的唐山人都把希望寄託在了機場。於是，從唐山市區通往飛機場的九公里的公路上，人流如潮水般地湧去，嘈雜，混亂，恐慌……，規模空前的大逃亡。人們毫不懷疑機場會是個救死扶傷的所在地，是由死轉生的希望所在，所有能動的人都不顧一切地向那裏潰散，挂着樹棍的，互相攙扶的，赤裸身體的，光着腳的。據說，一位中年婦女懷抱着一個已經咽氣的孩子，死不放手，跟跟蹌蹌地走着；一位中年男子，頑強地在路邊爬着，用手抓着地上的石頭，一寸一寸挪向機場……有些人僅僅是頭上身上擦破了皮，卻也被驚惶失措的情緒挾裹進了逃亡的人羣。那是一條混亂的血跡斑斑的求生之路。

上午十點，又下起了雨。整個機場塞滿了傷員和逃難的人

輩，顯得越發淒慘。到處是濕漉漉的瑟瑟發抖的人。還能走動的人，四下尋找食物和衣裳。

我仍然躺在那塊破紗門上，渾身已被雨水澆透了，身上冰涼。我的傷太重了，機場衛生隊根本無法處理。我覺得自己就要死了。我已經從哥哥那裏得知父親被砸死的消息，我覺得自己也要到父親那兒去了。我能聽見周圍的人在一個一個死去：先是呻吟，再是喘息，而後聲音突然停止，便有人嗚嗚地哭⋯⋯

哥哥又把我抬上了車子⋯⋯

七月二十八日下午，從機場通往唐山市區的公路上，又出現了回湧的人流。這股退下去的潮水和繼續湧來的潮水碰撞着，又匯成了更大的洪流返回廢墟。路邊的小溝裏已填滿屍體，走投無路的唐山人不知奔向何方。

機場，依然處於擁擠與堵塞的中心。

## · 採訪筆記（二）

空軍唐山機場只有一個小小的衛生隊。當成千上萬災民湧來時，這個僅有四十名醫護人員的衛生隊，像是洶湧巨浪上的一條板質單薄的小木船。

七月二十八日當天的情景，軍醫邵俊蘭和汪雅蓮一提起來心就發顫。地震發生後，她們從破裂的房屋中跑出來，立刻趕到衛生隊。當時，機場的蘇式平房倒塌不多，她們想像不到市區的慘狀，當附近農村的傷員送來時，她們還是照慣例止血、

包紮、派救護車「轉送二五五醫院」。可是救護車開出不遠就返了回來。它帶回了「唐山的醫院全平了」的消息和滿滿一車最先出現在公路上的傷員。不多時，成羣成羣從廢墟中掙扎出來的人，便帶着更大的恐怖湧進了機場大門⋯⋯

我們手忙腳亂，搬出了所有的戰備藥箱，給傷員清創、固定、注射強心針。急救藥很快就緊張了，可傷員卻越來越多。機場的各個角落都躺着人，到處有人在伸手呼救。我們不知往哪裏去，去了也不知該怎麼辦。

我們的衣角不時地被人拽住。一個老太太哭着說：「大夫，救救我的兒吧！他要死了，就剩我一個啦⋯⋯」一個小伙子指着一位姑娘說：「大夫，救救她吧，我們才剛結婚呀⋯⋯」還有幾十個人在那兒喊：「我們是貴州來的！我們是貴州來的⋯⋯」一打聽，是貴州銅仁地區的，這個地區派出二百六十名公社以上幹部，到大寨和沙石峪參觀學習，結束後途經唐山，準備上北京去，誰料到全部被砸在旅館裏，只剩三十多人還活着。

我們有什麼辦法呢？開始手頭還有強心針，還有繃帶，到後來只剩了紅汞、四環素。衛生隊的藥箱全空了，連胃舒平都有人要，那些受傷的人，好像覺得只要是藥就能救命。

⋯⋯有個八九歲的男孩，叫人一輩子也忘不了。他哭着、喊着：「阿姨！快救救我的哥哥吧，我的爸媽全沒了，只有我哥了，你們救救他吧⋯⋯」他旁邊一個十二三歲的男孩，正滿口吐血，胸前一片殷紅。一看就知道，這是被砸壞了內

臟，正內出血。可我們別說沒有手術設備，就連止血藥也已用完。孩子休克了，沒法子，急慌了，給他掐「人中」。明明知道不管用，還是拚命地掐呀、掐呀，直到孩子的腦袋奪拉下來，身體越來越涼……

我們的心碎了。眼看着一個個人死去，耳聽着一聲聲呼救，我們直淌眼淚，毫無辦法。什麼也沒有啊！對尿閉的傷員，沒有導尿管；對骨折的人，沒有夾板；對需要清創的人，甚至連麻藥都沒有。

沒有麻醉的清創，活活痛死人的呀。有個七歲的孩子，頭皮被掀開一大塊，裏面全是沙子，必須用鹽水沖洗，用刷子刷。誰下得了手？孩子的母親說：「救命要緊，你們就沖刷吧！」那一次「清創」，現在想起來都叫人心裏發痛。我們用鹽水沖着孩子血肉模糊的頭顱，一點一點刷着嵌在肉裏的砂粒。碰一碰，孩子就痛得抽搐一下。他媽媽在旁邊喊：「好孩子，忍住，忍住，別怕疼，你要像解放軍一樣，勇敢……」孩子咬着牙，真的沒哭，真的沒哭啊……

下雨時，傷員們更加可憐了。有個人，臉都被砸歪了，居然還在雨中跌跌撞撞地走着。有個乾瘦乾瘦的老太太，穿着我們衛生隊的接生服，在小樹叢裏穿來穿去。躺在地下的傷員，有的在抽風，有的在慘叫，有的在高燒中說着胡話。我們找到了一個氧氣瓶，給一個昏迷不醒的傷員接上，等到奔忙一圈回來，發現氧氣瓶邊已經躺了一圈人。那些人不知是怎麼爬過來的，更不知是怎樣找到了一根根管子，也把氧氣接到了自己的

嘴邊。他們就這樣在雨地裏躺着，靠那一點點氧氣維持生命。

還有幾十個臨產的孕婦啊！這邊人在死，那邊人在生，現在簡直想不起來，那時是怎樣給那些人接生的。

這些母親，一定不會忘記「7·28」那天的唐山機場。

## · 採訪筆記（三）

趙福，二五五醫院一位男護士。一位在地震中折斷了手臂的傷員。提到七月二十八日，他最難忘卻的是醫院的籃球場——那個堆滿傷員和死屍的小小的四方空間。

球場上橫七豎八躺滿了人，活的，死的，混雜在一塊。死人的頭上一般都蒙着條毛巾或手絹；活人在喊，在叫，由於胳膊腿腫脹，為了「減壓」，醫生用刀在上面劃了一道道口子。我們也不知道疼了，只知道渴，只知道餓。有人給我一玻璃瓶糖水梨罐頭，我往地下猛地一砸，把夾雜着沙子泥土和玻璃屑的梨塊抓起來，一把把往嘴裏塞。

我身邊是一具死屍，一個四十歲上下的小個子男人。我的腦袋就枕在他的冰涼的胳膊上。不知為什麼，我總覺得他那躺的地方地勢比我高，下雨時，水從他那兒往我這邊流。我掙扎着爬起來，心說，對不住了，換個地方吧。一點點爬過去，把他挪到低處……雨真大呀，打得人睜不開眼睛。我聽人說過，地震後必有海嘯，當時我心裏直發毛：海浪捲來時怎麼辦呢？我決定往高一些的廢墟上爬，可是我的胯骨也被砸裂，根本沒法爬啊……

我就那樣跟死屍在一起躺了一夜。

許多經歷過大震的人都曾說起，「7‧28」之夜，整個唐山市區沒有一星燈光，彷彿整座城市陷入了墨黑的海底。雨漸止，但陰雲仍重重地壓着，天幕上星光全無。黑暗中只有幾點微弱的手電光，像墓地中的磷火。偶爾有幾聲犬吠，尖而悠長，顯得格外淒厲。在救災大軍尚未趕到的時候，唐山墜入了死夜。那一夜，使多少人真正懂得了什麼叫做死寂。

第二天，我們醫院不知從哪兒搞來一輛卡車，把我們這些傷員往外地轉送。

進唐山的救災部隊已經源源不斷地趕來，公路上人山人海，常常擠得水泄不通。我在車上聽人喊：讓運傷員的車先走！運物資的車往稻田裏開！車停停走走，走走停停，傷員越拉越多。

那一個個傷員的慘狀，我多少年裏都不敢去回想。太殘酷了，地震真是太殘酷了！就說跟我同車的人吧，有一個男的，腳已經沒有了，皮翻捲着，露出白森森的骨頭，只有一根繩在膝關節處紮住大血管，他一路慘叫，叫得嗓子像被撕裂一樣。還有一個二十多歲的姑娘，可能是脾臟破裂，車一顛簸她就「啊！啊！」地喊，她要車停下，說疼極了，實在受不了了，可車怎麼能停呢？她一把抓住我的手說：「求求你，同志！你把我打昏過去吧。求求你，把我打昏！我疼死了，實在受不了啦……」

我們被送到薊縣一個部隊醫院，只聽一個戰士喊：「活的

往這邊抬！死的往那邊抬！」

我拉住一個軍醫，請他給我做手術，他說：「這裏哪還能做手術？昨天一天，這兒就死了一千四百個傷員。管不過來啦！管不過來呵！」

我一看，醫院的院裏院外，遍地躺着人。火辣辣的太陽烤着，傷口腐爛的味兒，屎尿的味兒，直衝鼻子，蒼蠅嗡嗡亂飛……我就在那裏躺下，一直等到衛生列車到來。

震後一二天內，當救災部隊尚未大批到達的時候，最早鑽出廢墟的幸存者們展開了緊張的自救。震後還活着的唐山人中，十之八九是被親人、同事、鄰居從瓦礫中救出來的。常常是一個自己掙扎出來的人，決定了幾十個人的命運，這幾十人又決定了另外數百人的命運。唐山人自救互救，自尋生路，自發組織向外運送傷員的情景十分悲慘。那些被砸得不像樣子的破爛汽車，搖搖晃晃地開出唐山，緩緩地、艱難地從迎面壓來的大批車馬人員中穿過。它們不時停住，抬下一具具剛剛咽氣的傷員屍體；不時被人攔下，又抬上去一個個早已候在路邊的生命垂危的災民。

唐山軍分區有關抗震救災的材料中記載着這樣一件事：一輛卡車滿載着傷員駛往玉田縣。車子行走得十分困難，方向盤似乎不靈，車輪時而歪向左邊，時而歪向右邊；上坡時，冒着黑煙，半天爬不上去。車終於開到了玉田縣城，傷員們一個個被抬下車。這時有人招呼駕駛員下車休息，可是喊了半天沒有回音。打開駕駛室門，人們驚呆了：那個司機本是一個重傷

員，頭部砸傷，腸子流出，左手骨折。當人們想把他扶下車時，發現他已伏在方向盤上死去，駕駛室滿地是血⋯⋯

當我奔赴唐山的時候，我身上揣着厚厚一疊紙條：「請幫我打聽 ××× 的下落！」「請尋找 ××× 同志。」「請速了解 ××× 家中傷亡情況。」⋯⋯

我母親也令我查詢她的好友——唐山市民政局長蔣憶潮和他妻子周桂蘭的情況。

蔣叔叔！看着我長大的蔣叔叔！

多麼湊巧啊，正當我在廢墟上開始第一天採訪的時候，我在上海醫療隊的帳篷前聽到了那個熟悉的蘇北口音。是他，他還活着！我飛奔過去，站在那個因砸斷了肋骨而弓着背的老幹部跟前。

「這小伙子，好面熟⋯⋯」

「我是錢鋼啊，蔣叔叔！⋯⋯」

我一下子被一雙顫抖的手緊緊抱住了。

「唐山，⋯⋯你看我們唐山⋯⋯」蔣叔叔失聲痛哭。

我第一次感受到了一顆破碎的心的深深的痛楚。

## 天上地下

來自全國各地的二百多個醫療隊，一萬多名醫護人員，在唐山的廢墟上迅速撒開。

醫護人員和傷者（李耀東攝）

搜尋廢墟中的幸存者

大批傷者通過火車轉運到全國各地（李耀東攝）

瓦礫上立即插上了一面面紅十字旗和一塊塊木牌。

> 空軍總院在此
>
> 海軍總院在此
>
> 上海六院在此

二十八日下午，在天津漢沽已出現收容唐山傷員的手術帳篷。當晚，解放軍總醫院的外科醫生也已在唐山機場搭起了三個手術台。

這是唐山震後最早的手術，也是最艱難的手術。大量的清創縫合，大量的截肢，甚至還有開顱……一切都在極其簡陋的條件下進行。二五五醫院醫生王致蒼護送傷員到漢沽時，參加了天津醫療隊的手術。他說，他永遠忘不了那個搭在泥土地上的蘆蓆棚，幾乎是踩在血泊中搶救傷員，他的解放鞋被鮮血染紅浸透。僅有一雙手術手套，做完一個病人，用自來水沖一沖，接着再做。而唐山機場連自來水都沒有，解放軍總醫院的護士們，用煮沸了的游泳池水消毒器械。醫生們在汽燈下開顱剖腹，沒有血漿，一個個傷員就在手術台上死去……外科醫生孫玉鶚想起當時站在手術台邊幾十小時的情景：「那麼多生命垂危的傷員，明知搶救無望，也往手術台上抬，有時做兩個小時的手術，僅僅就是為了延長傷員一個小時的生命。」骨科醫生朱盛修一提到唐山，首先想到的是手術帳篷外的那個土坑，土坑裏堆滿了截肢截下的胳膊、大腿……

北京軍區後勤部原衛生部長楊立夫、副部長劉貞，整日在唐山驅車奔走。他們很難把成千上萬分散在廢墟上的醫務人員組織起來，常常需要事必躬親。當豐南縣沿海村莊有幾十名重傷員無法運出時，劉貞竟親自跳上一架「雲雀」直升機，飛抵海邊搶救。完全不亞於一場嚴酷的戰爭所造成的損害。在運往遼寧的一萬八千五百九十一名傷員中，各類骨折傷佔百分之五十八，截癱佔百分之九點一，軟組織損傷佔百分之十二點九，擠壓綜合症佔百分之二點一，其他傷情佔百分之十七點九。幾乎每五個幸存的唐山人中就有一個重傷員──這是一個十多萬人的巨大數字。

「傷員得向外轉送！」劉貞找到河北省委書記劉子厚，「這樣做手術，幾個月也做不完！」

劉子厚問：「一個公社能收多少人？」

劉貞說：「大約二百。」

劉子厚說：「把傷員向省內各縣轉移。」

七月三十日，國務院決定把唐山傷員向全國十一個省（市）轉運。在此前，僅有五十多名腰椎折斷、大腿骨折、嚴重擠壓傷的傷員搭回程空飛機轉向北京。遠距離轉運的決定下達後，大批飛機和列車被緊急調往災區，開始了歷史上罕見的全國範圍內的傷員大轉移。

截至八月二十五日，共計一百五十九列（次）火車、四百七十架（次）飛機，將十萬零二百六十三名傷員運往吉林、遼寧、山西、陝西、河南、湖北、江蘇、安徽、山東、浙

江、上海。

　　從以下兩份關於空送情況的表格中，人們可以真切感受到當時緊張而特殊的氣氛。

### 表一　八月五日前唐山機場逐日客運傷員統計

| 日　期 | 7月30日 | 31日 | 8月1日 | 2日 | 3日 | 4日 | 5日 |
|---|---|---|---|---|---|---|---|
| 架　次 | 12 | 42 | 55 | 56 | 48 | 33 | 58 |
| 人　數 | 286 | 1250 | 1626 | 1908 | 2044 | 1449 | 2563 |
| 北　京 |  |  |  | 55 |  |  |  |
| 上　海 |  |  |  | 90 | 77 |  |  |
| 瀋　陽 | 277 | 897 | 742 | 721 | 628 | 276 | 358 |
| 石家莊 | 9 | 266 | 379 | 512 | 615 | 605 | 762 |
| 大　連 |  | 60 | 88 | 125 |  | 76 | 326 |
| 濟　南 |  | 27 |  |  | 402 | 355 | 829 |
| 滄　州 |  |  | 407 | 305 | 322 | 137 |  |
| 西　安 |  |  | 10 |  |  |  |  |
| 長　春 |  |  |  | 100 |  |  |  |
| 太　原 |  |  |  |  |  |  | 114 |
| 鄭　州 |  |  |  |  |  |  | 174 |

## 表二　各類機型運載傷員人數

| | 躺　臥 | 躺坐各半 | 躺 1/4<br>坐 3/4 | 備　　註 |
|---|---|---|---|---|
| 三叉戟 | 45 | 80 | 140 | 拆除座位 |
| 安－12 | 45 | 70 | 120 | |
| 安－24 | 25 | 35 | 50 | 拆除座位 |
| 安－26 | 25 | 35 | 50 | |
| 伊爾－18 | 50 | 85 | 150 | 拆除座位 |
| 伊爾－14 | 30 | 40 | 75 | |
| 圖－104 | 180 | 100 | 160 | |
| 里－2 | 18 | 20 | 25 | |
| 米－8 | 14 | 16 | 18 | 直升機 |
| 直－5 | 7 | 9 | 10 | 直升機 |

　　空運傷員的最初一二天內，唐山機場一片繁忙紛亂。運送傷員的汽車，從機場大門到跑道，排起了長長的隊伍。當飛機降落的時候，舷梯下面人聲鼎沸，秩序混亂。陪送者爭先把自己的親人送上飛機，傷員在碰撞中發出痛苦的呻吟。從農村送來的截癱傷員，幾乎個個躺在一塊又寬又厚的門板上，登機時不得不臨時尋找小木板替換。危重傷員，登機前必須為他們準備好氧氣、液體、呼吸中樞興奮劑。小飛機載人少，一次上不了多少傷員，伊爾－18、三叉戟等飛機容量雖大，可是距地面太高，上下機的梯子太窄太陡，搬運傷員十分困難，尤其骨折傷員更難搬運，一百名傷員登上伊爾－18，竟然要用兩個

小時。

震耳欲聾的轟鳴聲中，一架架飛機騰空而起。人們在忙亂中似乎已經忘記，那無數受了重傷的災民，是在一個同樣受了重傷的機場上被送上天空的。


這本身就是一個奇跡。

在機場跑道北端的亂草叢中，停着一輛破舊的塔台指揮車。調度員趙彥彬等三名穿着背心、戴着草帽的軍人，就在那輛車上，瞪大雙眼注視着天空，通過電台指揮飛機起降。

自七月二十八日到八月二十日間，唐山機場起落各類飛機二千八百八十五架次，最多的日子一天三百五十六架次，平均兩分鐘起降一次，密度最大的時刻，間隔僅二十六秒。機種繁多，時速各異，又有如此大的起降密度，對於一個中等規模的軍用機場來說，即使在平時都是驚人的，何況是在大震之後——航行調度室被震裂，通訊設備嚴重受損，加上餘震不斷，僅七點八級地震後四十八小時之內，三級以上餘震九百多次，其中五級以上強震十六次，地面情況又是如此混亂！

軍人們被逼上了絕路。機場決定：用塔台車指揮飛機雙向起飛，調度員用目測指揮飛機降落。

中國的航空史上，這一事實應當被記錄在案。幾個年輕軍人，日夜吃住在塔台車上，隨時準備引導飛機。天上不時傳起引擎的轟鳴，有時十多架飛機同時出現在空中。他們用沙啞的嗓音呼叫着，調整不同機種的通場高度，就像交通警在十字

路口指揮着川流不息的車輛。另一些年輕軍人，在千米長的跑道上來回奔走，引導已降落的飛機快速到達卸貨或載人的位置；他們熱汗淋淋，雙腳不停，每天奔跑的路不下百里。正是他們，使數千架次飛機安全起降，飛機和飛機、飛機和車輛之間，連一點輕微的碰撞和摩擦都不曾發生。正是他們，在危急時刻鋪平了一條救死扶傷的道路，鋪平了一條向唐山源源不斷地輸送救災物資的道路。

　　地面同樣在奔忙！

　　據河北省抗震救災前線指揮部的資料記載：唐山地震發生後，軍隊、地方參加救災的汽車達兩萬多輛。這些車輛和飛機、火車一起，不僅搶運了傷員，還把如下的物資運往災區（截至當年年底）：糧食七千六百十一萬斤，餅乾點心三千六百四十四點七噸，食糖一千二百三十噸，肉九百四十七點一噸，蔬菜一千四百零六噸，衣服一百五十七點三萬件，鞋四十一萬雙，炊事用具五百二十八點七萬件，火柴六千一百一十箱，肥皂一萬一千六百五十二箱，洗衣粉三十二噸，藥品二百九十三點七噸，葦蓆二百六十二萬片，葦箔一百五十四點二萬片，草袋二百五十五點六萬個，木材八百九十七點三萬根，毛竹一百零一點四萬根，鉛絲一千噸，鐵釘一千零三十噸，油氈八十六點五一萬卷，石棉瓦三十六點四五萬片，塑料布一千零四十三噸……

在唐山機場住帳篷的那些日子裏，我常常是一邁腿就走到成堆的蓋着雨布的救災物資中去。堆積如山的電筒、電池，堆積如山的壓縮餅乾，堆積如山的鍋碗瓢勺，多地震的雲南省送來的大批雲南白藥，受過震災的遼寧海城送來的大批裝有毛巾牙刷的慰問袋……震後兩天中，機場場站站長（一個團職幹部）掌握着所有救災物資的分發，直到三十日才移交給抗震救災指揮部。最初整個發放工作一片混亂，大批物資或者被積壓，或者被盲目下發。我到豐南縣採訪，那兒運到的蔬菜只有一種：出口的蜂蜜蒜頭。一日三餐，每餐都得吃一大碗又甜又黏的大蒜。

最初的混亂是不可避免的。

雖然「7·28」上午唐山市委已在一輛破公共汽車上成立了救災指揮部，「7·28」晚間河北省委和北京軍區的「前指」也已在機場組成，但是面對如此巨大的災難，兩鬢斑白的黨政領導人和將軍們完全沒有應急的經驗。他們在電話機前喊啞了嗓子，在市區大地圖前熬紅了雙眼，直到三十日，他們才有可能在一定範圍內實施指揮。有多少難題在等待着他們：水、電、通訊、交通……大自然毀滅一個城市只需要幾秒鐘，而人們恢復它的生機，卻需要漫長的時間。首先是——

水：三十日，北京重型電機廠由油罐車改裝的三十輛水車，第一次把清水送進了乾渴的唐山。唐山自來水公司大紅橋水廠的兩個儲水池內，當時還有三千三百噸清水，但是全城

一百公里主幹供水管道全部震壞。三十一日，上海急調一萬二千米水龍帶，用飛機運到唐山，向人口稠密區送水。

電：二十八日，北京開出兩台發電車，當晚給設在唐山機場的抗震救災指揮部供電。二十九日，玉田—唐山間被震壞的高壓線修復。三十日，開始向市區水源地、機場和開灤煤礦供電。

通訊：地震後，唐山對外通訊全部中斷。二十九日深夜，遼寧省郵電系統維修隊修復了關外三省經唐山通往天津、北京的電話線。

鐵路：八月七日，在人民解放軍鐵道兵部隊搶修下，京山線恢復通車。

……


不論過去多少年，只要想起地震後的唐山之夜，我眼前就會出現那盞燈，那盞發黃的路燈，神奇的路燈。

不止一個唐山人曾經說起：震後第二天夜裏，在一條瓦礫尚未清理的小路上突然亮起了路燈。這是整個黑暗的唐山城中獨一無二的一盞路燈，它如燭光般昏暗，也像燭光般明滅無定，可它卻吸引了千千萬萬唐山人的目光。誰能想到呢？這是某工廠九位工人，用一台廢墟中扒出的手搖發電機點亮的！一片死寂之中，這燈光給了尚在顫慄的人們多少安慰，多少希望！

這是一座城市尚未熄滅的生命之光……

# 搶奪生命

解放軍報《簡報》摘錄（1976‧8‧13　記者邢石操）：

> ……北京軍區唐山抗震救災前指召開會議，總結半
> 月來工作。萬海峯副政委小結摘要如下：（1）參加救災部
> 隊共計十萬人，包括北京軍區、瀋陽軍區、空軍、海軍、
> 鐵道兵、工程兵等部隊。截至八月十日，共救出羣眾一萬
> 二千二百四十五人。……

在那些緊張的日子裏，纏繞着黨政領導和救災部隊指戰員
們的最嚴重的問題，還是那些被壓在廢墟中的幸存者的生命。
搶奪生命——那壓倒一切的任務，落到了中國人民解放軍數萬
名年輕士兵的肩頭。

準確地說，除震區內的約兩萬軍人以外，最早進入唐山的
部隊，是河北省軍區駐灤縣某團和駐玉田縣的北京軍區坦克某
師步兵團一營。七月二十八日中午十二時，一營已乘車趕到唐
山市新華旅館的廢墟前。

「戰士們都驚呆了！」當時任該營教導員的李福華回憶
說，「誰見過這麼慘的情景啊。滿地的死屍、腦漿、血……幾
個小鬼嗚嗚地哭起來。我急了：『哭什麼！快救活人吶！』我
自己喊叫的聲音都在發抖，變了調子……」

「我們出發時想得太簡單啦，別說大型機械，就連鐵鍬

都沒帶幾把。戰士們就憑一雙手，去扒碎石，掀樓板，拽鋼筋！」

李福華忘不了戰士們竭盡全力而又一籌莫展的痛苦情景。到處聽得見呻吟，聽得見呼救，可是樓裏的殘骸像山一般鎮壓着無數一息尚存的生命。

有一個小伙子，僅從樓板的裂口中伸出一個腦袋。他喊着：「救救我吧，解放軍。救救我吧，解放軍……」戰士們卻無法把那樓板抬高一寸。他們含着淚，聽那小伙子一遍遍機械地喊着，喊聲越來越弱，越來越弱，嘶啞，消失……

旅館一角，戰士們聽見一個姑娘從地下傳出的聲音：「同志，我們下面還有七個人，七個……」戰士們拚命往下扒，已經可以聽得見喘息聲時，大地突然一陣搖晃，一些架空的樓板又坍落下去。喘息聲中止了。數小時後，精疲力盡的戰士們看到了七具並排躺着的女屍。

二十八日下午，一營有三分之二的戰士指甲全部剝落，雙手血肉模糊。這些緊抿嘴唇的無言的年輕人，奮力地，然而幾乎是徒勞地用他們的血手扒開堅硬的廢墟。

當七點一級強餘震發生的時候，我們還有六七十個戰士在一座危險樓房裏。一個連長喊：「有地震！快出來！」可沒有一個戰士往外跑，那連長喊着喊着，自己也鑽了進去。得搶在房子倒塌前把人救出來啊！

「我們全營在毫無工具的情況下，這一天，把原先有三層樓的新華旅館翻了一個遍，在旅館和周圍的地方救出五十多

人。第二天救了二十多人。第三天只救了四五個人……」

七月二十九日下午，李福華奉命率全營到市委大院救人。面對一大片廢墟，指戰員們手足無措，幾百號人，淋着雨蹲在地下。一輛吉普車飛馳而來，軍區裝甲兵司令員跳下車，一看眼前的情景就火了。「這底下還有八十個人，你們怎麼能在這兒愣着！」他命令李福華，「扒！用手扒！明天早上要是扒不出來，我撤你職！」

一營戰士整整扒了一夜。扒出的是七十六具屍體。

「到唐山後的三天內，我們全營沒吃飯，沒喝水，沒合眼，從營房送來的飯，都在半道上給了老鄉。第四天，用一個澡堂裏打來的臭水煮了一鍋飯，那飯一聞就噁心，誰也沒吃。那幾天，人的精力、體力真是驚人！戰士們赤着膊，只穿條短褲，蹭得渾身是傷。人就像急瘋了一樣，就知道扒呀！扒呀……搶的是生命啊！司令員急得冒火，戰士們急得想哭，可我們只有一雙手……」

將軍們回憶起唐山救災，都認為第一天開進時沒有攜帶大型機械是重大的失策之一。本來應該從天津、北京等城市調去大批吊車，野戰部隊也可以多攜帶釬、錘、鍬等工具。可是在猝不及防的災難面前，誰也無法鎮定自若、周密而冷靜地作出快速反應。派去和災害搏鬥的軍隊，事實上是一支沒有武器的赤手空拳的軍隊。直到八月七日以後救災部隊才陸續配發吊車、電鋸、鑿岩機、電焊切割

機。這也就是說，廢墟上這一場空前殘酷的生死搏鬥，持續了十天之久！當我在一九八四年採訪軍政委高天正時，他無限感慨地說了這樣一句話：「那十天裏，我們的年輕戰士都感到：他們突然間長大了⋯⋯」

當時高天正所在的部隊，擔負着在受災最重的路南區小山街道和唐山火車站一帶搶救幸存者的任務。高天正永遠也忘不了他的那些年輕的士兵們。他們正是災難的承擔者，不僅承擔着勞累、危險，而且也承擔着巨大的心靈的重負。

當時戰士們的心，就像成天成天被刀戳着。有的地方，看得清清楚楚，廢墟中一兩丈深的地方還有活着的人。可是沒有工具，能看不能進呵！裏面的人在受折磨，外面的人也在受折磨！我們師的紅軍團在車站附近救人，二連負責車站大樓，三連負責鐵路公寓，四連負責站前旅館，一個連都要管一大片地方，面前是那麼堅硬的預製板、鋼筋⋯⋯我記得有個教導員，不知從哪裏找來一堆小鋸條，他們就用這樣的小鋸條鋸鋼筋，鋸壞一根扔掉一根，硬是把結實的鋼筋水泥板一小塊一小塊分解開⋯⋯

對那些還在地底下掙扎着的人，士兵們千方百計給他們送進水和食物。他們用鋼筋叉着饅頭，叉着蘋果，從廢墟的縫隙中塞進去。一羣士兵還想了一個主意，把一根皮管插進廢墟，將小米粥一點點灌入，餵給一個奄奄一息的傷員。戰士們用嘶啞的聲音一遍遍喊着，讓那些幸存者堅持，頂住⋯⋯

大型機械運來以後，戰士們照理該喘口氣了，可實際上是更加緊張！已經十天了啊，地下即使有人還活着，生命也已到了最後的關頭。戰士們有的鑽進撬開了樓板的廢墟，有的坐在小筐裏，被吊車吊上殘存的樓房，在各種各樣危險的地方尋找活人，搶救活人。我在一個塌成了一個陡坡的樓房前，親眼看見一個戰士，揹着一個中年人，一步一步艱難地從陡坡上下來。怎麽回事呢？他腳後跟還拖着一塊大木板。仔細一看，哎呀，他是一腳踩中了那根木板上的釘子！下面的人都替他捏一把汗。他身上揹着人，顧不上腳底的劇痛，就那樣一步一步地拖着木板往下走，往下走……滿頭的汗，滿腳的血……

　　從廢墟中救出的活人越來越少了。地下的幸存者早已不能呻吟、呼救。他們只能無力地敲擊着水管、暖氣片，向人們傳遞微弱的信號。高天正所在部隊成立了「潛聽隊」，夜闌人靜之時，一羣戰士就臥在廢墟上，屏息傾聽，哪怕是聽見一絲響動，立刻吹響緊急集合哨，突擊挖掘。剛剛入夢的戰士每每被哨音驚醒，匆匆奔上廢墟；黑魆魆的瓦礫堆邊，很快開來一輛輛卡車，雪亮的車燈齊刷刷向廢墟射去。起重機馬達轟鳴，打釺的錘聲此起彼落……常常是苦幹到天亮，依舊什麽也沒有發現；有時挖掘了三四個小時，挖出的僅僅是一隻尚未死去的撲騰着的雞。

　　地下還有活着的人麽？

# 第 三 章

# 渇生者

人類在未曾經歷滅頂災難之前，很難想到生存對於
生命的涵義，也很少意識到生存本身需要怎樣的堅韌與頑
強。常常，生命的消失不僅僅在於外在的災難，而更在於
虛弱的人類本身。

　　十年前，當我凝步於唐山的街頭，大量的屍體堆中，
曾有一類死難者的遺體引起過我的疑慮和深思。他們顯然
不是死於砸傷或擠壓傷。完整的屍體上，留下的只是一道
道指甲摳出的暗紅色的血痕，那是瘋狂地抓撓之後留下的
絕望的印記。

　　這就是精神崩潰——一位親赴唐山的老醫生對我說，
是他們自己在極度恐懼中「扼殺」了自己。

　　多少名死者就是這樣死去的。可是，人類出於更頑
強的渴生的本能，卻仍在奇跡般地為生命而堅持着、奮鬥
着。奇跡，不僅僅是生命史的奇跡，而且是人類精神史的

奇跡。唐山大地震，以它震驚人寰的毀滅性的考驗，留下了這批渴生者的姓名。他們無疑是人類的驕傲。

# 三天：一對新婚夫妻和一把菜刀

陳俊華，地震時二十四歲，二五五醫院政治處幹事。

郝永雲，地震時二十四歲，陳俊華的新婚妻子，廊坊縣農村社員。

從廢墟中被救出的時間：一九七六年七月三十日，震後第三天。

三天，對於生命的時限來說，並不算長，可是對於這樣一對夫婦來說，卻分外地漫長而難以支持。他們的存活，對於他們自己，是奇跡。

一九八五年一月二十六日和三十日，我採訪了陳俊華和郝永雲夫婦。與郝永雲交談時，他們可愛的小女兒正在牀邊玩耍。她不時地扭過頭來，好奇地睜着大眼瞅着我和她的媽媽。她顯然是生於地震之後。將來，這個天真活潑的小姑娘會知道，這個世界上原本不會有她。因為，一場震災險些奪去她的父母親的生命。那會兒，他們剛剛結婚。

七月二十八日的強大震波，擊中了所有大目標，也毫不留情地粉碎了這對夫婦的小小新房。

那一刻，屋子裏亮極了，明晃晃的，就像開了電燈，就覺得四面牆壁像包餃子一樣捲塌下來。我們的屋子在宿舍樓的底層，上面的天花板已經傾塌，離我們的頭只有幾寸遠，僥倖得很，那塊板沒落下來，我們倆緊緊地抱在一起，周圍只剩下了比一張單人沙發大不了多少的空間。

最初被砸下去的時候，這對夫婦也曾經呼救過。竭盡全力的呼喊，對於偌大的廢墟顯然無濟於事。為尋求生之路，他們也曾和千千萬萬遇難者一樣，拚命地推樑木，砸鋼筋，搬石頭。當我採訪郝永雲時，她對我說：「我們俊華可是個男子漢呀，真正的男子漢。他哪來那麼大的勁？一扇紗門壓在我們身上，他硬是用手撕扯開紗窗鐵絲，出來後我見他滿手是血。」

「真像活埋人！」郝永雲說，開始，四周很黑，誰也看不見誰，只覺得悶，嗆得難受，嘴和鼻孔像被灰塵堵塞了。餘震時，樓板幾乎貼到了腦門。

「新婚妻子身體不好，」陳俊華告訴我，「她身體單薄，平時還有神經衰弱。那一會兒，嗆得要命，我真擔心她。我蹲着，她跪着，趴在我身上，一個勁兒的說：『俊華，我出不來氣，我渴。』」

我只會發瘋一樣地叫渴。熱極了，也渴極了。俊華叫我別喊了，說裏面氧氣少，一喊就喊沒了。我渴得受不了，伸手胡亂的摸着。天太黑，只摸到一隻瓶子。「是醋」，我高興得沒

一些幸存者就被埋在這樣的建築物中

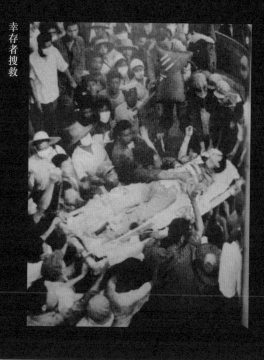

幸存者搜救

法說，抓起來就往嘴裏倒，卻是花生油。我喝了兩口，哇地全吐了。後來我昏睡過去時，老是看見一個軍用水壺，我死死抓住它，就是不放手！

看着我妻子這樣，我想起屋裏還有西瓜、桃子和半盆涼水，水裏還冰着一罐中藥，是為她煎的。我四下去摸，什麼也摸不着，都壓碎了。失望之中，意外地摸到了一把菜刀。我對她說，這下好了，我們用菜刀砍出去。

這把菜刀給這對在「蜜月」中蒙難的夫妻帶來了生還的希望。黑暗中，響起了菜刀砍擊硬物的聲音。陳俊華首先在一堵斷壁上劈開了一個窟窿。他欣喜若狂地往外鑽，誰知窟窿外正堵着一個堅硬極了的水泥露台。他用菜刀往相反的方向劈，結果也失敗了。他們暫時棲身的小小空間，真像一處嚴嚴實實的墳墓。

我把四周都砍遍了。石頭、鋼筋、水管、暖氣片……菜刀捲刃了，變成了一塊三角鐵。我一共鑿開了七個窟窿，全都是死路。我也不知道究竟過去了多少時間，總感覺外面老是盛夏大中午。太悶太熱了，滿額頭鼓起了大腫包，我妻子只穿着一件背心和短褲，哭喊着，一步也不離開我，死死拽着我的手。我挪近她。她已經開始一陣陣地透不過氣，一陣陣神志不清。我摸到一頂草帽，給她搧着風；只要她一睜開眼，她就

哭，就問我，還能回家嗎？會不會有人來救啊？我心裏也很難受。周圍一點聲音也沒有，頭頂上偶爾傳來轟隆轟隆的響聲，也不見人聲。我看着她昏昏沉沉地躺在我身邊，心裏頭重得很。剛剛結婚，剛剛建立起這個家，妻子從農村到部隊來度這個「蜜月」，還沒有到頭，就這麼完了。新房碎了畢竟還是新房。不遠處的那對枕頭，圖案是兩條金魚，就是我妻子一針一針繡的。那會兒，我也開始絕望。我覺得我們被埋得那麼深，那麼深，沒有希望了。我妻子仍舊在身旁低聲地哭，我心裏那個苦啊！我尋思這會兒大概是第二天了，過了好長好長的時間了。地震剛震那會兒，我怕頭頂上那塊天花板再落下來，用很多磚塊墊住了它，這會兒，我卻想把磚塊抽去，任樓板壓下來，兩人一塊兒死算了。

不遠處的什麼地方，傳來一個嬰兒漸漸弱下去的哭泣聲，還有一個孩子喊着「渴」的打滾聲。這是鄰居王慶海一家。陳俊華只要稍一動彈，妻子於昏迷中就緊張得一抽搐。她的手使勁地抓住丈夫的手，緊極了。「見天了嗎？」她問。她仍在幻覺中，聽着那一聲聲菜刀砍擊硬物的「噹噹」聲。儘管那每一聲「噹噹」都顯得那麼勉強、機械、單調、無力，可是她卻實實在在地在傾聽生的希望。「見天了嗎？有希望嗎？」陳俊華看着自己虛弱的妻子，強忍着自己絕望的心情。他知道，失去希望，對於她，就是死。於是，他對她說：「快了，快了，快掏空了，快掏空了。」「能出去嗎？能出去嗎？」

「能，一定能，我向你保證。」

郝永雲安靜了。她想活，她想活着和丈夫一起出去。「蜜月」還沒有度完，好日子還在後頭，她還有那麼多的事要做。她是一個善良的農村女子，沒有多少文化，只有一顆熱愛丈夫的癡心和孝敬老人的善心。

陳俊華的菜刀又噹噹地響了，那是敲在一處暖氣片上的。不再為尋找無望的生路，僅僅為了妻子，為了那一點點正在微弱下去的生的信念。她不應該這麼死去。

陳俊華一九七○年入伍，一九七二年曾給一位首長當警衛員。這門婚事是一位遠房親戚介紹的。

這段戀愛史的開始並不甜蜜，一提起來，陳俊華的心中還有那麼一點內疚和苦澀。他說過，他曾為一件事和永雲鬧過不愉快，當初，文化不高的姑娘給他寫的第一封情書，是請人代筆的。後來他知道了，十分生氣，質問她「為什麼要騙我」，永雲委屈地哭了一天多，都因為沒有文化，也太癡心了。

陳俊華不停地敲擊着手中的菜刀。後來，再沒有過「吹」的意思，永雲的家，離陳俊華的家只有三里地，同是廊坊人。陳俊華在外當兵，她常去他家幹活，尤其是照顧三位老人。其中陳俊華的奶奶和父親都是半身不遂。真是一位善良的姑娘。爺爺做壽也是她一手操持。噹噹的敲擊聲就這樣響着。婚禮在農村舉行。不土不洋。家裏給做的櫃櫥。她家帶來一對木頭箱子。把親戚請來吃了一頓。簡單已極的婚禮。甚至連拉新娘的馬車上也忘了掛花，她家不滿意：「就是娶個寡婦也要掛花。」

可是一心愛着俊華的永雲卻沒有在意。

黑暗中，妻子仍不時地說着囈語。她的呼吸在噹噹的敲擊聲中變得均勻。後來她常說：「沒有俊華，我早死了，是他頂住了我。」

整整兩夜三天呵。那會兒要死也真死了。第二天我就覺着不行了，我想，剛結婚就砸死了，爹媽該咋想？兩口子就死一堆吧，只是苦了爹媽。真捨不得死啊！

陳俊華也想落淚。他的心裏還有一件小小的憾事，結婚前，永雲就盼着要一輛自行車，像城裏人一樣。無奈生活貧困，好容易積了些錢，因為不夠數，只能和弟弟合買一輛車，輪流騎。陳俊華曾暗下決心，結婚後省吃儉用，第一件事就是要給妻子買一輛完全屬於她自己的「飛鴿」自行車。

菜刀的敲擊聲響越來越弱。陳俊華也不行了。他只感到渾身發燙，手腳綿軟。大概因為瞳孔放大，四周圍到處是一片白色的霧。最後，他也躺倒了。但是，他躺着還拚盡全力地敲。手舉着小小的捲刃的三角鐵，竟像舉着千斤大鼎那樣的吃力。「噹，噹，噹⋯⋯」兩夜三天。

三十日下午六點多鐘，微弱而頑強的敲擊聲響終於傳出了廢墟。他們獲救了。

# 八天：「小女孩」王子蘭

王子蘭，女，地震時二十三歲，唐山市第一醫院護士。

從廢墟中被救出的時間：一九七六年八月四日。

**一九七六年八月赴唐山採訪筆記摘錄：**

八月十二日，上海市醫療大隊大隊部同志告知：唐山市第一人民醫院一位女護士在地震發生八天七夜後，被解放軍從廢墟中救出。據說她的名字叫王文蘭。

關於名字的誤傳早已糾正。十年後，當我見到王子蘭時，她正在醫院上班，一身白工作服，頭髮也塞在白帽子裏。她笑着走進院長辦公室，第一句就對我說：「解放軍特好，我現在還記得救我的那兩個解放軍的名字，一個是莫占江，一個是王鳳連！」

兩次採訪總共四個小時。對於她的情況，除了我過去已從電台、報紙和其他資料中得知的一些外，意外所得並不多。正如她自己輕鬆地對我說的那樣，那會兒，她和工友孫桂敏一同被砸在小兒科治療室裏，完全不知道日子已經過去八天。按照她們在黑暗中的計算，她們只待了四天。她笑着對我說：「你問我怕不怕？有啥可怕的！我們摸到了一瓶葡萄糖鹽水，餓了

就喝一小口。我是學醫的，懂，死不了，就是喝下去不好受，胃裏燒火似的；上面那麼多人聲，我聽聽都是外地口音，我高興了，不是來救我們的解放軍，還有誰呢？我就等着。喝了糖水就睡，迷迷糊糊的，就這麼過來了。」

八天七夜，對於這樣一位姑娘，真的是這麼容易過嗎？而且據她說，她曾經是一個十分懼怕死人的人。那次被砸在地底下，就是在死人堆裏度過的。她說：「身邊不遠的地方都是傷員，他們發出的聲音嚇死人啦。嘶啞着嗓子哭喊的，大口大口喘粗氣兒的，特別是斷氣前的一剎那，那長長的一聲叫喊，像什麼東西在嗥。」

八天七夜，王子蘭清楚地聽見一個一個人在她身旁死去。當廢墟中蒸騰起一陣陣悶熱的氣體時，她聞到了難以忍受的惡臭，屍體腐爛了。

要說這八天她還做了些什麼？她說：「我想家，想出去，想我們小兒科的那些孩子。也想他。我和他認識才三個月，我們才剛剛開始。要說再做什麼，就是給我那塊『東風』手錶上勁，手錶滴滴答答地響，聽着心裏就快活。我怕錶停，不停地上勁，聽人家說，錶不走了就要生鏽的。我可寶貝這塊錶呢，它是我參加工作時候買的。」

她還說：「有一陣子我就想，我這輩子沒做過缺德的事啊，沒對不住誰啊，幹啥讓我在這兒活活憋屈死？」她又說：「雖說沒怎麼想到死，卻也想到生命的寶貴。家在外地的孫桂敏，抓到一枝鋼筆，摸黑在胳膊上寫她的家庭住址，她是在想

後事啦。我不信，我相信會出去的。要是能出去，我想我一定得好好活，好好地工作，再苦再累也不怕。」

整個採訪使我奇怪，她壓根兒沒有把當時死亡的恐怖當一回事。這一位姑娘也用雙手扒過碎磚，搬過木板，耗盡過她所有的力氣，也曾經歷過令人毛骨悚然的寂靜和令人欲逃無路的黑暗。王子蘭經歷的八天七夜，在她口中竟變得簡單又簡單，而且，令她念念不忘的，竟是一些有趣的事：「我扒呀，扒呀，扒呀，卻扒出一個痰桶來！」為這句話她格格地笑個不停。這真是一個奇怪的姑娘。

她還充滿感情地和我談起她和她的小張。顯然，是這場災難的力量，將他倆的戀愛史迅猛地推進了。「7‧28」地震後，電廠工人張俊清趕到醫院的廢墟時，因有貴重藥品和器械，那裏已經戒嚴。為了尋找他的子蘭，他不得不掛上了一塊民兵的胸章，揹起一支步槍，以巡邏的名義硬闖進去。一連幾天，每到傍晚下班，他都要到廢墟上去，流着淚呼喊王子蘭的名字。但他怎麼也沒想到，就在他絕望地認為他的子蘭已經死了的時候，那個天真、簡單、對生活充滿樂觀態度的王子蘭，還在黑洞洞的廢墟裏擰緊她的手錶弦呢。

整個採訪過程中，王子蘭多是談及她今天的工作和生活，人與人之間的喜怒哀樂。她特別願意信賴人，僅和我交談幾分鐘後，就會為她所遇到的一個矛盾傷心地哭起來，然後，又能為另一件有趣的事嘀嘀地樂。我似乎理解她那「簡單而又輕鬆」的八天了。

我不禁想起王子蘭和孫桂敏離開廢墟時的情景。八天七夜之後，當解放軍的一位副指導員，冒着生命危險，鑽進電鑽打開的口，硬是用手撬開壓在王子蘭頭上的一張大桌面時，在廢墟中埋了八天的王子蘭，竟然一直腰，像彈簧似地立了起來。真是一位有意思的姑娘。這在唐山所有的獲救者中，似乎是絕無僅有的。當我們談起這件事時，她又笑了：「更逗樂的是，我一高興，只會一個勁兒對着救我的兩個解放軍喊叔叔。其實他們和我差不多，說不定還小呢！」

我也暗暗地和她一起笑了。瞅着這位被採訪者，我想起有人對我說，當初聽見王子蘭在廢墟中呼救的那個戰士，一直還以為底下埋着七八個唧唧喳喳的小女孩。

這就是王子蘭。那個在廢墟中埋了八天的簡簡單單的普通的王子蘭。


## 一九七六年八月赴唐山採訪筆記摘錄：

據傳聞，在廢墟中找到代用食物以維持生命的，在唐山還有許多人。例如：

某街道一位孩子，抱着枕頭壓在廢墟裏，餓極了的時候，他用牙撕咬開枕芯，以高粱花子充飢，直到獲救。

某藥房一位司藥，砸入廢墟中，以維生素藥片維持生命，直到獲救。

某水果門市部附近的廢墟下，一位居民靠水果為

食，直到獲救。

　　某街道一位居民，被砸入廢墟後，是牀下的一盆未倒掉的洗腳水維持了他的生命。

　　……

# 十三天：大大超越生命極限的人

　　盧桂蘭，地震時四十六歲，居住在唐山市小山街道的一名家庭婦女。

　　被救出廢墟的時間：一九七六年八月九日，震後第十三天。

　　根據一般醫學文獻記載，在完全斷水、斷食物的情況下，一位女性的生命極限時間，是七天。

　　一九七六年八月十三日，也就是盧桂蘭重返地面的第四天，我在北京軍區某師醫療隊的帳篷裏見到了她。她剛剛脫離昏迷狀態。據當時病歷記錄，盧桂蘭入院時大腿骨折，血壓甚低，全身呈嚴重酸中毒反應。

　　可她畢竟活下來了。在無水無糧的情況下存活十三天，這本身就是人類生命史上的奇跡。

　　一九八五年春節前，我懷着極大的希望，又一次去尋找和訪問這位老媽媽。使我不解的是，這位曾像奇跡般出現過的人物，似乎已被遺忘了，唐山市各級行政部門，竟然都不知道她的地址和下落。最後，我是通過市公安局的

「戶口卡檔案」，並且是在六個同名同姓的盧桂蘭中找到她的住址的。我不禁悵然。十年了，沒有一個醫學家、沒有一家醫院的研究機構，對她產生興趣，而重新調查、研究她過去和今天的情況。遺憾的是我並非醫學工作者，甚至連較少一些的醫學基礎知識都沒有。為此，我不能詳細地解釋這位老媽媽奇跡似的打破人類生命極限的身體和生理的全過程。我遺憾。但我相信，她的經歷，僅僅就她口述的，甚至是無邏輯的雜亂無章的內容，對於我們今天科學地研究人類也絕對不會是無價值的。

但是畢竟存在着很大的遺憾。

下面將我的採訪筆記摘抄如下，或許有點怪異，但卻是真實的。

地震那會兒，我正在商業醫院陪牀。我那老爺子（丈夫）地震前四天腦溢血住了院。那天夜裏已經不行了。一位大夫對我說，血壓沒有了。我還沒趕上說句話，就震啦。我是躲在老爺子病牀下的，沒被砸死。剛埋進去那會兒，我幾分鐘都待不住哇，躁得很，胸口上壓着一大摞瓷磚，也不知道是從哪裏震過來的。壓得我透不過氣來，我就一塊一塊搬。後來，能透氣了，人站不起來，我是縮着身子被捂在裏面的。一點辦法也沒有。我就喊救命，卻不見有人來。頭頂上轟隆隆響，大鍬嘩嘩地扒土，也能聽到人聲，最後幾天有兩個當兵的在我頭上嘮嗑，我又喊：「我是人，不是鬼！我丈夫姓楊，是澡堂的工

人！」上面根本聽不見啊。

　　沒力氣喊了，我就覺得渴。我躺着，不敢睜眼，也不敢張嘴。第二回又震了，我就覺得到處是磚頭石頭堵着門，出不去。我尋思，誰要是能給我半碗水，唐山是我的，我也敢送給他。那會兒我真的不敢喊了，渴得受不了，只好喝尿。第一回喝，是在第二次又震那會兒，實在受不住哇，怎麼喝？把衣服撕碎了蘸着喝吧。第二回喝，差不多又過了好些天。第二回尿更少，是苦的。

　　我哪知道是地震咧！媽的，臭黃鼠狼，刺兒猬猬！「大成！大成！」我拚命地叫我那兒子。他和閨女在家裏也不知怎樣。我叫大成快來，把磚頭給我劈了，黃鼠狼刺兒猬猬把我給壓在裏面了。我渴壞了呀，我尋思閨女也該沒了。醫院這麼好的房子都倒了，咱家的小屋還不早塌了？可憐我那老爺子，苦哇。十三歲就擺攤子修鞋，一輩子是個厚道人，他就死在我上面呀，我都沒來得及送個終。可憐我那兩個孩子。我那老閨女怕是活不成了，誰去救她呢？隔壁那娘們壞着呢，不用說不會去救，見着閨女屍首，還會去踹兩腳。她恨我們呀，她不會去救。一提那娘們，我就氣，她就是欺負咱家，想佔我們房子，要攆我們出去，還說我養漢子。

　　也說不上這是過了多少日子了，我就在生這娘們兒的氣。有一陣子，迷迷瞪瞪的，覺得她拿着鍬，從我頭頂上過去，我喊，她就是見死不救。我那個氣呀。我想，我非要出去，等着，會有人來救我的，我偏要爭這口氣。迷迷瞪瞪中，又聽到

了很多很多聲音，汽車的聲音，飛機的聲音，有時人還清楚，就喊幾句話：「飛機呀，我的親爹親娘啊，救我呀！」又對自己說：「別怕，別害怕！」唉呀，我心想，我要不死，就出去看看大夥兒，特想他們呀，能見上一眼，也算沒白遭這場罪了。後來，我腦子越來越昏了。

你問我知不知道餓，怎麼能不知道餓呢？剛砸下那會兒，怎麼就那麼餓呢？我在想，頭天還買了五塊錢飯菜票，第二天訂的是份飯，大米乾飯汆丸子。二十七號晚買了兩個饃一碗湯，只吃了一個，怎麼就沒把那個饃也吃了呢？我知道那饃就擱在老爺子枕頭邊上，這會兒想拿也拿不到呀。摸了半天，摸到一把土，餓極了，就抓土往肚裏咽，一把一把地吞吶！

那會兒腦子昏，就好像聽見有人用磚把我壘起來。後來出來了，聽人說我上面真有塊大板壓着，四千斤重哇，還是大吊車挪開去的。

有一陣子，不知道餓也不知道渴，就覺得凍得難受。已經喝過兩天尿了，尿也沒了，凍極了，從心裏往外發抖。我就拚命地活動身子，人坐不起，就窩在那兒亂撲騰，像小猴似的。後來，也不知從哪兒拽出一條毛毯，沒準兒是我老爺子身上蓋的那條，綠的，我用牙咬，用腳蹬，好歹扯下一塊，裹在身上。

有一陣子，我還念毛主席語錄：「下定決心，不怕犧牲……」還唱歌：「天大地大……」是居委會裏學習唱的。

那些日子，迷瞪着，醒着；醒着，迷瞪着，只有一隻蒼蠅

和我做伴。可憐的蠅子，和我一樣，也出不去，牠叫着的聲音慘吶，好大好大響，像小孩哭一樣。唉，迷迷瞪瞪地，就覺得牠像小孩子哭。

我想，我是要死啦，那壞娘們見死不救，好在我這個人也經過十幾回死了。打仗，日本人的槍子兒貼着頭皮飛過去，打死了我第一個男人；去井邊打水，一迷糊栽到井裏去，人胖井圈小，硬把我卡在半腰，只扎下了半截身子，腦門上讓井台的鐵絲打了個疤。就這會兒最厲害啦，沒吃沒喝，連動都不能動。

在醫院死的這個老爺子，是第三個。你問我身體為什麼這麼壯實？從小苦出來的。十六歲嫁人，十七歲守寡，那時候哪知道啥是冷啥是熱？男人死了，還得孝敬公婆。我就拚命地幹活，跟個小伙子似的。一個十七歲的小寡婦，跟着叔嬸（即公婆）能過什麼日子？喝碗粥也遭人瞪眼。一個勁兒地就知道幹活。砍柴呀，不見星星不歸家，一百來斤揹上就走，一走幾十里，砍一天夠燒一個月。我還會趕大車，就我一人，當車老闆，勁大着哩。幹活渴了，就趴在溝裏喝口涼水，從不鬧病。我不怕吃苦，不怕喝麵粥就鹹菜。二十二歲又招了一個男人，病秧子，不出三年就病死了。一個棺材兩石玉米，我賣了棉鞋去買糧，大冷天，連雙棉鞋也沒有。苦哇，都說「當寡婦，沒棉褲」，我走了幾處人家，都是死了漢子再嫁漢子。最後這個老爺子，是土地入社那會兒找的，這會兒地震又震死了。

我躺在那兒，迷迷瞪瞪地盡想這些事，後來，就再也喊不

出聲了。我對自己說，不着急，不着急，再怎麼樣也等着，總能出去，不管多少日子。我就這麼想，最後連舌頭也乾巴了，硬梆梆地，像塊泥土塊，一層皮被我撕掉了，血淋淋，還覺得滋潤。

你問我迷迷瞪瞪中的感受，有啥感受？我就看到一隻大鐵鐘，生鏽了的，就是小學校裏那隻大鐵鐘，噹噹地響，沒完沒了地亂敲，煩人。我想，等鐘不響了，我就可以被救出來了。

　　一九七六年八月九日下午七時二十分，商業醫院廢墟旁，大吊車將一塊重兩噸的樓板吊開後，奇跡出現了。此時的唐山，已充滿各類記者和電視電影攝影師，一圈圈的人從廢墟的各個視點關注着盧桂蘭的獲救。據當時在場的一位軍人告訴我：當時，她已經不會動了。可是，當兩名戰士將壓在她眼皮上的泥土撥開，她剛一睜眼，說的第一句話是：「解放軍萬歲……」奇跡！在完全無水無食的情況下度過了十三天的盧桂蘭，神志依然清醒健全。後來我又聽說，就在盧桂蘭住院搶救期間，曾因一批藥物的質量問題，發生過嚴重的幾乎將她致死的事故，但是，盧桂蘭竟然也戰勝了這次藥物事故，頑強地活了下來。

　　曾有人不解地問我，諸多材料中，你為什麼要全文引用這位普通婦女近乎語無倫次的採訪談話？我認真地思考過，始終覺得，盧桂蘭能奇跡似地在廢墟裏存活十三天，除了她勞動婦女堅強的體魄，還有她一個極普通的中國婦

最後的五個男子漢，前排左起：李寶興，
王樹禮，陳樹海，毛東儉，王文友

盧桂蘭

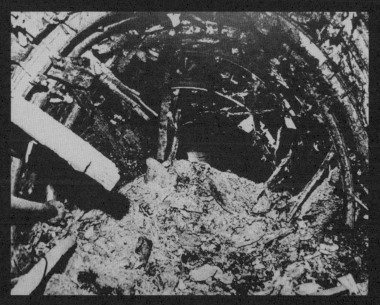

地震後的礦井內部

女的特殊的心理結構。如果把她的遭遇轉換到一個知識型婦女身上，會有十三天的奇跡嗎？

一九八五年的除夕夜晚，我就是在這位老媽媽的家裏度過的。重見這位老媽媽，使我激動而且振奮。更令我驚奇的，她雖然瘸了一條腿，精神卻依然和從前一樣。這位老媽媽不僅由一位家庭婦女參加了工作，而且還像年輕人一樣，買了一輛小輪自行車，匆匆來匆匆去地奔波在唐山的街道上。

這就是生命。這就是生命力。這就是一個普通中國勞動婦女的生命和生命力。

## 十五天：最後的五個男子漢

陳樹海，地震時五十五歲，趙各莊礦場班長。

毛東儉，地震時四十四歲，採掘組副組長。

王樹禮，地震時二十七歲，採掘組組長。

王文友，地震時二十歲，新工人。

李寶興，地震時十七歲，新工人。

被救出礦井的時間：一九七六年八月十一日，地震後第十五天。

一九八五年二月五日，我赴開灤趙各莊礦尋訪地震時被救出來的最後的五位男子漢。趙各莊煤礦曾經爆發過有名的節振國抗日大暴動，這裏似乎是出硬漢子的地方。那

一天，我只見到了三位。王文友已調動工作，而最為人敬重的長者、老礦工陳樹海剛剛病逝。

在毛東儉家，我見到了當年的一張五人的合影照片，是他們由醫療隊返回礦山時由新華社記者拍攝的。背景是井架，五人精神整齊地穿着全套礦工制服，礦帽、礦燈、寬寬的礦工腰帶、齊膝的大膠靴，脖子上紮着雪白的毛巾。儘管獲救不久，卻不見有歷經大難的模樣。除了照片的收藏者毛東儉在攝像機前略顯拘謹、緊張外，那四人竟個個顯出英雄之氣。陳樹海，寬寬的臉，鬍子拉茬，有一雙令人信賴的熱情的眼睛，笑意中透出深邃、凝重和幾分嚴厲。正當年的壯漢子王樹禮，叉着腿，標準的礦工形象，強悍而有力度。那兩個當年的小傢伙似乎都已忘了在井下軟弱得哭鼻子的時候。尤其是小不點兒李寶興，礦工服長及膝蓋，竟也高高地昂起那顆碩大的腦袋，撐起一副瘦肩膀，挓挲開兩隻細胳膊，儼然一派壯士態。他太瘦太小，那全套的工作「行頭」似乎都能把他壓倒。他對我說：「我是頂父親的職進礦山的。我喜愛礦山。」

就是這樣的五個人，在我的採訪本中留下了風格獨特的一頁。

## ‧稍經整理的採訪筆錄：

### 7月28日　　3：42—18：45

地震那會兒，我們爺兒五個正在靠近十道巷的零五九七掘

進。問十道巷有多深？上千米吧。那天，陳樹海是當班班長，他剛檢查完我們班，囑咐了聲「要注意安全」就震了。我們正刨煤，聽到了轟轟的響，抖得屬害，人都動彈不了。九道巷那兒煤面子乾，落下來，一片塵土，看不見人。

籃球那麼粗的立柱都折斷了。跑煤的眼兒也都堵死了。

王樹禮：「是瓦斯爆炸？」

老陳：「別處爆炸也影響不到咱們這兒。」

老王：「是老頂來勁吧？」

巷道裏電沒有了。噴塵水龍頭也斷水了。

怎麼辦？得出去。往哪走？往上？往下？老陳有經驗，他不同意往上走。他估計越往上塌得越兇；往下呢？下八米立槽，可到達二中巷，那是個運輸巷道。

我們五人開始掏「立槽」——那兒全堵着煤。用鍬沒法使勁，就用礦工帽，一帽一帽地端。還只能一個人下去端，就讓小李小王輪着幹。也不知費了多大的勁兒，從早晨一直幹到下午六點，立槽掏通了。讓最瘦小的李寶興下，他不敢，老陳一腳把他端了下去。但他下去一看，運輸巷也堵了。下午六點四十分的餘震來了。掏了一天剛掏空的「立槽」又被上面下來的煤給堵死了。挤死挤活十幾個小時，一下子前功盡棄！更怕人的，五盞燈滅了三盞！

出不去了，出不去了！小王小李在嗚嗚地哭。毛東儉在一聲聲歎氣。

王樹禮：「老陳，怎麼辦？怎麼辦？咱們皮都沒破，死了

好冤……」

老陳悶頭坐着，什麼話也不說。

渴。累。害怕。非常絕望，非常絕望。尤其是兩個小的，死活不動了。

陳樹海說話了：「咱們不能等死。往上去吧，只有一條路了。第一個目標，就是那個廢運輸巷——中巷。」

我們聽老陳的。大難臨頭了，得有個主心骨。他有經驗，他是我們的活地圖。

輪班上。老陳指揮。輪着老毛和王樹禮上了，用大鍬「攉煤」，打通向上的「立槽」。

七月二十八日，趙各莊礦曾為這失蹤的五名工人組織了大規模的搜尋。唐山市文聯副主席、作家長正曾在報告文學《頂天立地的人》中這樣寫道：

> ……七月二十八日上午八點鐘，趙各莊礦採煤五區黨支部書記趕到調度大樓的宣傳台前，向礦抗震救災指揮部報告：「在十道巷零五九七掘進的五名夜班工人，到現在還沒上井！」

> 當時，一直在現場指揮搶救井下工人脫險的礦黨委書記馬四，花白的頭髮早已被雨水打濕。他把叉在腰間的手掌猛力一揮：「馬上派人去找！」

> 採煤五區黨支部立即組織人，跑步從四零六井口順馬路眼直奔井下而去。當他們來到十道巷的時候，發現通

往零五九七的巷道由於嚴重垮頂，通道已被磚石堵塞。他們一次又一次地呼喊，一次又一次地敲打金屬支架，可是這一切都如同石沉大海，裏邊毫無反響。

……

## 7月28日　18：45—（29日）15：00—（30日）4：30

老毛和王樹禮終於打通了往上的路。從前一天一直幹到二十九日下午三點多，整整十九個鐘頭。

一中巷是一條廢棄了的運輸巷，非常窄，僅一米半寬。由於地震，不少地方支撐着的金屬架已經壓彎，有一處在地震前人就只能蹲着過去，「鬼門關」似的。這會兒，一中巷內到處是一堆一堆震下來的煤，誰知道能不能走得通呢？

已經三十六個小時滴水未沾，渴極了，比昨天更難以忍受。

我們喝自己的尿。用手捧着喝。小李小王兩個娃兒都吐了。

又發生了一件怕人的事：兩盞礦燈，有一盞已經發紅，只剩下蠟燭頭似的光。

用王樹禮那盞燈照着，我們來到那個「鬼門關」前。果然，那兒已經被矸子堵得嚴嚴實實。希望又滅了。

怎麼辦？陳樹海說，壓力大，金屬架往下趴，架子上方的矸子可能鬆了，從上面掏，有空地。老陳讓小王小李爬上去

幹。但他倆爬上去又都下來了。

小李：「我整不了！」

小王：「是矸子，太硬！」

陳樹海火了：「咱們不能窩在這兒等死！你們皮都沒破，手上連血都沒出。」

李：「我整不了……」

陳：「你他媽真廢物！」

李：「你不廢物，你怎麼不幹？」

陳：「我只能出主意，不能幹。」

小傢伙們當時也是急紅了眼。其實，哪能要老陳幹呢？苦了大半輩子，一身的病，他這「活地圖」要垮了，我們誰能出得去？

王樹禮繼續幹。矸子真硬，扒開一條縫，人硬往裏鑽，肚皮蹭破了，滿手的血。他拚著命撬開一塊塊矸子，簡直是一寸一寸朝前挪。正幹着，他那盞礦燈也發紅發暗了。可憐的燈光，終於只剩下了洋火頭大的一星。大夥兒都緊張起來，一雙雙眼睛都盯着那一星微弱的光亮。終於滅了！漆黑一片。手指貼着眼珠都看不見。「老陳，燈死了！」王樹禮絕望地喊。沒有燈，就像人沒了眼睛，沒了眼睛，人怎麼能活着出去呢？

就在這一瞬間，李寶興看了一眼錶：四點三十分，這是七月三十日早上的四點三十分。

這以後，漆黑的巷道裏再也看不清錶，時間都靠估計了。

## 7月30日　4：30—？

王樹禮流淚了。

毛東儉又在歎氣。

小王小李更是嚎啕大哭。

就地坐下吧，哭吧，説些什麼呢？絕望？難受？都來不及抱怨了。

毛：我那一大家子，都指望我呢。一大羣孩子，怎麼活？最小的才一歲……

老毛辛酸得很。他原是幹的井上活，為了多賺一二十塊血汗錢，自願下的井。他這一輩子就想要個兒子，所以連生了四個丫頭，第五個才抱上小子，剛抱上沒幾天，自己就要死在這兒，你説有多慘？他哭了，他説，老婆恐怕連我的整屍首都見不着了。

王樹禮：我要死了，老婆該怎麼辦呢？才二十六，是守着公婆過，還是拖着孩子走？大的才六歲，小的正吃奶，還沒過週歲，連我的模樣還記不詳細啊。我死了，國家當然會照顧他們，可國家照顧得再周到，也不及身邊有個人。老婆心眼兒特好。那會兒我要下井，父母不同意，父親在礦上幹過，碰上冒頂，硬是從死人堆裏爬出來的。他説，湊合着在農村幹，掙稀的喝稀的，掙稠的吃稠的，保險不是？我進礦後遇見幾次冒頂，有一次從立槽栽下去，胳膊脱了臼，老婆哭了，説，在家種地，哪有這事？秋天看場就是讓鐮刀砍一下，也只拉一個小口子。

小王想奶奶。娘死，爹死，後媽又走，從小跟着奶奶過。平時上班，奶奶天天要送出好遠；下班晚了，她總是遠遠地在路口張望。

小李想爸爸。多病的爸爸，這會不知該急成什麼樣了。

老陳依然沉默，不做聲。他在想心思。

王樹禮不哭了，他建議學毛主席語錄：「下定決心，不怕犧牲，排除萬難，去爭取勝利。」

陳樹海說話了：「得上去，只有活着上去，才能讓領導放心，讓家屬放心。」

於是，我們又開始往裏掏。鍬也使不開，太窄，但我們不能等死，我們得活啊！


### 8月2日或3日／時間依據——王樹禮：我們在井下呆有一禮拜了吧？

我們終於爬出了鬼門關，最先過去的是王樹禮、王文友和李寶興。

我們最先過去的三個人，由王樹禮領路，拉着水管電纜，通過煤眼兒上到九道巷。走着走着，我們腳下踩到了水，大夥兒那高興勁兒就別提了，一齊伏下身子，去喝軌道中的「道心水」。然後，又繼續往前摸。後來老陳老毛也鑽出鬼門關跟了上來。

大夥摸到工具房，那兒有電話機。搖電話，卻沒聲兒。糟了，準是出大事了。要不，電話總機不會斷。而且，九道巷一

個人也沒有。我們坐在工具房裏等着，等了很久。怎麼辦呢？

老陳這時也有點沉不住氣了。他唉聲歎氣起來：「唉，明年就該退休吃勞保了，還攤上這麼個事，真是叫天天不應，喊地地不靈。」但他畢竟有主心骨，他說：「咱們還得往外走，不走不行。」走哪兒算哪兒吧，就順着鐵道，王樹禮打頭。

這時，大夥都累極了。小李不時地栽進水窪子。真是深一腳、淺一腳，腳底都走脱了一層皮——這是後來才知道的。

老毛從一節空車頭上拉下兩張草墊子，他很細心，也許為了防備萬一吧。

既然停了電，是沒法乘升提罐上去的。只能走「馬路」。我們已經摸到了「馬路」口，可沒人熟悉那條路，它曲曲彎彎的，很不好走。

誰也沒有力氣再走了，就地坐着。安靜的巷道裏，只聽見水聲好似牛吼。聽那聲響，大概已經漫到十道巷了。不能再等。得趕到水的前頭，得走。

王樹禮：「我們在井下呆有一禮拜了吧？」

「沒有。」老陳為寬大夥的心，說沒有一禮拜，「不是總黑着天嗎？」

「黑天？」王樹禮說，「井下總是黑着天。」

我們又開始艱難地攀登。垂直三百米啊，從斜馬路上去，一步一個台階，有八百米。我們早已耗完了體力，除了喝道心水，什麼吃的也沒有。這八百米，簡直要我們的命。

累。餓。乏。我們竭盡全力。

**8月6日或7日 / 時間依據——李寶興：難走啊，八百米，走了總有四五天吧……**

我們攀登，從九道巷向八道巷。

每登一個台階，都要使出極大的力氣。我們找了根棍子，每個人都死死地抓住。一路走，一路不停地吆喝：「小李，小王，抓住呀！」

才走上三四十個台階，我們就迷了路。那裏是一個平台，我們轉來轉去，也不知費了多少周折，才找到向上的台階。再往上，每走三四十個台階都要遇到一個平台，於是又都是好一陣摸索。

我們爬幾級，就要歇好一會兒。要不是爺兒五個在一起，怕是誰也堅持不下去。老陳是越來越不行了，小李小王上去攙扶着他。老毛把草墊子裹在身上，休息下來就用草墊子給大夥兒墊着。你問我們身體有什麼反應？唉，那滋味啊……頭像患了重感冒似的沉。心跳得好急啊。胃在胡亂攪和。肚子已經癟了，腸子在咕咕叫喚。我們一路攀登一路喝道旁的水。喝了尿，尿了再喝。水裏有屎尿、有煤渣子也顧不上了。身體直冒虛汗……

難走啊！八百米，走了總有四五天吧。

小李、小王一會兒哭一場，一會兒哭一場，調都變了。


**？—8月9日 / 時間依據——趙各莊礦為恢復生產，於八月九日派人下井，一名青工在八道巷曾聽到人聲。出於恐懼，**

**他逃走了。**

到八道巷的時間已經沒法摸清了。但按前面過程估計，那會兒應該是八月六號或七號。

經過八百米「馬路」的攀登，我們已經一點勁兒也沒了。從八道巷再往七道巷去，「馬路」口誰也不知在哪。

老陳：「摸車去。」

我們摸到了載人運輸車，五個人分別進了三個車廂，躺下了。

這時的情緒是麻木的。我們想，反正是一死，等着吧。老陳怕我們鑽到難受的事裏出不來，就和我們聊天。

老陳：「你們在家都吃過什麼最好的東西？」

老毛：「肉包子。」

小李：「水餃。」

王樹禮：「餡餅。」

王文友：「糕點。」

老陳：「小李小王，你倆要上去，一定要好好幹。你倆歲數小，工作時間還長着呢。」

老毛：「你們兩個娃，每月工資開支怎麼花？」

王：「給奶奶買水果。」

李：「給爸爸打酒。」

更餓了。八道巷的水臭。喝不下。

我們當時第一是想吃。

王樹禮：「要能上去，第一件事是奔食堂，有剛出籠的大

饅頭最好，要沒，喝粥也行，粥也沒，哪怕是撿點西紅柿尾巴瓜尾巴吃，也管點事。要死，吃飽了死，當個飽死鬼。」

李寶興：「上去，只要管飽，窩頭就大蔥也行。吃飽喝足再說。光灌涼水，真受不了哇！」

毛東儉：「我就想去食堂喝麵粥，去就吃，身上沒帶糧票也不怕，等吃完再說，先欠着賬好了。」

我們正議論着，發現老遠有燈光。我們都喊了起來：「來人呐——我們是採五的！」

燈光突然不見了，像是被我們嚇回去的。等我們追上去，早沒人影了。後來聽說，九號，礦上為恢復生產，派人下來，一個青工到八道巷，聽見人聲，他當是鬼，嚇跑了。

希望，又沒了。

## 8月9日—8月11日

那是獲救前的最後三天。

日子變得簡單了，就是等待。一線希望。老陳說，有人就有救。

冷。極冷。凍僵了。

五人擠進一節車廂。除一人在門口放哨，觀察巷道盡頭，繼續等待燈光，其餘的人都緊緊地抱在一起。身上的熱量都不多了。這時候我們已經不知道時間，就這樣抱在一起。到現在為止，都還沒有睡過覺，我們知道不能睡啊，得睜着眼等待。

八月十一號中午十二點整——這個時間我們是後來知道

的——來人了！一串燈光直衝我們而來了，領頭的是技術科的羅老爺子羅履常。我們一齊撲上去，哭着撲上去，可那時已經喊不出聲了，有氣無聲，老羅用礦燈一照，說：「這不是採五的人嗎？」他問：「你們知道今兒幾號了嗎？」「哪知道啊？」「八月十一號啦，半個月啦！早琢磨你們死了，沒想到你們還活着。」

十五天啦，我們也沒想到，我們也沒想到啊！


我離開趙各莊礦時，正是下午。冬日的陽光下，一座座矸子堆成的黑乎乎的山，就像一座座冷峻地沉默着的黑色金字塔。直到那輛「羅馬」車開出很遠很遠，我還能看見那尖尖的塔頂。

對這幾位活着走出廢墟的渴望者的採訪結束了。可是激動之中，同時又出現了另一種難以說清的深深的缺憾。當我乘坐的車重返唐山市區，平靜地穿過當年曾是屍山處處的街心時，那種缺憾便像膨脹了似的越發顯得沉重。

我想起了一位死者，一位名叫豐承渤的姑娘，想起了她未能幸免的死，也想起了關於她的一些傳說。

她是陸軍二五五醫院的一名護士，大震發生的時候，她正在二樓病區值夜班。她所在的三層樓整個兒倒塌了。一天一夜之後，有人從外面打穿了幾層樓板，鑿出了一個小洞，發現她還活着。但她的身體卻被殘酷地夾在一塊巨大的樓板和一個鐵牀架中間，下半身死死地嵌入亂石中，

上半身完好無損。她就那麼站着。

戰友們拚命扒開碎石，撬開雜木，可是他們無法掀動那塊樓板。這時，整個唐山災區還沒有開進一台吊車。所有的鍬和鎬都無濟於事。豐承渤年輕的身子就像被一雙惡魔的巨爪攔腰掐攫着，絲毫動彈不得。

她才二十歲。戰友們都哭了。

「能截肢嗎？」有人問。

「不行，」一個外科醫生説，「沒條件輸血，一截肢就死。」

豐承渤好像沒有聽見這些對話，一天一夜，折磨得她像是累了。她臉色蒼白，把頭斜搭在自己的臂彎上，依然用淡淡的笑容向着圍住她落淚的戰友。她什麼也不説，只是靜靜地等着。那天值夜班前，她剛剛洗過澡，蓬鬆的黑髮還沒有來得及梳理，正披在她白色的護士服上。

沒有比看着一位姑娘死去更殘忍的了。有人忍着悲痛送來了半個西瓜，用小勺一口一口地餵她。戰友們的心都碎了。她們一個一個輪流鑽進小洞去陪伴她，看望她，眼看着小豐支持不住了，一次又一次地昏過去。

「真是太慘了。」她的一位戰友告訴我，當她最後一次睜開眼的時候，她的好朋友張淑敏正在她的身邊。

「小豐，你還需要做什麼？」

豐承渤想説什麼，已經發不出聲音。張淑敏懂了。含着淚，她以十指為梳，一點一點梳理小豐散亂的頭髮。誰

都知道，小豐是個愛美的姑娘。在那個年代，對她的評價可不怎麼好，據說她主要的缺點是「愛美」，「不艱苦」，愛用香皂洗臉，愛在額前做個「劉海」什麼的。那一天，這位愛美的姑娘就在好友為她梳理頭髮後死去了。她顯得很安靜，像是睡去了，永遠地睡着了。由於那塊無法挪動的樓板，小豐的遺體又在原地待放了許久。「她還像活着。」這位姑娘在生前未能自由自在地盡興打扮自己，然而辭別人世時畢竟是美麗的。我彷彿也見着了她最後的形象。一位極美的石化了的姑娘。你能說，她已死了嗎？

我相信，在人類的生命史上，生理上的死是不能由人左右的，但是，人類可以超越死亡。一些精神崩潰的蒙難者用自己的手扼殺了自己，而許多像豐承渤那樣的人，雖未免一死，卻在災難的廢墟上留下了人類精神對死神的勝利的紀錄。

第四章

# 在另一世界

# 賓館

## 須永的遺骨運回國內

〔時事社東京八月一日電〕於上月二十八日在中國河北省唐山市因遭到大地震襲擊而死亡的新日本通商公司的須永芳幸（二十七歲），下午四時二十分，他的妻子節子等三名遺族乘伊朗航空公司 800 次班機同遺骨一起回到國內。

身穿黑色連衣裙的節子懷抱丈夫的遺骨，兩旁由親友架着走下舷梯，機場上有親屬同事等五十人戴着黑紗迎接。

海外報紙在八月一日前後還報道：

丹麥格陵蘭地區教師訪華團一行十八人安全離開唐山。

法國法中友協第六訪華團二十三人，除一人在唐山遇難，其餘安全脫離震區，經香港回國。

援助唐山陡河發電廠建設的九名日本技術人員，有三名在地震中死亡。

……

共有五十名異國人，在唐山親身經歷了慘況空前的「7·28」大地震。

他們都下榻於唐山賓館。


唐山賓館在「7·28」凌晨被擊碎了！

震前兩小時，觀看唐山市兒童文藝演出後，興奮得難以入睡的法國人、丹麥人、日本人，還聚集在休息廳的電扇下，於罕見的高溫中喝着啤酒和汽水，高聲談笑。那些可愛的中國孩子！而那些由孩子們扮演的可愛的長耳朵兔子給他們留下的印象更深一些。他們一點多才返回各自的住房。他們沒能在夢中再見到那些可愛的小兔，卻被突然而來的獅吼虎嘯般的聲音驚醒。

可怕的地聲！震耳欲聾的樓房倒塌聲！

日本人所在的四號樓整個垮了下來。

法國人、丹麥人居住的新樓被震出無數裂縫，架子雖未倒，樓內卻已險象環生：樓板塌落、門窗變形、樓梯斷裂

……

　　唐山市外事辦公室主任趙鳳鳴和科長李寶倉回憶說，他們當時是被困在此樓二樓一間門已無法打開的小屋裏。唯一可行的通道是窗。

　　「跳樓吧！」

　　「跳！」

　　窗玻璃被「嘭」地砸碎了。樓下草坪上兩下重重的人體落地聲。趙鳳鳴摔折了腳骨，他讓李寶倉揹着，趕緊尋找翻譯和警衛人員，緊急援救當時住在唐山賓館的五十一位外賓！

　　當時黑暗中已鬧嚷嚷地傳來異國語言的呻吟聲、呼救聲。

　　翻譯張廣瑞不停地用英語大聲喊道：「先生們！女士們！請鎮靜！現在發生了強烈地震，我們將盡一切力量搶救你們，保證你們的生命安全。你們一定不要跳樓，不要跳樓！請把窗簾、褥單接起來，從窗口往下滑……」

　　那些變了形的窗口，掛出了一條條奇特的「保險索」。有一部分人已按照翻譯的指點，謹慎地開始滑下危樓。他們的腳剛剛沾地，中國外事人員就立刻招呼他們：「快跑！離大樓遠點！」

　　這時，李寶倉正帶着人闖進大樓。他們攀上斷裂的樓梯，踩着搖搖欲墜的樓板，撞開一扇扇錯位的房門，尋找那些被砸傷的或是無法自我脫險的人。

　　驚惶地縮在牆角，正不停地在胸口劃着十字的幾位丹麥老人，像是在大海的狂濤中看見了救生圈。一位哭泣着的老太

太，一把抱住了李寶倉。赤腳的李寶倉首先扶起老人，踩着尖利的碎玻璃、鋼筋，小心翼翼地將她揹出危樓。

那邊，隨時可能傾塌的四號外賓樓正在發出緊急呼救。

不惜一切，搶救外賓！那一刻，這意念竟牽動了多少剛剛離開死亡、剛剛從廢墟裏鑽出的中國普通百姓的責任心。他們紛紛奔向外賓所住的危樓險區，鑽進各個角落尋找、呼叫，冒着可能再次遭受的生命危險。

李寶倉等趕到了四號危樓。他們在岌岌可危的牆壁上架起了一個梯子。二樓——實際上是塌落下來的四樓，斷壁下躺着血淋淋的日本人片岡。唐山市警衛處的李永昌、地區公安局的小崔一起攀登上去。片岡臉色青紫，一塊樓板重重地砸在他的骨盆上。無法往下抬，搶救者用毯子將他裹起，兩頭各拴上一條牀單，慢慢地，通過斜靠牆壁的梯子往下「順」，上邊放，下邊接。

片岡在劇痛中慘叫。

李寶倉大喊：「先別管他疼！救命要緊！」

又一個異國人逃出了死神的巨掌。

一個小時之後，賓館內搶救的高潮暫告平息。這些在今天回想起來仍感到驚心動魄、充滿恐怖的所有來自異國他鄉的外賓們，從來也沒有能夠忘記當時在中國經歷過的這一天：在陌生的土地上，他們一夜間成了名副其實的災民。他們淋着雨，

在賓館廢墟前的小廣場上席地而坐，身上披着花窗簾，頭上四個人頂一牀棉被，圍着一堆用蘸煤油的碎木片燃成的小小的「篝火」……

冷。渴。餓。除此以外，還有在不同膚色、不同信仰的人中體現出的友誼和忘我。

從賓館的果樹上，中國人給外賓們摘來了又小又青的蘋果。「權當早餐吧！抱歉的是沒有水洗，沒有刀削。」「不，不用了，現在還講究什麼？」都是受災的人。外國人和中國人用手勢在說話。他們用牀單擦一擦「青果」，就往嘴裏填。那酸澀的滋味一定終生難忘。

一位丹麥女醫生在為受傷的中國翻譯擦洗傷口；另一位丹麥朋友伏在地上，為剛剛抬來的中國傷員鋪展牀單。風雨中，身體虛弱的日本人和法國人背靠背坐着，相互支撐。更多的人在照看着正在呻吟的日本重傷員。

還有三個日本人沒有找到。

當幾乎精疲力盡的李寶倉又一次帶人鑽進廢墟的時候，他突然發現，一羣法國人和丹麥人也自動地跟在他的身後，領頭的竟是法國訪華團六十歲的團長蒙熱。

「我們也要去找日本人……」

「不，不行！」李寶倉被這意外的情況弄得不知所措，「你們，快回去！」

可是外賓們已經奔上了廢墟。

李寶倉通過翻譯喊叫：「你們別參加！別參加！你們幸存

下來就是我們最大的安慰，我們不能讓你們再被砸傷！」

幾個年輕的外國人掙脫開拽住他們的手，已經跑到了中國人的前面。

一位法國太太也跑了上來。她脫下自己的高跟皮鞋，塞在李寶倉的手裏，又指指李寶倉被鮮血染紅的赤裸的雙腳。

所有的人回憶起來，都認為這是奇異而動人的一幕：在一片黑魆魆的廢墟上，白種人、黃種人，自動地組成了一個救死扶傷的集體。他們身邊是隨時可能倒塌的斷柱、殘壁，他們頭頂有晃動着的斷樑；然而他們除了記着那幾個瀕死的生命，已經把一切都忘了。他們忘了傷痛，忘了時間，忘了地點，忘了國度。那一瞬間一切都模糊了。

踮着一雙法國高跟鞋的李寶倉在喊叫，在指揮。法國人、丹麥人、中國人在一起尋找日本人的蹤影。

人們最後發現：日本專家田所良一、武騰博貞已經遇難，身負重傷的須永芳幸也在送到唐山機場後死亡。


七月二十八日下午，中華人民共和國外交部決定派一架專機到唐山接運外國人。

兩輛汽車從賓館風馳電掣般地駛向機場。

像任何汽車在七月二十八日那天都會遇到的情形一樣，它們在路上被成羣的傷員截住了。司機面前是老人、孩子、重傷員……無數雙求救的眼睛。

「這是外賓，」司機嘴發澀，心發顫，「這裏有受重傷的外

賓。讓我走吧。……」

這就是我們善良而真摯的中國人民。當他們聽到「外賓」兩個字時，那一片呼救聲、叫罵聲立時止息了。中華民族歷來把禮儀看得重於一切，高於一切，世世代代繼承了這種民族的風格。

他們默默地退讓開去。儘管那些被木棍支撐着的傷腿能挪動的每一步都痛得鑽心，那些躺在板車內的被推開去的傷員的每一聲呻吟都揪着親人的心，他們還是讓開了道路。

這幾十名外國人在機場同樣受到了最高的禮遇：在飢餓的七月二十八日，他們得到了空軍警衛連給他們送來的一人一小杯寶貴極了的米湯和一個又厚又硬的油餅。最後，他們穿着空軍戰士捐獻的綠軍裝、藍褲子和「老頭布鞋」登上飛機。

那一刻，他們哭了。他們拉着中國朋友沾血跡的手，一遍遍地問：

「你們自己的家人不知怎麼樣？」

「開灤礦工不知怎麼樣？」

「還有他們，那些扮演小白兔的小朋友，他們現在在哪裏呢？」

這些外賓還沒有忘記那些可愛的中國兒童，就像今天，唐山人民還在向我充滿感情地談起這些外賓一樣。


在現代化的唐山陡河發電廠的門前，有一大片櫻花，花開時節，像悠悠浮動着一片淡紅的雲。那是為了紀念在

陡河發電廠前，有為遇難的日本人而栽的櫻花（李耀東攝）

唐山地震中遇難的田所良一、武騰博貞、須永芳幸等三位日本朋友而栽種的。

十年後，當我走在昔日廢墟上的時候，我常常聽人用惋歎的語氣談起他們。是的，這是一些極好的朋友。他們對中國懷有一片真情，他們在工作中的嚴謹和勤勉，給中國同事留下了那樣深的印象。擔任中文翻譯的須永，説着一口流利的中國話，當他和工人們談笑漫步時，那模樣純粹是一個中國的青年技術員。他曾三次來華參加建設。最後一次是新婚遠別——結婚方一個月就來到了唐山……多麼令人揪心呵！一期工程總代表田所良一，是某公司的一位搞汽輪機的專家。「7．28」地震前他正該休假。他已發電報讓妻子來中國，和他一起去下江南，遊三峽。他還給妻子準備了一件禮物：一隻精美的陶瓷花瓶。地震後，人們從廢墟中扒出了田所良一那隻已經壓扁了的皮箱，箱中有花瓶的全部碎片。妻子把全部碎片帶回了日本，請人一片一片地把那隻花瓶拼黏起來，供在案頭，天天看着它，懷念着他……

然而死者心中還帶走了什麼遺憾，在那樣一種年代卻並不是人人知曉的。只有陡河的工人記得，只有他們帶着歉疚的感情記得：地震前的那個春節，當中日朋友舉杯相慶的時候，日本電器工程師武騰博貞突然提出一個建議：他要發起一個「簽名活動」，請所有一同流過汗水的中國朋友在他們的小本上簽名留念。中國人愣住了。一九七六

年的中國人啊！工人們望着廠領導，廠領導相互看看，然後默默地走出去了。他們要去請示上級，上級答覆竟是：「要弄清他們是什麼意圖。沒弄清前不能簽。」……日本朋友把掏出的小本又放回了衣袋。遺憾、失望、不解……田所良一最後難過地說：「中日已經建交了，可為什麼你們連名都不肯留呢？」

遺憾。像那隻永遠無法復原的破碎的花瓶。

這裏，我並不想指責當年外辦的那份「答覆」，我甚至同情並理解他們。當時的中國，一九七六年的中國，類似這樣的「請示」、「答覆」又何止這一件？

太正常了，在那麼不正常的年代。

值得慶幸的是，畢竟使我們領悟了什麼。我想，如果沒有唐山一九七六年的這場震災，那件小小的遺憾也將與千千萬萬遺憾一起，無影無蹤地返回另一個國度，而永遠不為我們所知。我又想，如果沒有歷時十年之久的那場民族的災難，或許，我們還不能意味到產生這遺憾的根源。災難也使人們看清了民族的弱智和人為所創的悲劇；就像浩浩遠古時代，若沒有那場開天闢地的大火，猿也許將等待另一個契機走向人。

本體的進化常常就是由災難開始的。

今天，那一件件小小的沒有實現的遺願，經過歷史的積澱，畢竟使我們的民族、我們的人民開始了嚴肅的認真的全新的思考。這就是歷史。這就是前進。

# 看守所

「噠噠噠噠！……」

「噠噠噠噠！……」

「7·28」凌晨，一連串急促的槍響在已經成為一片廢墟的唐山市看守所上空久久迴蕩。

幾個剛從廢墟鑽出來的頭上流血的士兵。一挺朝天射擊的班用機槍。緊張而嚴厲的槍聲，發出一連串尖聲的警告。前方，一個個囚犯從震塌的監房中鑽出來，尚未從驚慌中清醒，便已在槍聲的警告下站成了一堆，茫然不知所措。

扯電網的大牆倒塌了！

「站住！誰也不許動！」流着血的機槍手在吼叫，長期形成的軍人素質使他在這個特定性的非常時刻仍然忠於職守，一遍又一遍地喊着：「誰也不許跨出原來圍牆的位置，以落在地上的電網為界！」

原有兩道門崗的戒備森嚴的看守所，此刻已變成了一片平地。鐵門伏臥在灰土中，崗樓碎成一堆亂石，二百多名犯人和看守人員、警衛戰士，幾乎全被壓在斷壁殘垣之內。戴械具的重刑犯關押的監房，已聽不到一點聲息；他們因動作不便，大抵都已砸死。女監房處卻是人聲嘈雜，女囚們竟全部活着。

大約有一百多人鑽出了廢墟。此刻，視野驟然開闊了，他們驚愕地望着久已不見的卻不再是原樣的一切：影影綽綽的煤礦井架、鳳凰山的山頂……而熟悉的街巷、民房，已經完全

不可辨認。到處是黑魆魆的廢墟，一片狼藉，一片淒涼。如果不是有子彈在天空中呼嘯，人們甚至會以為看守所──這鐵桶般圈住的小小世界已經不復存在。

「不許越界！」負傷的哨兵仍在槍聲中竭盡全力地吼叫。

並沒有忘記自己身份的囚犯們戰戰兢兢地立着，一步也不敢挪動。警戒線之外，幾個看守人員正跌跌撞撞地奔來跑去，手忙腳亂地扒人、抬人。

從看守所四周的另一世界中，終於越來越強烈地向這片特殊的世界送來一片呼救聲。女人的叫喊，孩子的哭泣，像泛着泡沫的海浪，包圍着、衝擊着囚犯們站立的孤島似的世界。

犯人羣中出現了一陣小小的騷動。幾個人像在竊竊議論什麼，接着，有三個人你推我讓地走向警戒線。沉默少頃，終於有一個人鼓足勇氣朝看守人員喊了一聲：「法官！」

被喊作法官的看守人員，根本沒聽清那沙啞的顫抖的聲音。

「法官 !!!」三個人一起呼喊，這才引起注意。

「你們要幹什麼 ?!」

「大家推舉我們，推舉我們……來請求，能不能，能不能出去救人……。」

周圍的呼救聲更加淒慘和悲切了。

看守人員和警衛部隊立刻進行緊急磋商。這是一個特殊的情況。還能權衡什麼呢？還有那麼多人生死不明，救人是壓倒一切的。而眼前就有一支強壯的救險隊伍。

犯人被編成了三組。

「你們聽着！」看守人員高聲宣佈紀律，「到外邊，只許老老實實救人。這是你們贖罪的機會，誰要是想跑，就地鎮壓！」

囚犯們入獄以來，第一次踏出了電網圍成的警戒圈。

這是一支在刺刀監視下的特殊的搶險隊伍。

帶傷的軍人押着帶傷的囚犯，帶傷的囚犯又在廢墟上奮力搶救奄奄一息的普通人：首先是那些看守所的幹部，幹部家屬；再往遠處去就是小街小巷裏的羣眾。囚犯們和所有在廢墟上的救險者一樣，手忙腳亂，焦灼萬端。他們似乎都已忘記了自己的身份，他們和所有的救援者一樣，小心翼翼地抱出那些受傷的孩子，扶出那些嚇呆了的老人。每當扒出遇難者的屍體，都忍不住發出輕輕的歎息。豁出來了！他們拚盡全身力氣在撬，在搬，在扛。滿手是血痕，滿臉是汗水雨水和成的泥漿。當搬撬重物的時候，他們還喊起了高亢的號子。

「快！那邊還有人在哭！」

「快！抬個門板來！」

「來呀！這老爺子不行了！」

幾位犯人圍在看守所炊事員高師傅身邊，只見高師傅臉色鐵青，似乎已經斷氣。可是他們還抱着一線希望，一個因盜竊被捕的年輕犯人，一遍又一遍為他做着嘴對嘴人工呼吸，直到確信高師傅已經死亡。他們找塊手巾蓋上高師傅，又向有呼救

聲的地方跑。

「法院宿舍！法院宿舍！」看守人員在喊。

「醫生！有沒有醫生？」老百姓在叫。

王××是一位醫生，他曾在行醫時犯過流氓罪。此刻，他不停地為傷員包紮傷口，固定斷肢，不時大聲吆喝着搬運傷員的要領。當他聽到看守所一位副所長的呻吟聲時，又立刻趕到他的身邊。

副所長剛剛被救出來。他被砸懵了，「懵」之中也並未忘記自己的使命和職責，當他看到四周那些奔忙的囚犯，不禁大聲驚叫：「快來人！快給市公安局掛電話！我們這兒情況危急！……啊！……啊！」

他呻吟着。他的膀胱被砸傷，此時脹痛難忍。他在地上痛苦地翻滾！

沒有導尿管。

有人回去找代用的小管，可是當他兩手空空地歸來的時候，他愣住了：王××正跪在副所長的身邊，用嘴一口一口地吮吸，地下已有一灘血尿。

整整一天啊，這支刺刀下的救險隊伍，沒有一刻停歇。囚犯們無言地苦幹着，人們只是偶爾能聽見幾個人的對話：

「比海城還厲害啊！」

「怎麼沒預報呢？」

「唉，家裏人還不知咋樣啊……」

幾把刺刀其實是管不住分散在廢墟上的這一羣囚犯的，可

是囚犯們沒有忘記有一道無形的警戒圈。

直到黑夜降臨，唐山市公安局準備把犯人押解到外地去時，看守人員才發現少了三名囚犯。這三名囚犯在搶救完周圍的人之後，豁出命跑回家去搶救自己的父母姐妹了。其中兩名，在處理完家事之後又主動到公安局自首。返回了看守所。還有一個正在他家的廢墟上忙碌，公安局的摩托車開到了。

當囚犯們還在看守所四周的廢墟上救險的時候，看守所已開始將受重傷的軍人、幹部和囚犯向外轉運。負責轉運的公安幹部田國瑞，在當時採取了一個被人認為是「冒險」的舉措：開車的司機是囚犯，照料傷員的三個人也是囚犯。

沒有辦法啊。生命垂危的傷員需要趕快得到醫治，整個看守所的犯人需要趕緊找到一個合適的轉移地點。可是找到了一輛破舊的「嘎斯51」，卻沒有司機。當時，田國瑞像渾身着了火似的，在破車前一圈圈轉着。那時「流氓犯」龔××就在不遠的地方瞧着他。

「田法官！如果你允許，我試試⋯⋯」

田國瑞打量着龔××。那是一張表情淡漠的臉，一雙冷冷的眼睛。他像是猶豫了許久，才低聲說出這句話。田國瑞想起，這小伙子是退伍軍人，當兵時就是司機，許多險路他都跑過。他是一個不怕死、敢冒險的人。

「他們，會死的。」龔××見田國瑞沒有做聲，又指指在地下呻吟的傷員。

「好吧。」田國瑞下了狠心,「你得老老實實,這是立功的機會!」

汽車發動了。一段不尋常的里程。車上,三名囚犯在照看着血跡斑斑的傷員,而傷員中疼得滿頭汗珠的看守所副所長和一名砸斷了手指的警衛部隊班長,也用警惕的目光監視着那三名囚犯。駕駛室內,田國瑞一隻手比比劃劃給龔××指路,一隻手一刻也沒有離開腰間的五九式手槍。

市內的醫院毀了。近郊的豐潤縣被傷員擠滿了。汽車徑直向北,向北。

龔××仔細看着路面。為了使傷員少受顛簸之痛,他每每繞過那些坑窪、凸突的地方。他努力開得平平穩穩,既不突然加速,也不突然剎車。

雨來了。好密的雨點啊。雨點飄進車內,傷員們在瑟瑟發抖。

有人在敲駕駛室頂棚。

「田法官!田法官!他們要凍壞的!」

喊叫的人是囚犯李××。他因「詐騙」被捕。他對探出頭來的田國瑞說:「前面有個部隊營房,我有熟人,我去借幾件大衣!」

田國瑞無法躊躇了——又冷又痛的副所長正在車上呻吟。他允許李××前去,但厲聲警告他決不許逃跑。

當李××急急地跑去,而垂頭喪氣地空着手返回時,田國瑞還一直未想到會發生什麼事。

李 ×× 傷心地低着頭。他的那些依然在軍營中服役的戰友，怎麼也不相信會派一個正在服刑的囚犯來借軍大衣。怎麼解釋也無濟於事，人們甚至用警惕的目光審視他。他回來了。

不知道對誰的震動更大一些。

李 ×× 沉默着不再說話。

田國瑞卻狠狠地罵了一句：「搞什麼名堂?!」他的臉板着，不知在罵誰。

汽車又繼續向前開去。傷員們一直被送到遵化縣城。

夜晚，汽車返回唐山，但卻無法進城。車被攔在西北井，抬上來滿滿一車受傷的老百姓。

「怎麼辦？」龔 ×× 低聲問田國瑞。

「還能怎麼辦？」看守所那邊還有一大堆囚犯、傷員，可是田國瑞知道急也沒用。「走！再送遵化！」

深夜，老式的「嘎斯51」疲倦地喘着，又從長城嶺下的遵化縣城開出來。龔 ×× 一天沒吃沒喝，不停地開車，他的頭開始發暈，他竭力睜大雙眼，可是眼皮還在打架。整整一天一夜了，鑽出廢墟，搶救傷員，長途運送……沒有吃喝，沒有喘息。他雙手抓不緊方向盤。汽車似乎在公路上扭擺開了。

刺耳的刹車聲！

一輛被壓扁的自行車旁，躺着一個滿頭是血的行人。

龔 ×× 和田國瑞都從瞌睡中被嚇醒了。龔 ×× 幾乎帶着哭腔在喊道：「我壓死人了，我壓死人了，我罪上加罪……」他頓時像發了瘋似的向那人撲去。當他和田國瑞發現

那人只是被碰破了頭時，立刻又把他抬上車，送回遵化。

唐山就在這一片混亂中，迎來了悶熱的七月二十九日。

緊張、疲倦、驚嚇，已經把龔××和田國瑞都折磨得渾身發軟。那輛「嘎斯51」在唐山至遵化的公路上來回穿梭，彷彿都要顛散了架子。田國瑞不時地望着龔××那張蒼白的無表情的臉，陷入沉思。

有過這樣一段短極了的對話：

「餓了？」

「嗯。」

「渴了？」

「嗯。」

行至唐山西北井，田國瑞和龔××一起跳下車，伏在一個臭水窪子邊上，滿滿灌了一肚子水。田國瑞找來一些炒玉米，便托在手心裏和龔××你一撮我一撮地分吃着。

餓極了的龔××，咀嚼時仍然沉默無語，似乎在保持他犯人的身份。田國瑞想起他的被捕原因來了：一個懷了孕的女知青自殺了，而他曾和她發生過性關係。

一天後，龔××開的「嘎斯51」變成了一輛架槍的刑車，他親自開車把自己和看守所的另幾十個犯人送往玉田縣的臨時收容點。下車的時間，田國瑞悄悄地把他拉到一邊，感情有些複雜，過了一會兒，他說：「你在這兒好好呆着，千萬別瞎動彈！瞎動彈，哨兵會誤傷你……」

囚犯們剛押解到玉田的當晚，便發生了一起「炸營」事件：兩天來已疲備不堪的犯人，剛剛沉入夢鄉，有一個人在夢中突然大叫：「地震了！地震了！」剎那間，所有的犯人都驚跳起來，四下逃竄。囚犯們幾天來壓抑在心中的恐懼感在這一瞬間釋放了！他們失去理智地爭搶生路。哨兵和看守人員鳴槍、吼叫，很久才把囚犯們收攏，使他們從驚恐之中安定下來。

唐山市公安局調研處處長田國瑞，一個嗓音有點沙啞可是談鋒十分犀利的中年人，在他的辦公室裏接待我。他桌上堆滿各種材料、卷宗——似乎正忙，他的眼圈有點發黑。可不知為什麼，後來我常常覺得，他把九年前和龔××一同出車時的疲倦感也帶到了今天。

這正是一九八五年春節前夕，全國各大城市都在對「流氓犯罪活動」進行一次突襲。我從調研處長的辦公室朝樓下望去，大門口，藍白兩色的警車、摩托車正頻繁出入。

田國瑞追憶着當年的往事，幾乎不用翻閱小本，便向我說出那一個個在「7‧28」地震後立功、減刑、釋放的囚犯們的名字，他們今天在哪裏工作，情形又是如何。

敍說中，這位以綜合執法工作情況、研究法制理論為己任的處長，不時陷入沉思。

「唐山大地震是令人終生難忘的，」他對我說，「它

使人懂得了許多東西。對我個人來說，最重要的，就是懂得了：囚犯和任何人一樣，他們的人格是應該得到尊重的……」

我帶着敬意聽他說完所有的話，在這位精力充沛的執法者身上，我看到強悍之中的另一層力量，它更深邃，更博大，更崇高……

## 精神病院

七月二十八日早晨，當唐山市精神病院藥劑師李忠志從廢墟上跌跌撞撞跑到門外、想把躺在歪斜的高壓線大柱下的一個女傷員揹起來、送到安全處去的時候，兩個開灤工人把他當成了從醫院跑出來的瘋人，他們大吼道：

「放下！」

「你給我放下！」

瘦小的李忠志高聲申辯：「我是好人！我是醫生！」

他把女人交給礦工，隨手奪過礦工手中的一把大錘。

「你要幹什麼？」

「救人！我們醫院全平了！」

全平了。精神病院全平了。這裏的廢墟比任何一處的廢墟都顯得平靜。病房的門窗上全有鐵欄，當焦子板的平屋頂落下來時，患者無路可逃。即使是僥倖存活的，「在那一刻也顯得不可思議的鎮定，沒有哭聲，沒有喊叫。」

最早從倒塌的藥庫裏逃生的李忠志，孤身一人在廢墟上奔忙。他揮動大錘，砸開樓板，救出了十多個受傷的職工和孩子。他又帶着受輕傷的人搶救患者。

　　一個年輕的會耍武術的女病人不知從哪兒鑽了出來，站在李忠志面前；她渾身竟沒有一點兒傷，神志也顯得異常地清醒。

　　「你幹什麼？李醫生！」

　　「我救人。」

　　「我跟你救。」

　　可是一轉身，這女人已無影無蹤。

　　李忠志管不了她了。醫生張志勇、徐建國等人已經先後從家裏趕來，他們和其他工作人員一起，把一個個病人從廢墟中救出來，抱的抱，抬的抬，甚至需要用力去拖。有一個女患者死活不肯離開那染血的瓦礫堆，她反反覆覆地說着：「我有罪，早該槍斃的，房倒了，就不用槍斃了。我等着，我等着……」

　　這不是一羣普通的人啊！不久，當被救出的精神病人越來越多地集中在一起的時候，李忠志漸漸意識到了事情的嚴重：這些不幸的精神病患者都是他們的親屬託付給醫生、託付給國家的，在這場大災面前，得格外保護！不能讓他們像那會武術的女人一樣跑掉，更不能讓他們有三長兩短……可是醫院的領導死的死、傷的傷，一個也沒有啊！

　　瘦小的李忠志急得快要哭出來。他是一個轉業軍人，可是

他僅僅在軍隊裏當過衞生員和司藥，他沒有指揮過任何人。他望着張志勇醫生，張志勇也是轉業軍人，因為犯「右傾錯誤」而脫下軍裝的一個軍醫；和李忠志一樣，也是一個十足的小人物。

小人物們開了一個碰頭會，決定成立「精神病院抗震救災領導小組」。工作人員推舉他們中間唯一的共產黨員李忠志擔任組長。

李忠志派人去找市委。

市委領導答覆：上級管不過來了。你們自己組織抗震救災，就一條：別散伙！

李忠志咬咬牙，挑起了那副沉重而特殊的擔子：幾十名受傷的工作人員，幾十名瘋人，那麼多人的生命！

領導小組提出幾個口號：

一、誰也不許哭（不能動搖軍心）。

二、傷員不許亂喝水（有一個受內傷的年輕姑娘，被救出後喝了一瓶汽水，喝下去人就死了）！

三、鍋爐裏的冷開水不許隨便動用！（那是僅有的一點乾淨水了，要用，必須經領導小組批准。）


醫護人員用繩子圍了一個大圈，讓精神病患者坐在中間。

地震後的頭三天，精神病患者顯得出人意料的沉默、聽話。沒有了鐵欄杆，沒有了約束帶，他們居然還能平靜安然地並排坐着。遠處的廢墟，近旁的屍體，都不能刺激他們。他們

似乎一夜間痊癒了。從早到晚，他們只是靜靜地望着那些來回奔忙的醫生，靜靜地吃着人們給他們送來的麵湯，靜靜地拭着身上的血跡。最初，在身邊照看他們的，只是一些不能動彈的傷員。當餘震到來的時候，四周一片驚呼，他們也無動於衷，彷彿一切都是意料之中的事情。

在那三天裏，唐山的許多健全人卻反而精神失常了。人們把那些目光呆滯、語無倫次的親屬送到精神病院的廢墟上來。這些遭受過強刺激的可憐的人，嘴裏唸叨着慘死的親人的姓名，渾身顫抖不已，有人兩耳塞泥，有人總想往電線杆上撞。他們的到來，更增添了精神病院的混亂。「領導小組」決定增設「臨時門診」，收治新發現的患者。

忙亂極了。瘦小的李忠志彷彿要被擔子壓垮了。他自己的妻子兒女震前去東礦區親戚家，至今生死不明，可他卻不得不把心思全放在患者身上。庫房的藥品扒出來了麼？患者一天三次藥按時發放了麼？還有飯，還有水，還有躲雨棚子的修建，還有屍體的掩埋……李忠志東跑西顛，好幾次摔倒在廢墟上。他感到胸口陣陣發悶──是心臟病又要復發了麼？

「老李！」救災部隊的一位教導員在喊他，「院子裏那些屍體，我們幫你處理了，行不行？」

「哎呀，那是患者的屍體……」李忠志不敢拿主意，他怕患者家屬來要遺骨，「你們，你們按中央的意見辦！」

「中央沒有處理屍體的意見！」

「那，那就埋吧，我負責了！」

正當李忠志感到體力越來越弱的時候，震後第四天，唐山市精神病院的老患者們幾乎全都恢復了病態。強刺激給他們造成的反作用力一消失，平靜立刻被打破。他們又唱又跳，又打又鬧。拒絕吃藥的，揮舞拳頭的，滿地拉屎的，摔杯砸碗的……亂作一團。

　　「啊！我的腿要斷了！他們要砍我的腿！」一個「被害妄想」型的男患者在一遍遍喊叫。

　　「我要回家！我們家裏人要自殺了！」一個精神分裂的女患者嚎啕大哭。

　　一個胳膊已骨折的中年女患者衝出「警戒線」，在院子裏奔跑；於是，越來越多的患者，像驚了的烈馬，竄起身子，踩着傷員的肢體，從「繩圈」中奔出來。

　　「攔住他們！攔住他們！」李忠志用細而啞的嗓音在叫，「不能讓一個人逃走！」

　　所有的醫護人員都跑到廢墟上攔截發作了的瘋人，連那些纏着繃帶的傷員都拄着棍子跑來，他們喊着，叫着，被患者撞倒，又爬起來，死死拽住那些奔跑的衣角。

　　當那些患者終於被一個一個拽回「警戒圈」內的時候，李忠志只感到眼前一陣發黑。

　　過了很久，他才發現自己躺在地下。一張張模模糊糊的臉在望着他，他聽見趙大夫那熟悉的聲音：

　　「忠志！……你心臟……藥……」

　　瘦小的李忠志覺得自己就要「過去了」，他感到自己沒有

了呼吸，沒有了心跳，連手和腳都沒有了。他用微弱的聲音在說着什麼，有人聽清，他要把「抗震救災領導小組」的成員召到身邊開會。

這個普普通通的小人物，在同伴們面前只想哭，但他強忍着。那一刻，他似乎想起了什麼熟悉的情景，胸中湧動一種很神聖的東西。

「同志們，我們團結在一起，一定要堅持，一定不能散……堅持……」

「忠志，你也要頂住，不要緊的，有我們在，還有藥……」

李忠志的淚水終於湧出了眼眶。他也能感覺到，身邊那些人的淚水滴在他的臉上。


張志勇醫生，一個神情憂鬱的老知識分子，坐在一輛裝滿患者的軍用卡車上。救災部隊決定用車將精神病院的病人轉運到外地，「領導小組」派張志勇負責帶車。

病人在吵鬧，汽車在顛簸，張志勇心情沉重地望着遠方。起伏的路，坎坷的路，他突然感到自己的一生也是那麼艱辛。「犯錯誤」離開在南方的軍隊那陣子，他把希望寄託在北方，盼着在唐山平平靜靜度過後半生。可是一場地震，又使他飽嘗了人間的苦澀，全家雖沒人死亡，老母親卻瘋了！他覺得世界拋棄了他，也拋棄了他所賴以生存的醫院。幾十萬人死了，十多萬人重傷，誰還能顧得上他們，顧得上這些精神病醫生和精

神病人呢？人們在血淋淋的肉體創傷面前，一時間忘記了精神創傷。相反，那些又吵又鬧的患者，對於一個奄奄一息的城市，卻是累贅和負擔……

「大家安靜！安靜！」張醫生一次又一次勸着患者，他生怕他們在躁動中栽下車去。

「大家別來，別看，請多幫忙……」他在車子停下來時，每每需要擋住那些前來圍觀瘋人的大人孩子。他害怕刺激患者的情緒。

他感到苦悶：人們為什麼那樣不愛護這些精神失常的兄弟姐妹？人們對他們的憐憫，為什麼遠不如對死者和傷者的憐憫呢？他們也是人，也是活生生的人啊……

在鐵路線上的一個小站，張志勇想把患者送上去東北的火車。

「買票。」售票窗口丟出一個冷冰冰的聲音。

「我們沒錢……」

「沒錢坐什麼火車？」

「他們是患者……」

「什麼患者？誰也不能白坐車！」

張志勇找到了當地的抗震救災辦公室。辦公室主任哼哼哈哈地說：「上車嘛，當然得打票，可這筆錢，你得到民政局去要，這屬於救濟費。」

他像皮球似地被踢到了民政局，可民政局竟一口咬定，這事應歸「抗震辦」管。

溫順的張志勇，忍無可忍地一拍桌子罵道：「你們還有沒有點人味兒！唐山那一片廢墟、滿地屍首，你們知不知道！」

「好好好，」民政局的頭頭掏出他的圓珠筆，「我批錢。你們往前坐一站地。到那兒你們再自己想辦法。」

張志勇扭頭便走，去他的「一站地」吧！他的心一陣陣發痛，他還要去照看他的病人，他的病人正倦、正渴、正餓。

「給他們一頓飯吃吧。」在一個小城市裏，張志勇找到衛生局的局長，「我們是唐山精神病院來的，病人們一天沒吃東西了⋯⋯」

「吃了就趕快走，我們沒有力量收容他們。」

「那當然，當然⋯⋯只吃一頓飯。」

局長「唰唰」批了一張條子：一人二兩飯。

張志勇血往腦門上衝。他真想撲上去揪住那個冷冰冰的傢伙的脖子。

「二兩夠什麼吃的！」他簡直像在命令局長，「四兩！給四兩！」

「好吧，你們拿着我的條子，到飯館去吃。」

張志勇領着長長一隊精神病患者，走進城裏的一家飯館。「我們是來吃救濟飯的，」他向飯館工作人員申明，「他們是患者⋯⋯」

走來了一個年輕小伙子，他仔細打量着那一個個蓬頭垢面的病人，又接過張志勇的條子看着。突然，他大罵一聲：「放他媽的狗屁！什麼四兩？」小伙子三下兩下把條子扯得粉碎，

「吃飽！讓病人吃飽！這用不着他們批准！」

病人們圍坐的桌上，端上來滿滿三大盆菜：榨菜炒肉、西紅柿炒蛋、茄子，還有湯。饅頭是剛出籠的，冒着熱氣。

這是這一路上唯一感到的暖意。張志勇只感到鼻子陣陣發酸。這世界上總有那樣一些平平常常的小人物，他們生活在小小的角落裏，只有一點小小的力量，可是他們的心是熱的。他們是真正的人！


　　唐山市精神病院現在已改名為第五人民醫院，我在電話號碼簿上久久尋找不到「精神病院」四個字，而最終被告知「五院即是」的時候，我問「為什麼改名？」人們告訴我，「老名字不是不好聽嗎？對病人來說，那名字本身就有刺激性。」

我來到環境幽雅的新落成的唐山市第五人民醫院。

瘦小的李忠志，表情仍有幾分憂鬱的張志勇，被黨委辦公室叫來見我。他們仍在藥房和病房工作。「抗震救災領導小組」在地震後不久便完成了歷史使命，這個非正式的領導班子，在這個醫院的院史中是查不到記錄的。幾個小人物，在災難時期做過一點較之「抗震」是小小而又小小的工作，這便是一切。

但我的心中總像有點什麼東西在翻騰。我望着病房大樓，看不清一扇扇明亮的玻璃窗後那些患者的臉。那些經歷過「7‧28」大震的老患者，他們也許早已忘了十年前

的一切，也許比任何人都更為深刻地記着。而千千萬萬健全的人們呢？他們在十年前那段嘈雜、混亂的日子裏，也許根本沒有對拉着「繩圈」的那塊廢墟投去一瞥，那是一個被忽略的角落。

我只想說：感謝你們，李忠志、張志勇，還有那位小飯館的不知名的小伙子，感謝你們所具有的真正屬於人的博大而善良的情感、胸懷……

## 盲人居住區

在那災難的日子裏，有一段時間，唐山瞎了，唐山聾了。可是，無邊的廢墟上，卻有一支奇異的盲人隊伍走來。他們一個抓着一個的衣角，肩上揹着破舊的胡琴、三弦，面部表情顯得那樣沉靜、冷峻。他們來自何處？他們走向何方？

有人從中認出了鼓書藝人資希聖。

資希聖所住的盲人宿舍離鐵路不遠。這裏居住着幾十戶盲人。其中不少盲藝人都被安置在民政局系統的螺絲廠工作，資希聖還是這個小廠的副廠長。因此，這片盲人居住區也就是這家工廠的宿舍區。他們居住的環境很糟，百米開外，就有一個鐵路裝卸「貨位」，專門裝卸骯髒的貨物。每天都有一馬車一馬車的驢皮、狗皮、獸骨朝那兒運。有風吹來，腥臭難聞。這在震前，很少被有關部門重視。就像這些盲人，在健全人居多

的世界上，常常是不被注意的。地震發生的一瞬間，資希聖的第一反應就是：「貨位」上撞翻了車卡！

可是隨即房屋便晃得咔咔作響。他抱起孩子，蹬開房門，剛剛衝出門外，就聽見身後嘩啦啦一聲巨響。他聽出是牆壁倒了，然而僥倖的是：房頂好像並沒有落下來。在一片呼救聲中，年近半百的他摸索着往前走。不行！手觸摸不到熟悉的牆壁、樹木，腳下的路也突然變得那樣高低不平。

異常的聽覺引導他從令人毛骨悚然的可怕聲響中逃離。這時，這些盲人似乎比正常人更清醒，他們繞開斷樑，避開鋼筋，可是，許多盲人卻依然被壓在深深的廢墟中，他們畢竟比正常人少一雙眼睛。

「老資！劉明友一家子全趴着吶！」

「老資！這兒有人叫喚！」

「老資！這房頂怎樣搬吶？」

資希聖讓人攙扶着，趺趺撞撞來到南邊的廠裏，他想找幾個健全人回來救人，可一個健全人一聽就火了：「我這兒正救人呢！人都快死啦！」

盲人在廢墟上要救人是極其困難的。資希聖帶領着他們，循着呼救聲，一家家地扒開厚重的焦子板，用手一遍遍摸着，摸到那些受傷者的軀體，把他們抬出倒塌的房屋。在這支盲人救險隊伍中，唯一的一個明眼人是一位女盲人的丈夫，一個跛子，他不停地大聲喊叫，給資希聖那羣人指着方位。他們越扒越覺得情況嚴重：那麼多血漉漉的傷員，那麼多已經發涼的屍

體！他們摸着、找着，從盲人宿舍摸到健全人住處，把受傷的健全人也一個一個抬下廢墟⋯⋯

盲人們——被砸掉了一隻耳朵的，滿臉是血的，懷抱着死孩子久久不肯撒手的，赤身裸體的⋯⋯ 擠在一起打寒戰。資希聖感到有冰涼的東西落在臉上。下雨了。

他們需要衣被呵，不能這麼光着身子凍着。資希聖聽到那瘸子的小兒子的說話聲，便一把將他拉到身邊：「二頭，你把叔送回家去行不行？」

那名叫「二頭」的孩子應了，他拉着資希聖的手，七拐八繞來到一個地方，說：「這是你家。」

資希聖摸到門前那根熟悉的電線杆。他家的小屋屋頂的確還在，可是誰知道已經破損到什麼程度？什麼時候會塌落下來？「二頭」已經跑遠了。資希聖橫下一條心，一腳跨進去。他拼命扒開碎石，摸到了炕，摸到了煙囪，摸到了箱子⋯⋯

他抱着一大堆衣服、鞋子、毯子回到盲人中間。

「給，穿上！」

「給你這雙鞋！」

「這毯子，快把孩子包上⋯⋯」

他自己套上了一雙雨鞋，又在廢墟上摸摸索索地走着。這雨水怎麼這樣大呢。他感到雨鞋中濕漉漉的，便脫下來倒了一次水。可是過不一會兒，又有了同樣的感覺。一摸，那水是黏膩的。他這才意識到，這是扎破的腳上淌出的血！

盲人用他們的聽覺、觸覺和味覺感受着那些災難的日子。

當他們要運送屍體的時候，他們循着風中飄來的窒息人的氣息找到了遺體集結點。當他們要生火的時候，他們嗅着空氣裏的煙味找到煤和劈柴。喧鬧嘈雜的人聲把他們引到街心，引到領取救濟水、救濟米的長長隊伍中。空中隆隆的飛機引擎聲使他們知道在灑藥，於是不再仰着頭張嘴說話。他們極其敏感，甚至在救災部隊中吃飯，那湯多米少的稀粥都能使他們立刻意識到救援部隊遇到了困難。

「不不，我們不吃了！」資希聖放下飯碗，對一個軍官說，「你們缺糧了！」

「嗨！我們就是不吃，也不能讓你們餓着！」

然而，決不是所有的人都能像這些軍人那樣愛護盲人。分發救濟物品的時候，有些健全人趁着盲人無法看見，竟然從中克扣。他們拿走盲人的食品，在自己的防震棚裏喝酒吃肉。

對於這些，資希聖只是輕蔑地哼了一聲。多少年來，一些人對殘疾人的態度已經使他習慣了，他沒有悲哀過！從六歲那年得腦炎瞎了雙眼，幾十年裏，他只有一個信念：好好地活下去。在那無數個黑洞洞的被健全人遺忘的日子裏，他和他的盲人同伴們手拉手、挺着胸走着；也許，正因為這樣，對於今天這一場巨大的災難，他們才比健全人有着更多的精神準備！

資希聖在廢墟上走着，忽然，他踩到了什麼。「……」一聲悠長的、迴音裊裊的琴弦的聲響。那聲音立刻使廢墟上的空氣都發顫了。

啊，就是它，那是他心愛的三弦，他的生命。

一根古老的弦首先在廢墟中昂揚地顫響了。

經受了巨大災難的唐山人，從未像今天這樣親切地感受到資希聖的樂亭大鼓所具有的力量。

資希聖的名字，也從未像今天這樣響亮。


二十年代，開灤礦務局辦起了一個孤兒院，那是一位比利時籍礦司請求英國「總辦」撥款興辦的，院長是荷蘭人。在這個孤兒院後來收進的一批瞎眼孤兒中，就有一個名叫資希聖的苦命的孩子。

機器「咔嚓咔嚓」響着。孩子們得做工，得白天黑夜地為外國人編織地毯。他們還得長時間站着做祈禱，祈求天主的恩惠。資希聖站不住，他腿發軟，他餓。他的瞎眼的小伙伴們跑到風笛嗚嗚的煤礦，在鐵路扳道工的喝斥聲裏，冒着被火車碾死的危險，摸索着跨過鋼軌，到空地上去拾煤核。煤核可以拿到舖子裏去換玉米餅子。他們甚至還偷來日本人投降時留下的幾大捆呢子軍裝，拿到街上去換錢。弱小的生命就是這樣頑強地長大的。

孤兒們一長到十六歲，就得考慮離開孤兒院後的出路。可是眼前一片黑暗的盲人能幹什麼呢？有一天，資希聖用揀煤核換的五斗玉米和一個算命先生換了一把三弦。他告訴小伙伴們：他要當一個唱着樂亭大鼓書給過路人卜卦的算命先生！

哦，那曲調高亢的樂亭大鼓，給冀東一帶的孩子們帶來過

多少神奇的故事，帶來過多少歡笑和幻想！《三國》、《拷紅》、《雙鎖山》、《施公案》、《王二姐思夫》、《樊金定罵城》⋯⋯

混沌初分不記年，
想當初天連水來水連天；
盤古開天闢濁地，
女媧煉石補過乾天。
⋯⋯

資希聖在自彈自唱，聲調是那般昂揚。他的眼前彷彿出現了一個古老的世界：茫茫大澤，熊熊烈焰，山崩地裂，雷鳴電閃⋯⋯這是資希聖的世界，在這個世界裏，他像盤古那樣頂天立地的活着！

資希聖沒有去學算命。全國解放以後，他成了曲藝團的一名演員。可是他想幹更大的事情。他三番五次通過人民代表向市政府建議，成立一個小螺絲廠，把流落鄉間算命的盲人收攏來，讓他們自己創造，自己勞動，自己安排自己的命運！那願望終於實現了。一盞十五支光的昏黃的小燈，燈下一張破舊的小桌，一羣盲人在一個健全人帶領下幹着力所能及的工作：把一隻隻螺帽擰上螺絲。那時誰能想出：這小小的加工組，一些年後會變成一個有三百名工人的工廠呢？

盲人們扔掉了「算命」的職業，卻留下了演唱的技藝。性情樂觀的資副廠長，親自擔任了一支盲人宣傳隊的隊長。這支

宣傳隊，演遍唐山，還上過北京！

呵，幾十年了，那把三弦總在響……

八月的驕陽下，他們的足跡佈滿一座廢墟又一座廢墟。肩上，是那些從廢墟裏扒出來的被砸斷、砸裂了的樂器，纏着繩子，貼着膠布，就像他們頭上、胳膊上還纏着的滲血的繃帶。他們穿着短褲、背心，有人甚至赤着腳。他們一個抓着一個的衣角，走在被曬得滾燙的路上。他們的臉上沒有悲傷和憂鬱的痕跡，在這動盪的大地上，他們顯得那麼安靜，那麼清醒……

這又是資希聖的決定：天降大災，人可不能垮掉。我們要把宣傳隊恢復起來，去演唱，去鼓舞唐山人民抗震救災！

那情景似乎是不可思議的，在斷壁殘牆下，在正清理屍體的廢墟旁，在傷員的呻吟中，忽然間，飄來了那些音調不準的樂器的合奏聲。也許，從盲人心中流出的音樂似乎更富有一種魅力吧！廢墟上迴蕩着一種奇跡般的旋律。那低聲訴說着什麼的音響，猶如一條綿長而寧靜的氣流，默默地穿透着這塊剛從黑色災難中掙脫出來的驚恐的土地。同樣是默默地在傾聽的人們，彷彿在這旋律中感受着什麼。溫柔的力？明哲般的力？說不清那是一種怎樣穿透血跡斑斑的心靈的力。也許，那盲人，那琴弦，本身就是一種非凡的力。唐山的每一個人，似乎都在這音樂聲中得到了一點什麼，從而匯成了一個整體，因為每顆心都還活着，就像這旋律。正是這活着的東西，使這些慘遭劫

難的人們得以呼吸，得以生存。

人們沒有注意到年輕女盲人司婉如那抽動着的眼角。她在哭泣，她在無淚地哭泣。地震奪去了她的父親，絕望中，她曾想了此殘生。可是她離不開這個憂患與共的集體啊！老資的聲音使她站起來，使她和這支隊伍一同跨過廢墟，走上「舞台」⋯⋯

人們沒有注意到嗩吶手史耀普那緊抿的嘴唇。他是個大地主家的瞎兒子，因為眼瞎，狠心的父親哄他吃大煙，想把他毒死。但是老祖母將他一把奪下了！他活了下來，從小做工，從小學藝，嘗盡了人間的苦澀。現在他是那麼冷峻，那麼堅韌啊⋯⋯

人們看見了他們熟識的資希聖。啊，老資，你撥動着你那把貼着膠布的三弦，是要唱什麼呢？你要唱「盤古」麼？你要唱「女媧」麼？你要唱人類所經歷過的數不清的災難麼？

資希聖那蒼涼的聲音在黑色的廢墟上久久迴蕩：

說的是一九七六年，
七月二十八日那一天，
發生了一次強烈地震，
地震的中心在唐山。
許多的房屋被震毀，
許多人壓在廢墟間。
⋯⋯

# 40 次列車

中國建築工業出版社出版的《唐山地震抗震調查總結資料選編》一書記載了如下史實：

地震時，在震區共有列車二十八列，由於路基線路的突然變形和巨大的地震力，使七列列車同時脫軌，其中有兩列客車、五列貨車。

一、濟哈直快 117 次，在北塘→茶淀間下行線 K201 ＋ 600 處，客車七節脫軌，壓壞鋼筋混凝土枕三百七十根。

二、京齊 40 次特快，在唐坊→胥各莊間上行線 K248 ＋ 550 處，內燃機車起火，一節行李車顛覆，七節脫軌，壓壞鋼筋混凝土枕四百三十根。

三、1030 次貨物列車在唐坊→胥各莊間上行線 K248 ＋ 100 處脫軌，壓壞鋼筋混凝土枕四百三十根。

四、041 次油罐列車在蘆台→田莊間下行線 K221 ＋ 100 處脫軌，三節顛覆。

五、1020 次貨車在蘆台站四道，兩節貨車脫軌。

六、1014 次貨車在漢沽→茶淀間脫軌。……

七、1017 次貨車在唐坊→胥各莊間脫軌。……

一九八五年五月，我的好友王文傑因公途經齊齊哈爾，受我之託，他拜訪了當年在 40 次列車上工作的張金柱、寶

學文、何慶祝、劉巍、孫勝起等人，帶回了那列特快列車在「7‧28」大震中的非凡經歷和種種無疑應當寫入歷史的情景和細節。

40 次特快列車的八百三十八名旅客和四十七名列車乘務員，是唐山地震之前，最後向這個將毀滅的城市行注目禮的一羣人。三時四十二分，他們的列車離開唐山向天津方向行駛僅僅十分鐘。大地便撼動了。在突如其來的巨大的鋼鐵撞擊聲中，旅客們紛紛從座椅上彈跳起來，不可遏制的震動力甚至將人從臥鋪上掀落下地。緊急制動閘尖叫着，把恐怖傳遍前後十五節車廂。

誰也沒想到是地震。當時跳出車廂處理緊急情況的列車員們回憶說：站在地上，感覺和站在行進中的車廂裏一樣，腦子還沒反應過來，就已經看到了被碾成碎片的水泥「枕木」，那碎片像指甲蓋一般。「脫軌！重大顛覆事故！」黑暗中有人叫着。人聲嘈雜，一片慌亂。

「趕快設崗！」列車長張林（就是日後以寫鐵路生活見長的那位小說作家張林）的第一反應，是不能被來往的列車撞上。他命令兩名乘務員，立刻帶上號誌燈，分別跑步到距車頭車尾五十米遠的地方，阻攔可能開來的列車。

就在這時，有人喊：「機車着火了！」

牽引列車的是串連着的兩台內燃機車，每台的油箱裏裝着七噸柴油。此刻，為首的一台忽然騰起了通紅的火焰，火光映紅了天空。風從西南而來，正驅動着火舌去吞噬一長串的車廂。

脱軌的列車

紛亂的腳步聲。飛奔的人影。一羣旅客不約而同地衝向車首。臉盆、飯盒、茶杯、水壺⋯⋯一時間都成了滅火的工具，人們舀起鐵路邊的積水，拚命地向機車潑去。誰知火卻越燒越猛，在一片「嗶嗶」的燃燒聲中，機車已被燒得變紅。

　　在任何人的心目中，地震，就是地動山搖。而當時 40 次列車的旅客，日後回憶起「7．28」之晨時，他們所能感受到的「地震」，首先是一場其勢兇猛的熊熊大火。火，以風助威的火，正在京山鐵路線上威懾着八百餘人的生命安全！

　　「快躲開！」當時從機車內鑽出來的一個司機喊：「會爆炸的！」

　　理智的人們在那時變成了一羣瘋子，對司機的勸告置若罔聞，他們只有一個念頭：撲滅大火！當時參加救火的列車員馮家春事後回憶說，他一想起救火這件事就害怕。如果爆炸，連燒焦的骨頭渣都沒處找。可當時不知哪來的這股「二桿子勁兒[4]」。

　　到底有人冷靜了。列車員寶學文抱來了臥鋪車廂的褥子，裹上泥沙，衝向火源滅火。旅客們又像聽到了統一的號令，無數雙手一齊摳泥扒沙，遞給那些「敢死隊員」⋯⋯

　　當火勢漸漸被遏制，大火在一點點熄滅下去的時候，一羣來自附近村莊的傷痕斑斑的災民，游過一條小河，跌跌撞撞地向着亮燈光的列車湧來。

---

4 東北方言，帶些傻氣的意思。

地震！

40 次列車上的八百多人，這才豁然明白發生了什麼事情。他們呆呆地聚集在一起，聚集在這個於晨光中漸漸變得清晰起來的荒原裏。

在「7 · 28」早晨，這恐怕是距離唐山震中區最近的一個尚未遭到破壞的集體。當時在這麼一大片無邊無際的災難的廢墟上，這裏，就越發像一個奇異的小島。一切都還存在：車廂、燈光、組織者、被組織者、鐵路規章，甚至包括慣常的生活規律。餐車服務員劉巍，一個二十四歲的姑娘，那天早晨一片混亂中，她卻在焦急地咕嚷着：「得開早飯了。……」她常說，平時她只要一上車，腦瓜子裏就只有四個字：「吃。吃。吃。吃。」旅客的三餐，便是她全部的職責。可是眼前呢？餐車已經傾斜得鍋裏盛不住水，而且按正常運行時間，列車應該於早晨抵達終點，已不再準備早飯，「車上只剩下了半袋大米。」

事情就是這樣的不可思議。「7 · 28」當天，在整個唐山震區，人們首先面臨着的是死與生的搏鬥。「活下去」這個強烈的慾望，也許可以使那裏的人們一時間忘記了飢餓和焦渴，求生表現在對生命的搶救和保護。可這裏不同。在這個臨時組合起來的大家庭裏，原有的生命都健全，一切生活的節律也都一如既往地進行着，就像世界上千千萬萬個大家庭一樣。

當時 40 次列車上的所有乘客，都將終生銘記一九七六年七月二十八日的那頓早餐。

所剩無幾的大米；

旅客們自動捐獻的高粱米、玉米、稗子、大豆、小豆；

從附近田裏扒來的土豆；

這是一鍋紅不紅、黃不黃的「百家飯」。

鍋，是在鐵道邊偶然發現的。是一口尚未使用的燒瀝青的大鐵鍋。柴禾，是劈開的舊枕木。最令人難忘的是，生火時細雨濛濛，濕柴怎麼也燃不着。不知是誰，出了個「排隊吹風」的主意，幾十個男旅客排成一長溜，人人鼓起腮幫，一個接一個，接連不斷地向鍋底吹氣。火，就這樣奇跡般地吹燃了。

八百多名旅客，排着長長的隊，安靜地等待着領取那一人一勺的「雜和粥」，有點像教堂中的聖餐禮拜。在這個災難日的早晨，人人的表情都那樣安詳，虔誠——一種對集體的崇拜和篤信。飯盒和竹筷不足數，先吃完的，立刻將它拿到河溝中涮淨，整整齊齊地放在鍋邊，留給下一個。

列車成立了臨時黨支部。支部書記張林宣佈：人民鐵路要對旅客絕對負責，在這個非常時刻，旅客誰也不許擅自離開。「我們要把你們一個不落地送回家，完完整整交到人民手中。」

他宣佈：已派人出去找糧、聯絡。

他還宣佈：組織搶救隊，到附近去搶救尚未脫險的災民。

五六十個棒小伙子排成了長隊。多數是軍人，還有好幾個來自大慶的大學生。這些剛剛在救火中燒焦了頭髮、滿臉煙灰的人，急匆匆地又向東邊奔去。當這支特殊的搶救隊趕到受災慘重的豐南縣城時，「房屋全平了，只有一個紅色警察崗樓還

立着。」但是在那一片廢墟上，在最先遇到的一羣人中，居然還令人不可思議地找到了一位幸存的縣委副書記。

「同志，縣委在哪裏？」

「我就是縣委！」

「請分配任務……」

「哪兒都一樣。你們看着扒吧！」

整整扒了一個白天。

天黑時，筋疲力盡的搶救隊員們回到了「家」——他們的 40 次列車。晚飯已經開過了。據當時帶隊的副列車長何慶祝回憶：「大鍋裏留着飯。稀的都喝光了；留給我們的盡是稠的……」

八百多名旅客在荒野中被困阻了三天。

比起廢墟中的人們，他們的日子也許算是「舒適」的了：他們畢竟還有喝的，儘管那是從窪地裏冒出來的發綠的「地震水」；他們畢竟還有吃的，雖然吃的是派人到附近一個小鎮上扒來的混和着沙土的大米。更重要的是，他們畢竟生活在一個雖然已經傾斜得難以行走、但總算還沒有完全顛覆的列車上，生活在一個完整的小小王國之中。在這災難的時刻，最可怕的是孤立無援，而不是飢餓和焦渴。

這些患難與共的人們，一起經受着難以忍受的生活。白天，烈日曝曬，車廂被烤得發燙；夜晚，成羣的毒蚊向車廂裏的燈光撲來，列車不得不緊閉門窗，車內渾濁的散發着汗味的

熱空氣令人窒息。但是所有的人都絕對服從列車長的指令，沒有一個離開車廂。車上實行了軍事化的編組：全車旅客登名造冊，每車廂為一個排，每排又設若干班，班排長多由軍人們擔任。

40 次列車在嚴格照章行事，不管在這災難當頭的時刻維持以往的秩序該有多麼困難。

沒有燒壞的一台內燃機車依然隆隆響着，為各車廂供電。列車廣播室正常工作，廣播喇叭裏不時傳出列車長張林下達的指示。

乘務員們依然在車廂送水，她們還為病人找藥，為老人尋找方便，為吃奶的嬰兒找奶粉，在這樣的時刻，也沒有忘記把搜集到的衛生紙悄悄送給那些正遇到難處的婦女。

這兒的生活近乎「奢侈」了。乘務員們甚至還讓大汗淋漓的旅客們洗上了澡。在離車尾不遠的地方，他們發現了一個涵洞，洞中有「涓涓細流」。於是，在洞口蒙上被單，規定：上午女士們，下午男士們。這小小的浴室，給溽暑中的人們帶來了難得的清涼。


被困阻的第三天，外出報信的列車員張繼忠、行李員孔乘義、乘警張國清從天津鐵路分局聯繫來了 48 台大客車，停在距 40 次列車脫軌地點六公里的公路上，等候輸送旅客。

列車長命令：按班排順序，出發！

長長的鐵道線上，出現了一支八百人的長長的撤離隊伍。

人們抱着孩子，攙扶着老人、病人和孕婦。在災難的突然襲擊面前，它是一支特殊的軍隊，一支穿着百姓服裝、卻同時有着嚴格紀律的軍隊，一支時時處於堅強的領導核心周圍的軍隊。

自然，也有人的腳步與這個集體是不和諧的。他，一個挎着大包小包的年輕人，溜出隊伍，悄悄扔掉了一個已經捂霉了的麵包。當人們在列車斷糧紛紛捐獻食物時，他「精明」地留下了它。但此時，他卻沒法躲開人們鄙夷的目光。這個災難中的集體，既有它的法規，也有它的風尚；不管從前怎樣，今後會怎樣，在那三天裏，幾乎所有的人都被一種高尚的情感支配着。

當列車員把旅客們送上客車，而自己又一個個留下來的時候，旅客們才猛然意識到：列車員們還將留守在那輛已經傾斜的綠色的 40 次列車上。那是一輛曾經像家一樣親切和美好的列車呀。「不，你們也走！和我們一塊走！」車上爆發出了哭聲，旅客們拽住列車員，把他們往車上拉。三天，憂患與共的三天啊！人可能相處幾十年而仍如路人，也會在短暫的接觸中成為知交。中國人有句古話：「泉涸，魚相與處於陸，相呴以濕，相濡以沫。」旅客們此時全都哭了。有人在低聲飲泣，有人哭得像孩子一般。很久，很久，直到客車開出好遠，他們還把淚濕的臉貼在玻璃窗上，向那些忠於職守的人揮手。

這惜別的感情也同樣在折磨着列車員們。他們回憶說，送走了八百多名旅客，回程的六公里，是那樣漫長！他們走不動了。等待他們的，是一列不再有汗味、熱氣和哭鬧聲的冷冰冰

的列車。他們一個個躺倒在野地裏，大口喘着氣，「從來沒有那樣沉悶、憂傷」，他們開始想家、想自己的親人。

夜，漆黑，寂靜。三天來，這是第一個孤寂的「輕鬆」的夜。

正在列車上的何慶祝，忽聽車下有人喊他的名字。一看，竟是從齊齊哈爾趕來的鐵路分局公安處葛副處長。聽說地震消息後，他帶人坐車到山海關，往前鐵路不通，他們步行二百多公里來到胥各莊附近。

「不瞞大伙兒說，我們是帶着安葬費來的，想買點白布……沒成想，人都在！」

話說得頗動感情。葛副處長身上還帶了一瓶酒，原準備祭奠死難者用的，一路上誰要喝他也沒讓。此時，他一下打開了酒瓶：「來，每人斟上一點兒，乾！」

八月八日，40 次特快列車返回齊齊哈爾。

列車員們按着規章清理了一遍車上的物資：除救火時損壞了幾條被褥，其餘東西一件不少。他們像往常列車返回終點站那樣，對全車進行了一遍大清掃，一切臥具裝備摺疊得整整齊齊，擦拭得乾乾淨淨。

「我們要把列車完完整整地帶回去。」帶着一種神聖感，他們這樣說。


唐山地震中，和 40 次列車有過類似被困阻的「命運」的，還有北京開往大連的 129 次直達快車。所不同的是，

這趟列車的司機張耀武和劉振邦在地震發生前發現了地光，緊急剎車，將車停在古冶站附近。列車因此沒有脫軌。

由於種種原因，我未能採訪 129 次列車，但是，僅僅對 40 次列車的一瞥，不也可見其他列車的一斑麼？

# 第 五 章

# 非常的八月

## 罪惡能的釋放

　　唐山被無理性的喧囂聲浪推入八月。從一九七六年七月二十九日到八月三日的一週內，在那片災難的廢墟上發生了令人震驚的事情。

　　中國人民解放軍唐山軍分區的一份材料披露了如下數字：

　　地震時期，唐山民兵共查獲被哄搶的物資計有：

　　糧食六十七萬零四百餘斤

　　衣服六萬七千六百九十五件

　　布足十四萬五千九百十五尺

　　手錶一千一百四十九塊

　　乾貝五千一百八十斤

　　現金一萬六千六百餘元

　　……

材料稱，被民兵抓捕的「犯罪分子」共計一千八百餘人。

人們也許寧願忘掉這些醜惡的數字，就像唐山在地震後不曾有過這騷動的一週。和那數不勝數的無私的援助、崇高的克己、誠摯的友情相比，這些數字無疑是一種玷污。但人們又無法忘掉它，因為它是真實的赤裸裸的歷史事實！

這確實是一段人們很難看到的赤裸裸的歷史！

## · 搶 劫 風 潮

七月二十八日，唐山人首先面對的是死亡，是傷痛。然而，當死亡的危險剛剛過去，當滴血的傷口剛剛包上，他們面對的便是飢渴，便是寒冷。有人突然意識到自己正赤身裸體，有人突然感到喉嚨在冒煙，腸胃在痙攣。

傾塌的商店，在大地震顫時拋出了零星的罐頭、衣物，有人拾回了它們，這使人們意識到，在廢墟下有着那麼多維持生命急需的物品。對於大多數人來說，事情似乎就是這樣開始的。他們猶疑不決地走向那些廢墟：埋着糕點的食品店，壓着衣服的百貨店，堆着被褥的旅館……他們起初並不知道該怎麼辦。

「我們借！」一些人千方百計尋找商店等處的工作人員，他們從廢墟中找來破紙斷筆，要簽字畫押，留下借據。而工作人員起初還像震前一樣照章辦事：「不行！這是國家財產！」

但這種規範很快被突破了。瓢潑大雨中，被澆得濕透的人們無處藏身，他們發紫的嘴唇在不停的顫抖。同樣在雨中顫抖

着的商店工作人員喊道：「把雨衣雨鞋扒出來用！」

尋找雨具的人們擁上了廢墟。淌血的腳穿上一雙雙新鞋，路邊的防震棚有了塑料布的棚頂⋯⋯他們又聽到呼喊：「可以拿點吃的。」

於是，一切就從這演變了。起初只是為了生存，為了救急。可是當人們的手向着本不屬於自己的財產伸去的時候，當廢墟上響起一片混亂的「嗡嗡」之聲的時候，有一些人心中潛埋着的某種慾望開始釋放。他們把一包包的食品、衣物拿下廢墟，不一會兒，又開始了第二趟，第三趟。他們的手開始伸向救急物品以外的商品。

三五人，數十人，成百人⋯⋯越來越多的人用越來越快的腳步在瓦礫上奔跑。都在爭先，都唯恐錯過了什麼。每個人手中越來越大的包裹，對另一些人似乎都是極大的刺激。他們呼哧呼哧喘着粗氣，瞪大眼睛四下搜尋，推開試圖勸阻的工作人員，把已經扛不動的大包從地上拖過去。

「快去！人家都在拿⋯⋯」

「快走！東西都快被拿光了！」

「快拿呀⋯⋯！」

唐山出現了一種瘋狂的氣氛。據目擊者說，在藥店的廢墟上，有人在挖掘人參、鹿茸、天麻。在水產貨棧的廢墟上，有人撈到了海參、乾貝、大蝦。有人湧進了一個尚未倒塌的百貨商店，爭搶着手錶、收音機、衣料⋯⋯他們從那裏推出了嶄新的自行車，抬出了嶄新的縫紉機。大街上匆匆奔行的人中，

一個中年男子扛着成捆的毛毯，一個小伙子抱着大包的絨線，還有一個女人甚至扛着一箱電池！

喧囂的聲浪中，人們的手已經不只是伸向國家的財產。有人親眼看見一個老婦人在一具男屍前哭着：「我的兒啊！我的兒啊！」哭完，摘下男屍手上的錶走了。不一會兒，她又出現在另一具男屍前面，又是淚，又是「我的兒啊」，又是摘去手錶。就這樣換着地方哭着，摘着，換了十幾處地方，直到被人扭住。

一九七六年八月三日，是唐山搶劫風潮發展到最高峯的日子。成羣的郊區農民，趕着馬車，開着手扶拖拉機，帶着鋤、鎬、錘、鋸……，像淘金狂似地向唐山進發。有人邊趕路邊喊叫：「陡河水庫決堤啦！陡河水下來啦！」當驚恐的人們逃散時，他們便開始洗劫那些還埋藏着財產的廢墟。他們撬開箱子、櫃子，首先尋找現款，繼而尋找值錢的衣物。滿載的手扶拖拉機在路上「突突」地冒着骯髒的煙，擠成一堆的騾馬在互相尥蹶子；「淘金狂」叼着搶來的紙煙，喝着搶來的名酒，他們在這人慾橫流的日子裏進入了一種空前未有的罪惡狀態。

終於，當這一切進行到高潮時，街心傳來了槍聲。

## · 非 常 時 期 的 自 我 執 法

「7·28」當天，唐山街頭就有了警察。他們光着上身，穿着短褲，只有肩上挎着的手槍才能證明他們的身份。當搶劫風潮開始時，他們揮動着手槍在路口攔截，可是他們防不勝防

有人開着拖拉機來搶劫

青年宮廢墟上的標語，可見磚瓦也成為搶劫的目標（李耀東攝）

——他們的隊伍在地震中傷亡太大了，而「作案」的竟是成百上千的災民！

中華人民共和國公安部在震後即派出治安專家前往唐山，以圖控制社會局勢。河北省和唐山市的抗震救災指揮部，為制止愈演愈烈的搶劫而費盡心思。一次次告急，一次次緊急會議，喧囂的一週間，人們比任何時候都更加深切地感受到某種能量在釋放時的可怕。

能夠組織起來的最大的執法力量只有民兵。

在中國人民銀行唐山市支行的廢墟上，出現了路北區和開灤唐山礦的民兵。他們赤腳光身，有的提着被砸斷了槍托的步槍，有的抓着棍子，幾乎圍成一個圈，日夜守護着這片埋着金錢和儲蓄帳目的瓦礫。

有人試圖靠近那片誘惑人的廢墟，他們轉轉悠悠，探頭探腦，可是終究沒有人敢越雷池一步。當這一切都結束的時候，有關部門宣佈，全唐山所有銀行、儲蓄所的帳單無一散失。

存有三百多萬斤成品糧的西北井糧庫，空氣也到了極為緊張的地步。民兵持槍荷彈，在倒塌的圍牆邊日夜巡邏。庫黨支部決定：沒有接到上級的命令之前，一粒糧食也不許分發！在此期間，庫內人員揀空投的乾糧吃，不得生火做飯，以免引起羣眾的怨憤和混亂。民兵將圍繞着糧庫建起的防震棚當作自己的哨棚，對那裏的災民們說：

「你們幫我們守住，有人來搶糧，你們都勸他們回去！你們自己先堅持着，等一發糧，我們首先保證你們！」

和在銀行廢墟邊轉悠的人一樣，圍住了糧庫的飢民也不敢衝過警戒線。糧庫支部書記王守森聽見有人在竊竊議論：「國庫衝不得呀！這可不像商店。衝糧庫就像衝大獄，那是死罪……」

　　可是畢竟有膽大的闖進來「評理」了。一個開灤礦工抓住王守森質問：「地震沒震死，難道還要讓我們餓死麼！我家還有八十歲老母，斷糧了！你說怎麼辦吧！」

　　王守森解釋說：「糧庫的糧，得等救災指揮部下命令後，按計劃分配。就這麼些糧，一發生混亂，勢必有人囤積、有人餓死。你家有老太太，可我們也得為全唐山的老太太着想……」

　　工人勃然大怒：「走！跟我走！咱們到指揮部去！」

　　在抗震救災指揮部那輛破公共汽車裏，唐山市人民武裝部副政委韓敏用不容分辯的口氣說：「糧庫做得對！……」臨了，他指着車廂裏的一筒餅乾，對工人說：「你拿這個走。」

　　此時，各個商店的廢墟上仍是一片混亂。人們不敢衝擊金庫，卻有人在撬保險櫃；人們不敢衝擊糧庫，卻在哄搶小糧店的糧食。甚至軍隊的卡車也被搶走，去裝運贓物。

　　沒有人能說清第一聲槍響是從哪裏傳出的。但是在越來越多的槍聲裏，傳出了「已經不是鳴槍警告」、「看見搶東西的人被打死了」的消息。在小山，在新市區商場，都有人親眼見被民兵打死的搶劫者的屍體。

　　正如搶劫者的瘋狂是愈燃愈旺的一樣，人羣中的憤怒也

在愈燃愈旺。當羣眾看見那些人大包扛小包提地走下廢墟的時候，已經有人在罵：「黑心的傢伙！」當搶劫的手肆無忌憚地伸向各個角落的時候，他們已經怒目圓睜，握起拳頭。終於，一股新的大潮出現了！

忍無可忍，人們開始挺身而出，擋住那些搶劫者。唐山——胥各莊的公路上出現了第一個由羣眾自發設立的關卡，禁止「淘金者」入城，扣留出城者攜帶的贓物。人們扭住那些發「地震財」的人，用繩索和鐵絲把他們捆綁起來，送到抗震救災指揮部。有人被吊在大樹上，有人被綁在電杆上，西山口的路邊，跪着一溜搶劫者，任日曬，任雨淋。

「大爺！叔！饒了我吧……」他們在哀求。

「呸！發震財的傢伙！」人們在罵，「喪盡天良，喪盡天良啊……」

中國人民解放軍北京軍區原副政委遲浩田，一次驅車巡視救災部隊，路上吉普車被人羣堵住了。遠望去，只見棍棒起落，亂石如雨。怒氣未消的人們訴說，這傢伙在一個倒塌的旅館裏，專扒死人手上的錶，扒一塊，戴一塊，他的兩隻胳膊上已經套了三十七塊錶……

遲浩田回到指揮部後，向中共河北省委書記劉子厚、副書記馬力談起這件事時，劉子厚說：「打死人是不對的，但是誰也別追究了。這是非常時期，羣眾自行維護秩序……」

唐山市抗震救災指揮部發出《第一號通令》。那張用印刷廠扒出的大小不同的鉛字排印的「通令」，張貼在四處的斷壁

殘牆上，大意為：

一、嚴禁搶劫。違者必須法辦。

二、所有哄搶物資立即送回。違者必究。

三、從今起，執行任務的民兵不許隨意開槍。

當槍聲漸漸稀疏下來的時候，路北區和路南區各成立了一個「公物還家接收處」。唐山市百貨大樓副經理許樹銘當時是解放路商場的營業員，他親眼目睹了路南區接收哄搶物資的情景：先是民警把沒收的物資一車一車拉來，接着有人陸陸續續地扛來、抬來。鴨絨褥、鴨絨被、自行車、排子車、座鐘……「接收處」有一個登記簿，純屬收據性質，要求送交的人簽名，但後來不強求簽名了。因為人們在那登記簿面前的表情是複雜的，尷尬，惶恐，如芒在背……

「同志，這是我兒子拿的！」一位老太太指着一包衣料連聲解釋，「他不知道啊！國家一號召，咱們就送回來啦……」

「同志，這排子車給您還來，」一個小伙子怯聲說，「那些天急傻眼了——得運傷員啊……」

很多人只是把東西往「接收處」的小棚子前一撂，臉也不露就走了。一天早晨起來，有人看見棚子前放着一隻大包裹，打開一看，是一包電視機零件……

當我記下這段真實歷史的時候，我的筆很沉重。

我在採訪中已經發現，許多人在迴避這個話題，彷彿歷史也已經和那一週的幾張日曆一起被揉成紙團了。唐山

市百貨公司副經理、年輕女幹部苗雲頌，當時是新市區百貨商場的負責人。我在許多材料中都見過那個商場「六個民兵一根棍」保衛國家財產的事跡。但是，當我向苗副經理詢問起有關「搶劫風潮」的情況時，她卻沉默了許久，「想不起來了……印象不深了。」她客氣地為我斟上茶，說：「你要了解抗震救災中的好人好事，可以找……」

也許許多人都覺得那是一場難以解釋的惡夢。

我曾聽一位學者說過：「任何事物都表現為一定的『場』。任何物質能量信息的交流、釋放，都是在一定『場』之中實現的。」那麼，如果說大地震是自然界的應力場的能量釋放，適應「搶劫風潮」的心理的「場」和行為的「場」又在哪裏呢？

## 推開瘟疫

唐山面臨着新的死亡。

幾乎從倒塌的樓房埋下第一具屍體開始，與死亡緊緊伴行着的另一恐怖的陰影便已向唐山逼近。

瘟疫！

歷史上，「大災之後必有大疫」已是一條令人驚駭的必然規律。

唐山怎麼辦？

中國人民解放軍北京軍區抗震救災前指後勤組的吉普車，

連日在唐山地區奔波。「前指」的帳篷裏,所有人的表情都是那樣嚴肅冷峻。他們能夠看見,那個妖魔的影子就在眼前晃動。

防疫專家提出了觸目驚心的報告:

——城市供電、供水系統中斷,道路阻塞,部隊和羣眾不得不喝坑水、溝水、游泳池水,生活於露天之中;

——糞便、垃圾運輸和污水排放系統,及城市各項衞生設施普遍破壞,造成糞便、污物、垃圾堆積,蚊蠅大量孳生;

——人畜大量傷亡,在氣溫高、雨量多的情況下,屍體正迅速腐敗,屍體腐爛氣味嚴重污染空氣和環境;

——唐山市歷年是河北省痢疾、腸炎、傷寒、乙腦多發流行區之一。現人員密集,居住擁擠,感染機會較多,傳染病人又缺乏隔離條件;

——當地各級衞生機關和羣眾防病組織遭到嚴重破壞!

指揮員們比任何人都更清楚那一切意味着什麼。據《雲南地震考》記載:一九二五年雲南大地震,震後人民發生「閉口風」症,患者一半身體變黑,手足收縮,一兩個鐘頭即死。一九四四年,日本進攻印度的軍隊,在伊木法爾戰役中,十萬大軍中有六萬人突然得了瘧疾和痢疾,不戰自敗。一九四九年,解放軍南下部隊中瘧疾和痢疾流行,發病率在有的部隊高達百分之八十,部隊不得不就地休整。一九五四年,澳洲湯斯維爾爆發「登革熱」,四十萬居民中,有十五萬人發病……而現今的唐山可能出現的情形也許比歷史上任何一次瘟疫都將

更加可怕。幾十萬人死的死，傷的傷，剩下的幾十萬災民和十萬救災部隊，完全有可能被瘟疫擊垮！

初到唐山的時候，我身上揹着背囊、水壺、挎包，包內有上海的好友侯阜晨為我準備的黃連素、六神丸、十滴水、驅蚊劑等各種防病藥物，還有兩斤大蒜。

瘟疫的陰影已經籠罩着唐山。幾天後，當我揹着噴霧器出現在廢墟上的時候，我更為強烈地感受到了這一點。

如火的驕陽上，瀰漫着令人窒息的屍臭。瓦礫上，到處有糞便、垃圾和嘔吐物。在各地醫療隊所在地那一面面紅十字旗前，排着長長的就診的隊伍。皺着眉頭、捂着腹部的面如菜色的唐山人，正在等待領取黃連素和痢特靈。僅僅數日，不少病者已被疾病折磨得精疲力盡，有些人坐着，有些人躺着，連揮手驅趕蒼蠅的力氣都沒有。蒼蠅到處放肆地追着人叮咬，走到哪裏都能聽到那「嗡嗡」的噪音。我到民政局長蔣憶潮的「家」去，那蘆蓆小棚簡直成了蒼蠅的世界，棚頂棚壁黑壓壓一片，在那裏的幾個小時，只見他女兒揮動蒼蠅拍的手就沒有停過。在街上，我看見過一隻防蠅的大菜罩，菜罩內躺着一個可愛的嬰兒……

所有人都感到了瘟疫的威脅。那些日子裏，我天天遵從醫囑用咬碎的蒜擦手，天天服用黃連素，儘管如此，也未能完全擺脫疾病對我的侵襲……

這是一場人類頑強地推開瘟疫的嚴酷的戰役。

當唐山地區各種傳染病和發病率日趨上升，已接近爆發程度的時候，中央抗震救災領導小組正採取緊急對策。據文件記載，當時從全國調集二十一個防疫隊，共一千三百人；調來消毒藥二百四十噸，殺蟲藥一百七十六噸，各種噴霧器三萬一千多具；調來軍用防化消灑車三十一台；調來噴藥飛機四架⋯⋯

「安─2」飛機隆隆的引擎聲在空中轟鳴。帶有蒜味的馬拉硫磷、敵敵畏雨霧般飄落。從早到晚，飛機不停地在八十五平方公里的唐山市區上空盤旋。

地面上，東方紅18型機動灑霧機、防化噴灑車、羣英式背負噴霧器和圓桶形壓縮噴霧器一起開動。

夜晚，廢墟上升起一堆堆火，「六六六」的煙霧飄向各個角落⋯⋯

那些日子，所有被採訪的唐山人幾乎都證實了一個事實：蚊子似乎見不到了。據北京軍區抗震救災「前指」統計：蚊子的密度下降百分之九十至九十八，而蒼蠅的密度只下降了百分之五十。成羣的蒼蠅仍在肆虐，仍在危及唐山人的生命。牠們從那些散發着臭氣的地方飛出來，毒殺一羣，又飛出一羣；而瀰漫着整個城市的臭氣仍有增無減。

「冷凍倉庫！」救災部隊報告，「震裂了的冷凍倉庫裏，大量魚肉正在腐爛！」

「必須徹底清理積壓魚肉！」指揮部的批示很明確。

與瘟疫抗爭（李耀東攝）

與瘟疫抗爭（李耀東攝）

「鐵門變形，無法打開！」救災部隊又一次報告。

「派工兵，爆破！」

驚天動地的爆炸聲中，高大的冷凍倉庫徹底倒塌了。硝煙未散，人們就已開始搶運出肉食品，變質的立刻掩埋，完好的分給羣眾。

然而臭氣仍在瀰漫。

指揮部所有成員焦慮與複雜的目光，都同時轉向了這最主要的也是最後的一個目標。

屍體。二十四萬具正在腐爛的屍體。

此刻，在唐山，這項最為險惡、最為繁重的工作，正由無數年輕的軍人承擔着，艱難地進行着。

災後初期，所有的埋屍部隊都處於無防護狀態。士兵們冒着撲鼻的屍臭，赤身露臂挖掘屍體。屍體腐爛，皮膚脫落，他們只能找點破舊布和亂紙墊手。屍體暴露出來的時候，刺激性較強的有毒的硫化氫、氨、甲烷氣體混合而成的氣味使人暈眩。士兵們只能向屍體上噴灑白酒，或戴上簡易的自製紗布口罩，往鼻孔中塞入酒精棉球。

據 ×× 軍統計，截至八月一日，在救災的最初三天中，該軍共挖出屍體六千五百九十六具，掩埋屍體一萬零一百四十八具。

八月一日後，開始有防護用品運到。北京軍區司令員陳錫聯向所屬部隊發出指示：「挖掘屍體要注意，因為是夏天，部隊要輪流作業，要有防毒面具、防毒手套，要組織好。」

筆者曾看見過北京軍區某師對埋屍的士兵做出的幾條規定，僅僅從這些規定的字裏行間，人們就能夠看出年輕的士兵們在經歷何種令人震驚的特殊生活：

一是防止屍體腐臭的刺激。工作人員要佩戴防毒口罩；戴普通口罩時，要在口罩或口罩代用品（毛巾、手絹）上塗抹牙膏，噴灑酒精；或者在鼻孔內放入少許大蒜、香菜葉或蘸上酒精、香水的棉球。

二是防止屍液的污染。工作人員必須穿工作服，戴橡皮手套，穿高筒防護靴；在沒有防護靴時，可用塑料布將前臂和小腿包紮，以防屍體直接接觸皮膚。接觸屍體的人員要輪流作業，下班後，要用來蘇爾水消毒手，曬衣服。

三是對於屍體處理要做好噴、包、捆、運、埋。

噴藥：扒屍與噴藥緊密結合。用機動噴霧器、消毒車或直接用臉盆噴灑漂白粉精、漂白粉、來蘇爾溶液或酒等。

包裹：先用衣物包頭，後用棉被包整個身體，或裝入塑料袋紮口。

捆緊：用棉被包屍體後，最少捆三道（頭、腰、腿），以免屍臭散發。

運走：要指定專車專人運送，包好後立即運走，避免在市內存放，影響環境。

深埋：屍體深埋地下一點五米至二米，上面加厚土和石灰砸實。

然而這一切並不是所有部隊都能做到的，特別是士兵的防護。且不說防護用具決不可能應有盡有，即使有，士兵們又怎麼忍心在失去了親人的唐山人面前，把自己這樣那樣地保護起來呢？他們只有一個緊迫的念頭：快！把遇難者的屍體安葬，搶在瘟疫的前面！

　　那一幕幕情景，曾是我親眼目睹也是我終生難忘的。

　　在唐山市文化路路口的屍體集中點附近，我看見抬屍的士兵從廢墟上走下來。屍體用舊棉被包裹着，兩端用電線紮緊，吊在一根鋼筋上。鋼筋勒進了年輕士兵的肩膀。那是兩個如此瘦小，還長着孩子似的臉的士兵。他們的軍帽歪到了一邊，衣袖高高挽起，屍體流出的水一滴滴淌到他們的衣褲上，已經濕了一片。

　　唐山市第一醫院院長老張，流着淚向我訴說他親眼目睹的情景：「……樓板下那具屍體，好多天了，從邊上走過都熏人；兩個戰士說要鑽進去扒，我說不行，要中毒的！等吊車吊開樓板再說……可他們硬是砸開樓板鑽了進去。很久很久，遞出來一條胳膊，又遞出來一條腿……」

　　某軍政委高天正，當時是救災部隊一個師的副政委，他說：「我那兒子，當時才十五歲，就在師裏當兵，也是埋屍隊的。第一次在廢墟上見到他，他還戴着大口罩，第二次見他，口罩沒了，手套也沒了，人變得又黑又瘦……他說：『爸爸，你放心！我已經習慣了，什麼也不怕

了！』」

在廢墟上，我還訪問過一個營教導員。他說：「清理屍體的最初兩天，根本沒水洗手，戰士們從廢墟上下來，就用手抓饅頭。他們直感到噁心，吃不進飯，一個連隊喝不完一鍋粥！幾天後，一個連隊一個連隊地生毒瘡，全身的毒瘡，還淌水……」

那些日子裏，每天都能看到一卡車一卡車的屍體向郊外運送。屍體來不及一具具掩埋，許多時候就挖一個大坑，將屍體堆入。在唐山通往豐南的公路邊，我親眼看見過這樣的大坑，推土機正在隆隆地吼叫着，把土推入大坑，將它填平。每輛屍車上通常有三個士兵，運屍時，他們頭戴防毒面具，坐在駕駛室的頂上。他們排在一起，似乎在相互支撐着那倦極了的身軀。

他們倦極了。當唐山和瘟疫在進行決戰的時刻，他們常常通宵達旦地工作。上海醫療隊一位女醫生曾向我敍說她的親身經歷：一天深夜，她起來解手。帳篷四周都是屍體，她踮着腳，小心翼翼地走着，忽然，腳像踩着了一條胳膊。「哎喲」，那「屍體」叫了一聲，呼地坐起來。女醫生嚇傻了，好半天她才反應過來，那是一個裹着雨衣、在屍體堆中睡着了的士兵，一個累極了的埋屍隊員。當女醫生看清那是一張多麼年輕稚氣的臉時，她的眼淚止不住地淌了下來……

當年我在唐山機場遇到過一支部隊。一天早上開飯

前，正在整隊，一個士兵突然栽倒在地，不省人事。上海醫療隊立刻派人趕去搶救，過了一段時間，醫生回來說：「……死了。」我已記不清那士兵是因為發什麼病而死的了，只記得人們說，他是在連日埋屍的極度疲勞中犯病的。遺憾的是，當時我也沒有記下這支部隊的番號。事後，我向許多部隊的領導打聽，他們都說不記得本部隊有過死亡的記錄。

但唐山會記得這士兵，會記得這一輩年輕小伙子的！他們的經歷，完全不亞於一次殘酷戰爭的經歷；他們的犧牲，完全不亞於血與火之中的犧牲。過了多少年之後，幸存的唐山人一定還會像今天一樣對子孫說起，昔日廢墟上曾有過幾百個、幾千個什麼樣的軍人，他們做過什麼，他們為的又是什麼……

一九七六年入冬後，奉中華人民共和國衛生部的指示，唐山進行了一次「屍體再清理」——將所有掩埋深度不夠的屍體重新挖出，或火化，或深埋。這又是一次極其浩大的工程。數萬民兵為骨幹的清屍隊伍，走上廢墟，日夜苦幹……次年春暖季節，唐山安然度過災後的傳染病爆發期，傳染病發病率比常年還低！至此人們可以寫下歷史性的一筆：震動世界的奇跡——唐山，成功地推開了瘟疫！

# 「方舟」軼事

在災難的海洋裏，人們曾幻想過這樣的小船：當千千萬萬人被惡浪吞噬之後，它還在波濤中漂蕩，還在漩渦中打轉；它成了一些人共同的生命依託，庇祐這些幸存者逃離劫難。這就是人們常說的「諾亞方舟」麼？

這裏是關於一條「方舟」的故事——

那是一個在唐山最常見式樣的防震棚：前邊四根竹竿，後面四根竹竿，頂上兩根竹竿，搭着一塊塑料布，棚子四面透風。八月的唐山，有多少人家都是住在這種四面透風的棚子裏。

那也是在唐山最常見的一個「大戶」：六個家庭，二十一口人，在震後聚居到一起，喝的是一個鍋裏的粥，睡的是一個用木板搭的地鋪，老的、少的、女的、男的，風雨同舟，憂患與共。

地震後的那段時間裏，這個「大戶」公認的「戶主」是一位胖胖的大嬸。由於她家震前住在新市區一幢幹部宿舍樓的第五室，所以人們習慣地喊她「五室嬸」，喊她的丈夫「五室叔」。

「五室嬸」對我說，她永遠也忘不了「7·28」的夜晚：當宿舍樓的幾個傷痕累累的幸存者，在風雨中一個又一個匯集到這小棚中來的時候，這透風的小棚竟變得那樣溫暖。一位拖

着家小四口的司機，一位帶着兒子和未婚兒媳的退休工人，一位帶着弟、妹的剛剛失去妻子的青年工人，兩位幹部，一個孤兒⋯⋯當時還有一戶人家沒有救出。驚魂未定的人們，圍着一支火苗搖晃不定的小蠟燭，在輕聲地歎息。

「五室叔，唐山真會陷下去嗎？」

「不會！」

「五室叔，咱們可怎麼辦吶？」

「別怕！大家在一塊兒，互相幫着！」

有人不知從哪兒搞來一點剩飯，放在一塊破玻璃上，又找來一把生鏽的改錐 [5]。大家你扒一口，我扒一口，玻璃板從這個人手上傳到那個人手上。

那一夜，誰也沒睡着。遠處，有狗吠，有槍響，有失火的紅光。馬路上，逃難的人流熙熙攘攘向城外湧去，只聽見紛亂的腳步中夾雜着哭喊，整整鬧騰了半夜。

「孩子們坐好！誰也別跑出去！」性格潑辣的「五室嬸」對各家的子女們說，「都聽嬸的！」

在那動盪不安的時刻，「五室嬸」不僅成了孩子們的、也成了所有人的主心骨。天亮的時候，幾個身強力壯的都在聽她的安排：「你們幾個上廢墟扒東西！⋯⋯你去找些燒火的板條！⋯⋯你去找點糧食！⋯⋯你，你到冰棍兒廠後邊的水坑裏弄點兒水來！」

---

5 改錐：裝卸螺絲釘用的工具，也叫螺絲刀。

這個「大戶」，有條不紊地開始了非常時期的生活。人們把米、水、柴都送到「五室嬸」的面前，由她安排全戶的伙食。

「今天咱們喝粥！」

「今天一人吃一把花生！」

「嘿！今天可要改善啦！」「五室叔」從自家的廢墟裏，居然扒回了一條火腿、一隻板鴨和一筐沒有被震碎的鮮雞蛋和幾瓶好酒。

「五室嬸」立刻做出決定：酒，給扒屍體的大哥們喝；板鴨和火腿，切下來炒菜，正愁沒油；雞蛋，給身體虛弱的退休工人和正在鬧痢疾的青年工人。

可是那失去了妻子的青年工人卻正在嚶嚶哭泣。

那死去的妻子懷孕已六個月，她被砸死的情景慘不忍睹。青年工人在廢墟邊蹲着，不吃，不喝，只是不停地流淚。他對年幼的妹妹說：「哥哥活不了了！我要跟你嫂子走！你帶着弟弟，去找奶奶⋯⋯」

「別哭了，」「五室嬸」走來勸他，「這是天災，不光你一個人，家家都有難，得想開點兒！咱們還得挺住，還得好好活下去！」

「嬸！我活着還有啥意思！她死得好慘，死得好慘啊⋯⋯」

「我知道。明兒我們一塊兒去給她送葬⋯⋯」

那會兒，感情是共同的，真摯的，整個「大戶」都被青年工人的哭聲牽動了。

安葬他妻子那天，「五室嬸」讓自己的兩個閨女照看着遺體，她和「五室叔」一起挖坑。

「嬸，」青年工人用嘶啞的聲音說，「她還沒鞋……」

「嬸知道了，」「五室嬸」看見了那年輕女人光着腳，對青年工人說：「你放心，我馬上找來！」

她帶着女兒奔上廢墟，四處尋找，費了好大的勁才找到一雙半舊不新的女式皮鞋。她小心翼翼地親手為女屍穿上。

那些日子是苦澀的，也是溫馨的。每天早上，「五室嬸」就把一天要幹的活兒安排好，然後，讓娃娃們去拾劈柴，讓年輕女孩生火做飯。所有的菜譜都由她安排，幹力氣活的人吃什麼，傷員吃什麼，她全計劃着。

小棚子裏的一切都是「大戶」公有的。人們相濡以沫，甘苦同嘗。一鍋飯匀着吃，一壺水匀着喝。有人撕開了自家的牀單，司機的妻子用它縫了三條短褲，分給衣不遮體的女人。

傍晚，當男人們拖着沉重的腳步走下廢墟的時候，首先映入眼簾的是柱裊裊的炊煙。那是他們的家，那是他們感情的寄託。小棚子是一個溫暖的整體，每當下雨，身強體壯的人都爭着往風口和漏雨的地方去，而把乾燥處留給傷員。這小棚子又是一個純潔的整體。人們擠在一個地鋪上，三十多歲的司機夫婦拉起了一道簾子；退休工人的兒子和未婚妻住在一起；夜晚，怕死屍的女人們就在棚裏用便盆解手……一切都顯得像一家人似的自然和正常。

震後第三天，就有人聽見宿舍樓的廢墟底下，還有人的敲

擊聲。於是，整個「大戶」緊急行動起來，全力以赴地去搶救那一家人。男人們在廢墟上輪番作業，「五室孀」在棚子裏準備好了稀粥、雞蛋和給幸存者的鹽水。當壓在廢墟下的那一對小姐弟被抬到「大戶」的棚子裏的時候，他們驚奇得瞪大了眼睛。

這是一個多麼令人羨慕的大家庭啊！

那些日子，唐山人全都生活在一種「軍事共產主義」制度之下。食品、衣物、蓋防震棚的材料……一切都是配給的。人們常常在街心排着長隊，等待領取大米、蔬菜、肥皂、火柴。不知從哪裏傳出了一種說法：唐山將成為徹底破除資產階級法權，取消商品交換，實行「供給制」的試點城市。人們不知道是福是禍地等待着，觀望着……

那時，「五室孀」周圍的人們誰也沒有想到這個大家庭的解體。

事情似乎又是這樣開始的：當人們從廢墟上扒回了自己家私有的財產，那些私有財產在他們各自的「鋪位」前越堆越高的時候，那種休戚與共的感情上的維繫開始解體了。充滿生命活力的是頑強的「私有」觀念。

在這樣一個家庭裏，最初，大家的食物主要是「五室孀」家，以及那司機和青年工人家的。不久，有個中年婦女也扒出了自家的一些糧食，她不願「捐獻」，而是用衣服蓋裏，藏了

起來。司機和青年工人不禁忿忿然道：「她倒會過日子！」

許多人和這個藏糧的女人產生了對立。

接着，救災部隊開始分發救濟物資，他們要求分到各家。於是，「大戶」裏產生了分歧：有人主張分，有人主張合。「五室嬸」一看這形勢，又傷感又氣憤，沒好氣地說：「分吧！前些日子大夥兒找來的餅乾、衣服，也一律平分！」

可那時「大戶」還在維持着。男人們還在統一出工，「五室嬸」還在為他們做飯。誰也沒注意到，躺在小棚子裏的退休工人開始嘀嘀咕咕，罵罵咧咧，他對幹活的人吃得比他好，憋了一肚子氣，開始在小棚子裏摔飯碗。

為了挪用一塊木板，他又和司機發生了衝突。

「這是我家的！」

「你瞎了眼，這是我家的！」

這以後發生的激烈的矛盾，是退休工人家庭內部的。據有人說，那些日子裏，老頭的兒子和未婚妻在老頭身邊的共同生活，使得老頭時常莫名其妙地煩躁、發火。後來似乎是平靜了，可是有一天，未過門的兒媳為了錢，突然和老頭發生了口角，氣頭上，她哭着甩出了一椿醜聞：老頭欺負過她！

退休工人惱羞成怒，發了瘋似地哭喊：「他們是琢磨我那一千塊錢吶！我不想活了！那錢我也帶走！我也帶走！」

他砸碎了手錶，把好不容易從廢墟中扒出來的一千塊錢扔進火堆，然後又把鬍子刮得精光。

「當心！」「五室叔」提醒人們，「他要尋短見！」

「大戶」中的人全都緊張起來，他們一步不離地伴着老頭兒，監視着他的舉止。可是在一天夜晚，他們終於沒有看住——退休工人悄悄喝了老鼠藥！

　　他立刻被送到醫療隊。人們都圍在他的身邊，「五室叔」甚至冒着被一口咬斷手指的危險，把手指伸進他嘴裏引他嘔吐，那情形使「五室嬸」心裏泛起一股說不出的滋味兒。她想起不久前人們關心、安慰青年工人的情景。這一切到底是怎麼回事呢？好端端的一個「大戶」，怎麼會落到這般田地？

　　退休工人從醫療隊被「救活」回來後，只向「五室叔」賠了兩天的笑臉，又和大家緊張起來。他出人意料地掏出了一大把十元錢的一隻角，那是燒錢之前特意剪下的，據說憑着這個，可以到銀行申請補助，但要請人證明那疊錢確實已經燒燬。

　　「五室叔」說：「我們是看見那些錢燒成灰的，但這把紙角，有左邊角，也有右邊角，誰知道你那一疊錢真是一千塊呢？」

　　退休工人跑到那藏糧的女人處去發泄憤怒，有人聽見那女人挑唆地說：「那天你喝藥，有人還到派出所去報告了呢！」

　　「大戶」陷入了一片混亂。人們變得那樣陌生，那樣疏遠。為了一把鹽也會拌嘴，為了在地鋪上碰撞了一下也會吵架。「我的」，「我家的」，這些詞語把「大戶」的氣氛分割得支離破碎。

　　唐山人所傳聞的「軍事共產主義」終於就要結束了。上級

傳達的「九月一日將下發八、九兩個月工資」的消息，否定了「唐山將取消商品交換」的傳聞。街上出現了出售電池、手紙的售貨點，還出現了能買到饅頭和菜湯的小飯館。

「大戶」也終於就要解體了。

救援部隊將幫助災民重建真正的「私有」家庭。

「大戶」的支撐物——那一根根竹竿被拆卸下來；經過日曬雨淋已變得那麼陳舊的塑料布被扔到了一邊；地鋪也拆除了。爐灶也推倒了。但是，廢墟上留下了一個大戶存在過的痕跡：一塊四方的平整過的土地，四周的排水溝、灶灰、柴屑……一切屬於歷史和人的活生生的痕跡。

大震的幸存者們，揹起幸存的財物，默默地離去了。他們在這兒生活過，但他們不可能久而久之地這樣生活下去，不可能，這是被生活無情地證明了的。他們離去了，但幾乎每一個人在遠遠的地方都向「大戶」的遺址投去依戀的一瞥。

是的，他們不會忘記，那裏曾經有過躲避風雨的「家」，曾有過叫人感到溫暖的「指令」，有過那塊盛着剩飯的破玻璃和那一柱裊裊上升的炊煙……


曾經存在過的任何東西都有它的合理性。那麼，唐山八月，那種種出現過而又消失了的東西呢？

有人盛讚唐山人在震後的「共產主義精神」。是的，那一切全是真實的：從廢墟中鑽出的瞬間，他們能不扒自己的親人而去搶救呼喊着的近鄰；在那些諾亞方舟般的

「防震棚」中，有着無數捨己為人、相親相愛的故事……

「在自然災害面前，人們的美德得到了極大的發揚！」他們這樣感歎着，就像他們時常感歎「戰爭是淨化劑」一樣。

但一位大學理論教師對我說：唐山人在震後的同舟共濟，從最普遍的意義上說，實際上表現了一種「原始共產主義精神」。極端惡劣的條件，使人類的需要降到了「生存需要」這一最低層次，在那種時候，人們會本能地互相依存。而當條件稍一變化，人們的私有慾就會故態復萌。他激動地說：「巨大的自然災難，使人類進入原始共產主義狀態，這不是任何意義的進步，而是一種局部時間上的退化！」

我的一位朋友認為：地震的實質在於毀滅，在於拆散，在於破壞的一刹那，用極其殘酷的方式檢驗人類和人生。那時，一切都被靜止了。唐山和唐山人都處在相對靜止的狀態，就像冰凍層，一切都是本來的人的面目的再現。人們只是裸露了自己，因為在災難到來的瞬間他們來不及穿上「衣服」。他們是非理性的，甚至接近了原始狀態，但他們決不是原始人！他們的身上，早已濃縮地積澱了歷史、時代、傳統道德、社會宣傳的諸種因素，這難道不是一種歷史的客觀現實、人類艱難進化着的標誌，而是什麼「退化」麼？

# 政治的一九七六

這是一個令人費解的標題。

因為讀者將看到一個令人費解的篇章。

抹滿了某種強烈的政治色彩──政治的氣候、政治的人、政治的思維方式和行為方式，被政治滲透了的一切。這難道不就是人們記憶猶新的「一九七六」麼？這難道不就是唐山大地震所發生的彷彿是特定的年份──「一九七六」麼？

## ·「中國拒絕外援」

唐山地震發生後，外電立刻報道如下消息：

〔美新處華盛頓 7 月 28 日電〕

白宮新聞發佈會

### 「唐山地震」

蓋茨大使報告說：在北京和天津發生地震以後，在中華人民共和國的所有美國人都安然無恙。蓋茨已原則上表示願意提供中國人所希望提供的任何援助。但他沒有說中國人是否已接受這種表示。

〔路透社聯合國 7 月 29 日電〕

在中國東北部發生地震後，瓦爾德海姆祕書長在給

華國鋒總理的電文中說：這個世界組織準備幫助災區人民為克服這場自然災害的影響而進行的鬥爭。

祕書長在啟程去維也納度假兩週之前不久從日內瓦拍發了電報。他向中國人民表示，他深為痛心和同情。

〔美聯社倫敦 7 月 29 日電〕

外交大臣克羅斯蘭今天在下院宣佈：在唐山發生強烈地震以後，英國已表示願意向中國提供緊急援助和醫藥物資。

克羅斯蘭說，我們準備盡力幫助。他要議員們放心，在這場災害中英國人沒有任何傷亡。

克羅斯蘭說，我們駐北京的大使館已奉命向北京當局提出：我們是否可以提供什麼援助？他說，英國正等待着答覆。

已故的溫斯頓‧邱吉爾勳爵的孫子，在野的保守黨黨員溫斯頓‧邱吉爾建議立即提供援助，包括派一支工兵部隊去幫助重建水的供應。

克羅斯蘭說，過去發生這種災害時，中國政府的態度一向是非常克制的，不希望西方大肆聲張地要提供援助。

〔時事社東京 7 月 30 日電〕

宮澤外相 30 日在內閣會議上報告：對於中國大地

震，我國將採取迅速發出救災物資的方針。這個報告得到了通過。

外務省今天已動手準備發出藥品、衣物、帳篷等物品。外相還指示孝川大使，要他向中國政府轉達：一俟中國方面作好接受的準備，就將發送。

然而我國沒有向任何國家提出求援。

《中國是不是太驕傲了點，以至不願意求助？》──美國《新聞日報》七月三十日所發的社論指出：

關於中國北部地區本週遭到的地震，最令人可怕的事情之一是，中國人民和外界對地震造成的影響了解的如此之少。畢竟這不是在土耳其或危地馬拉偏僻的角落裏發生的事，同美國相比說，大致相當於對一次強烈地震震動了紐約和華盛頓也許還使費城遭受破壞的地震實行實際上的新聞封鎖。儘管如此，中國通訊社報道了人民的生命財產有了很大損失。這使人幾乎不容懷疑，一定需要做出巨大的救災努力。中國決心自己解決它的問題，這種決心不應妨礙它接受美國駐北京聯絡處主任提出的美國提供援助的建議。

非常的八月，斷裂的生活

殘破的建築物上，殘留着革命標語（李耀東攝）

美國《基督教科學箴言報》發表的社論也指出：

「毫無疑問」，中國人希望盡可能地自力更生，這是他們的民族風格。但這是一種宜於進行超越政治的國際合作的情況，希望他們將不感拘束地加以接受……

在上述兩篇社論發表的同日，我國政府明確表示謝絕外援。

〔路透社東京 7 月 30 日電〕

日本共同社自北京報道：中國外交部今天對日本駐中國大使館說，中國謝絕外國因華北東部地震而提供任何援助。日本外相宮澤喜一今天早些時候在內閣例會後召開的記者招待會上說：外務省已問過中國，是否需要諸如帳篷、藥品、衣物之類的任何援助。

共同社報道，中國外交部謝絕日本政府願意提供援助的表示時告訴日本大使說：中國不接受外國包括日本在內的任何援助。共同社引述中國外交部的話說，中國人民正在毛澤東主席和中國共產黨的領導下抗震救災。據該社引述，外交部還說，中國人民決心以自力更生精神克服困難。

《華頓盛郵報》八月五日發表了題為《中國拒絕接受援助的原因是強調自力更生》的署名文章。作者說：

華北大地震的後果令人毫無疑義地證明，中國人認為他們受到的災難是他們自己的事，不用別人管閒事。他們所以持這種態度是由於昔日受過恥辱，由於民族自尊心和恐怕產生依賴思想⋯⋯

一位分析家說，謝絕外援也是「使人們努力幹的一種辦法」。相反，中國官方的《人民日報》最近在一篇社論中說：「自力更生的救災努力說明用馬克思主義、列寧主義、毛澤東思想武裝起來的，經過無產階級文化大革命考驗的人民是不可戰勝的，說明我國無產階級專政的社會主義制度具有極大的優越性。」中國駐聯合國代表團散發了這篇社論。這是一種客氣的做法，委婉地謝絕了聯合國祕書長瓦爾德海姆上星期提出的由聯合國提供的援助。

作者最後寫道：

看來，最堅決地獻身於中國革命的那批人，以一種西方人難以理解的方式，把這場革命看成了一場非常之長的戰爭⋯⋯

「那是我們的失策啊，」遲浩田將軍在接受筆者採訪時深為感慨地談起「拒援」一事。唐山地震時期，他作為北京軍區副政委，是北京軍區抗震救災指揮部的領導成員。

「但那時我們誰意識到了呢？當時中央領導人率領中央慰問團到災區，在我們的帳篷裏，他說：『外國人想來中國，想給援助，我們堂堂中華人民共和國，用不着別人插手，用不着別人支援我們！』我們當時聽了很激動，鼓掌，流淚，也跟着那麼喊。多少年後才知道是幹了大蠢事！自然災害是全人類的災害，我們每年不也都向受災國家提供那麼多的援助麼！」

老軍人那坦誠的話語，使我不禁想起一位著名作家的話。他說，中國人的許多特有的思維方式和行為方式，它的產生，是由於中國長期處於戰爭環境，中國共產黨和它所領導的軍隊長期處於弱小地位，所以人們習慣地把政治熱情和精神力量看得那麼重要……

## ・「一次地震就是一次共產主義教育」

十年前的許多事情，在事後看來卻是不可思議的，甚至連當事人也有這樣的感覺。在當時，處處充滿着「政治熱情」和「精神力量」。筆者保存着三個十年前在唐山所用的筆記本，重新翻閱，恍若隔世，其中許多真實的人和事都變得令人難以置信了。

**筆記摘錄：**

八月十二日，在唐山、豐南一帶的斷壁殘牆上，看到許多用炭水刷的大標語，如：「它震它的，咱幹咱的！」「活下來的拚命幹，建設更美好的新唐山！」「他來一次地震，咱來一次革命！」「人民自有回天力，泰山壓頂腰不彎！」「別看唐山遭了災，大慶紅花照樣開！」

各級幹部向新聞記者介紹情況，通常使用的語言有：「一次地震就是一次共產主義教育！」，「我們以大批判開路，狠批『階級鬥爭熄滅論』、『唯生產力論』、『物質基礎論』，促進了抗震救災……」，「感謝毛主席，感謝解放軍，讓咱們唐山人民吃上了『友誼米』，喝上了『感情水』，穿上了『風格衣』……」

×××從廢墟中鑽出，不救家人，首先搶救生產隊的牲口。

××老大娘被救出時，捧出了她保護着的毛主席石膏像，她問旁人：「毛主席在北京被砸着沒有？」聽說沒有，激動得欲跪下磕頭。

一位工人詩人，纏着繃帶來到一個編輯那裏，當他聽說全市人民抗震救災的情況時，激動地連連感歎：「啊！這都是詩！這都是詩啊！」他不顧妻子兒女遇難留下的悲痛，充滿激情地抓起紙筆，就開始在膝蓋上寫詩。

在震後極短的時間裏，鋼廠煉出了第一爐「抗震

鋼」，煤礦出了第一車「抗震煤」，×× 公司食堂也蒸出了第一屜「抗震饅頭」。

　　× 村在廢墟上召開學習小靳莊賽詩會。

　　× 村在震後三天，政治夜校就恢復開課了……


《解放軍報》記者毛文戎的筆記本上有這樣的一段記載：

　　八月三日，採訪人民體育場抗震學校開學典禮。典禮在體育場內舉行。主席台上懸掛着一副對聯：「抗震救災辦學校，風口浪尖育新人。」兩百多學生席地而坐，革命家長代表、紅小兵代表、貧下中農校外輔導員代表、軍隊代表（某團張副參謀長）先後講話。大家說，抗震學校的開學，「是響應慰問電號召，發揚抗大精神的成果」，「是毛主席革命路線的偉大勝利」！紅小兵們表示：「我們要提高警惕，防止階級敵人破壞，幫助解放軍叔叔站好崗！」

《解放軍報》一九七六年八月二十一日一版，以顯著位置刊登了一篇通訊，題為《一分不差——北京部隊某部一排清理唐山新華中路銀行金庫紀事》。

　　金庫被強烈地震震塌了，裏面埋着現金九十一萬五千一百五十元零九分。

人民財產遭受損失，戰士們十分心疼。……中午時分，他們清出了全部紙幣和七千多元硬幣。經過銀行工作人員清點對帳，只差五元三角九分了。唐山分行領導看到戰士們個個汗流浹背，滿面灰塵，關切地說：「五塊多錢，數目不大，不用再找啦。你們的任務完成得很好。」

「不，我們的任務還差得很遠。」戰士們堅決表示：「別說五元，就是五厘也得扒出來！」

……

又經過三個多鐘頭的過細搜索，只差五分錢了。銀行部門規定，允許金銀數目有百萬分之一的誤差。按理，九十多萬元中，五分錢早在誤差標準之內了。然而，戰士們腦裏的標準卻定得更高。他們每時每刻都在用「完全」、「徹底」的尺子衡量自己。排長于春萌說：「財經工作上允許百萬分之一的誤差，我們為人民服務的思想，卻不允許有一絲一毫的誤差！」

銀行工作人員為戰士們的精神所感動，再次清點數目。又查到三分錢。最後只剩下兩分錢沒找着。他們說：「兩分錢不用找啦。」

但是戰士們勁頭更足，他們在漸濃的夜色裏，撐亮手電尋找。

新戰士張志良爬在內間的小洞裏摸索。他扒開已經不知扒了多少遍的泥土，搬開在牆根的亂磚頭，手指探進磚縫去，觸到了一個硬子兒。他一陣興奮，摳出來用手電

一照，正是一枚兩分的硬幣，已經和泥土同樣顏色了。他拾起來擦了又擦，興奮地喊道：「找着了，在這兒！」

《解放軍報》為這篇報道所加的編者按稱：

> 毛主席曾經高度讚揚遼西戰役中戰士們自覺不拿老百姓一個蘋果的高尚精神。我們人民軍隊，就是要愛護人民的利益，救護階級兄弟捨生忘死，遵守羣眾紀律秋毫無犯，搶救人民財產負責到底。我們要提倡這種精神，發揚這種精神。

精神！那超人的精神，羣體的精神，真真實實存在過而且曾經是無所不在的「精神」，歷史將如何解釋和評價它呢？

> 遲浩田將軍清晰地記着那個「一分不差」的故事，提起那段往事，他的表情顯得沉重。
>
> 「我們的戰士是值得崇敬的！」他說，「只是我們，長期教育他們這麼幹，幹了之後又大力宣傳他們，可事過之後，越想心裏越不是滋味。內疚啊……」
>
> 他為什麼而內疚呢？

一九七六年夏，所有被強化的情感、熱情、理想終於也在大難後的唐山發展到了頂峯。

曾經有人這樣認為：廢墟上的唐山是無淚的唐山。

八月，唐山人所表現出的「堅強」，的確是令人驚訝的。面對着親人的遺體，他們沒有哭聲；他們只是沉默，沉默。熟人相逢，常常是這樣平靜地打着招呼：「哎，你家怎樣？」「還好！就我媽和我姐沒了。你呢？」「我家沒了仨。活着的都還行……」「保重吧。」「保重！」

可是九月呢？

九月九日，毛澤東主席逝世了！

失去了二十四萬父兄姐妹的唐山人，一個多月來第一次聽到了哀樂。唐山在一個多月來第一次爆發出了迴蕩全城的哭聲。

白花。黑紗。花圈。輓幛。是的，是哀悼，是送葬。筆者親眼看見，在當時，幾乎每一座防震棚都在哭聲中戰慄。許多人在痛哭中昏厥在地。唐山工人文化宮的廣場上，僅開一次追悼會，地面被淚水濺濕！

能夠說這是為一個人嗎？

彷彿是積蘊已久。那悲涼的嗚咽，凄楚的啜泣，絕望的嚎啕，被西風挾捲着，升騰，跌落，滾動……彷彿是等待已久。那低迴的致哀曲，那沉重的葬禮進行曲，在窒息了二十四萬生靈的廢墟上流淌，停滯，瀰漫……

人的哭聲！

那哭聲不僅僅是屬於「政治的」了。

第 六 章

# 孤 兒 們

# 3000：不幸的幸存者 [6]

一九七六年九月二十八日，距唐山地震過後整整兩個月的那一天，一輛特別列車駛離唐山車站。當列車在修復不久的京山線上緩慢行駛的時候，天津、北京、保定等地政府已從電話中得到如下消息：「唐山孤兒將經過你市。」

這是震後送往外地的第三批，也是最後一批孤兒。

華北大地震動了。

「7‧28」大地震把三千多個孩子的家庭徹底摧毀，卻留下了他們這些稚嫩的幼苗。這種震動，完全不亞於「7‧28」地震的震級強度，它是直接衝擊千千萬萬人的心靈的，尤其是千千萬萬個母親。

---

6 據南香紅：《唐山 4204 個孤兒》，唐山大地震造成孤兒的準確數據為 4204 名，見《南方人物週刊》2006 年第 18 期。

這些不幸而又萬幸的孩子啊……

突降的災難，首先把中年女幹部王慶珍的命運和那數千名孤兒的命運緊緊牽連在一起。這位前「唐山市知識青年上山下鄉辦公室」主任，在震後第二天被市委副書記張乾召到一個防震棚裏，接受了把全唐山孤兒尋找到、安置好的不尋常的使命。

「這件事就由知青辦負責！」副書記嚴肅地說，「那些孩子，一個也不許餓死，一個也不許凍死！」

這是一段刀刻斧鑿般留在王慶珍心上的經歷。在護送孤兒途中接受筆者採訪時，這性子剛強的女人，眼裏不時閃出淚光。

……三千多沒爹沒媽的孩子啊！光是市區的孤兒，就有一千七百多人……

張書記把任務交給了市知青辦，我們就層層佈置給基層的知青辦。那時知青辦只有一件壓倒一切的大事：找孩子，管孩子！

我坐着一輛破吉普車到處跑。東一個，西一個地把流浪的孩子「收」回來，給他們找吃找穿。那時搶孩子已經成風，全國各地許多沒孩子的父母，都託救災人員到唐山抱孤兒。運輸部門把孩子帶往天津、北京、承德……，遵化縣一支大車隊，一下子就帶走了二十多個娃娃！

那時，多數孩子是被父母單位、鄰居，還有醫療隊和救災

部隊收養着。執行任務的軍車上，常常能看見駕駛樓裏坐着孩子，裏着大軍裝，捧着小蘋果。有的解放軍連隊，平均三個戰士帶一個孩子。我到過一個部隊，看見一個戰士正領着十多個孩子在做遊戲，看小人書……

「你知道，這都是一些多麼懂事的孩子呵！」王慶珍含着淚對我說：

有一家，父母雙亡，留下了五個孩子——四個女孩，一個男孩。對了，姓單，老大叫單苗麗。解放軍收養了他們，把最好的東西給他們吃，把改小了的軍裝給他們穿，還在高坡上給他們蓋了簡易房。孩子們很懂事，他們嘀嘀咕咕商量着，想做點什麼來報答部隊。可他們什麼也沒有啊！

他們想到了家裏的五隻小雞。那是他們姐弟五個用小手從廢墟中扒出來的五隻沒死的小雞。心愛的五隻小活雞呀，嘰嘰叫着，成天不離開姐弟們的腳邊，老大說，解放軍叔叔扒人、蓋房那麼辛苦，咱們熬一鍋雞湯給他們送去吧！弟弟妹妹都贊成。於是，他們真把那五隻小活雞殺了……

戰士們接過了那隻用布包着的小鍋，看着那五隻小小的雞雛，許多人哭了。還能說什麼？孩子們就是那麼懂感情……

那些沒爹沒媽的孩子，在地震後一下子懂了那麼多東西。酸甜苦辣他們都嘗到了，好人壞人他們都看到了。有人把他們當作寶貝捧在手裏，也有沒良心的，見死不救，甚至還想佔孩子的便宜。

可是，不經這些事兒的人怎麼也不會感到，那都是一批

怎樣的孩子呵！勇敢極了，就想掉淚。有個叫冬梅的六歲小姑娘，地震後，家裏只剩下她和九歲的哥哥。其實，她姥姥家還有親戚活着，在郊區農村。那些親戚進城來，不顧救人，只顧扒家裏的財產，撈了油水，扔下孩子就走。我見到小冬梅時，她穿着一身破衣服。她死死拉着我，一遍一遍地對我說：「王姨，我要穿新衣服！我是有新衣裳的，還有花布，媽媽在地震前一晚上給我裁的，還沒顧上縫，都讓他們扒走了，你什麼時候帶我去要回來？」小冬梅的身邊有五條從廢墟中扒出來的爸爸媽媽留下的圍巾，小姑娘像小大人似的，成天愛惜地帶在身邊，不讓人動。她有個表姐想要走圍巾，小冬梅發脾氣了：「你不救我爸，不救我媽，倒想要東西？不給，一條也不給，我就是燒成灰也不給你們！」六歲的孩子呵！有一天，我領着小冬梅到物資組去給她兄妹找衣服，小冬梅拿了一雙大人穿的男式膠鞋，我問：「你拿這做什麼？」她說：「給我哥……」「你哥哪能穿這？」我笑了。「我爸我媽不在了」，六歲的冬梅認真地說，「哥哥的腳長大了，要沒鞋穿怎辦？」

這就是地震留下的孤兒。災害坑苦了他們，使他們承擔了根本不該承擔的東西。要沒這場該死的地震，他們還在媽媽懷裏撒嬌呵……

他們本不該過早地知道人情冷暖，本不該知道那麼多連成人也感到說不清的事。有個孩子，地震時和後媽一起鑽出廢墟，這時父親已死，後媽指使她這兒那兒地扒，結果救出的是後媽親生的孩子，而那幾個與她同母所生的孩子卻悶死在裏

邊。這個孩子勇敢地出走了，她當然也成了我們的孤兒，被我們送往外地⋯⋯

把一部分唐山孤兒送往外地，是省委決定的。唐山亂啊，教育系統損失很大，沒有力量管這麼多孩子，又有瘟疫的危險。

及時地把孩子們送出唐山是太重要了。讓救災單位收養孩子畢竟不是長久之計。孩子們能活下來已經不容易，不能讓他們再有三長兩短、再吃苦，更不能讓他們被那些沒良心的人欺負⋯⋯

唐山火車站。我親眼目睹的情景——

清晨，天有點兒陰。清除廢墟的起重機，已經在火車站廣場的兩側轟轟隆隆地工作，不時吊起一塊塊形狀猙獰的樓板。廣場上人很密，那麼多孩子忽然聚集到一起，四處是尖細的嘰喳聲。送往外地的孤兒在等待出發。

一片藍色。所有的孩子都穿着藍色的衣服，胸前掛着寫上了姓名、年齡、籍貫的白布條。

六歲的小哥哥攙着四歲的小妹妹⋯⋯

五歲的小姐姐吃力地抱着一個小弟弟⋯⋯

不少孩子細細的手腕上有兩隻手錶，顯然那是父母的遺物。有的孩子坐在破行李捲上，守護着家裏僅存的財產。還有許多孩子，脖子上掛着縫紉機頭，那重物壓彎了他們的腰。

我費力地鑽進人羣，來到孩子們中間。他們每個人都揹着一隻鼓鼓囊囊的新書包，裏面裝着各個收養單位送的水果、點心、日用品。一些孩子把這些東西反反覆覆地掏出來，又裝進去。有個男孩拉住我，讓我看他那白色搪瓷杯底部的紅印章。

　　「叔叔，這是一等品！」

　　許許多多唐山人來到廣場為孩子們送行。我看見一個戴礦工帽的小伙子，蹲在地上，正為一個小姑娘梳辮子。他的手十分笨拙，總在顫抖，有時手重了，拽了頭髮，那頭髮黃黃的小姑娘就會咧嘴。我猜想，這小姑娘一定是這位青年礦工的已故師傅的孩子。

　　火車汽笛在響。廣場上傳出一陣陣哨音。孩子們就要出發了。有一位被秋風吹起銀髮的婆婆，深情地望着這些孩子，喃喃自語：「出遠門嘍，出遠門嘍……」


有多少人為唐山孤兒牽腸掛肚啊！外地的人們，就是從唐山孤兒和傷員身上，感受到地震災害有多麼嚴重的。沒有比接待孤兒更容易發動羣眾的了！人心都是肉長的……

王慶珍清晰地記着那一切——

　　石家莊的人對我說過，為了辦育紅學校，市委專門開過兩次常委會，工會、青年團、婦聯、計委、建委、財辦，還有組織部、民政局、教育局，都動員起來了。從來幹什麼事都沒有這麼心齊的。

全市為育紅學校抽調了二百一十二個工作人員，有中學教師、小學教師、炊事員、保育員——因為還有好幾個吃奶的嬰兒。育紅學校校長，專門選了一位唐山人，開灤礦工出身的二中黨支部書記老董，這樣的人對唐山孤兒的感情不是深些嗎？

一批唐山孤兒要來的消息，震動了整個石家莊市。為了建育紅學校，遷了一個幼兒園，有些人接送孩子不便了，可一說是唐山孤兒要來，他們就說：「沒事！我們多繞點路就多繞點路！」第一批孩子是九月八日到石家莊的。任務下達得倉促，六號那天被褥還沒有備齊。市裏把一大批布拉到橋東區，讓街道組織趕製。七號早上，幾百條嶄新的被子、褥子就送到了育紅學校，有汽車拉來的、自行車馱來的、手推車推來的……

還有枕頭！六號那天，有枕套沒枕芯。育紅學校附近一所小學校校長拍着胸脯說：「我包了！」他到自己學校，集合起全校學生，說：「同學們，唐山市的紅小兵後天就要到了，咱們要用實際行動歡迎他們。今天放學，你們一人帶兩個枕皮兒回家，請爸爸媽媽把枕芯灌上，木棉也行，高粱花子也行！」第二天早上，所有上學的小朋友，胳肢窩下都夾着兩個鼓鼓囊囊的新枕頭……

九月八號上午，我們把孩子送往石家莊。一路上，各市的領導人都到車站迎送，送上各種食品。天津送上了罐頭，可車上沒有罐頭刀。孩子們想吃啊！火車司機就通知前方車站，以最快的速度準備了五十多把罐頭刀送上車來！

到石家莊育紅學校時，綠豆粥和炸果子已準備好了，洗澡

水也準備好了。水不冷不燙，不深不淺，據說市委領導專門到澡堂看過，試過，生怕水深淹了孩子。

孩子們洗完澡，服裝廠和百貨公司的售貨員就在那兒等着了，要給他們一個個量衣服鞋子的尺寸。衣服也是連夜趕製的，第二天早上七點，每個孩子的枕頭邊都放了三套新衣服。男孩兒是綠軍裝、白襯衫、藍褲子、懶漢鞋，女孩兒是花格條上衣、白襯衫、藍褲、花裙和偏帶布鞋。女孩兒們還發了紅頭繩和小鏡子。有個男孩兒的新鞋不合腳，可上午就得參加石家莊市的歡迎大會。百貨公司知道了這事，一位老營業員一大早取了鞋，滿頭大汗地蹬着自行車送到會場門口，親手給那孩子換上。

唐山孤兒們坐着大轎車進入會場，嘿，那場面！花環隊、花束隊、腰鼓隊、老人、娃娃……夾道歡迎。路上站了那麼多人，他們都想看看地震後幸存的孩子，看看這些好不容易活下來的小苗苗。一個大肚子上紮着腰帶的老警察，有人說是石家莊市交通大隊的大隊長，親自站在路口指揮車輛，那莊嚴的樣子，像在迎接外國元首。進入會場的大門口，石家莊市的小朋友吹着號在迎接唐山孩子。

唐山孩子留給石家莊人最深刻的印象，就是「堅強」！大地震才一個多月啊。他們好像很能適應環境，在車上，還向歡迎的人們招手。

那是一個叫人動感情的歡迎大會。省市領導致歡迎詞，石家莊的小朋友致歡迎詞，接着是唐山孩子上台致答謝詞。那

是一個十三歲的男孩。他一上台，台下就有人哭了。他卻能控制住自己，一板一眼，講得清清楚楚。只是說到「爸爸媽媽死了。是解放軍叔叔救了我」時，他掏出手絹擦開了眼淚，但卻咬着牙沒哭出聲，停頓了一會兒，又接着講下去。

等到石家莊和唐山兩地的小朋友同台演出的時候，會場上悲傷的氣氛達到了頂點。觀眾哭，在後台的大人也哭，有個唐山孩子叫小芹的，她唱歌天真極了，看着她笑得那麼甜，真叫人受不了。為她伴奏的大人們哭成一片。坐在台下的市委書記，突然冠心病發作，昏倒在地！

唉，都是因為那場災難啊……

## 我和我的小拖拉機手

第三批唐山孤兒送往外地的時候，王慶珍已開始把這項工作向民政局移交。民政局長——我的蔣憶潮叔叔，建議我作為他們的工作人員，參加護送工作。這是我一生中一段非凡的經歷；我從來沒有那麼深地捲入到感情的漩渦中去。那一路的每一公里、每一分鐘都是令人難忘的，然而在這裏，在我十年後提筆追憶那一切時，我只想為一個五歲的孩子勾勒一幅速寫像。為他，我的小拖拉機手……

我已經記不起你的名字了。可是我依然記得你那顆圓圓的大腦袋，眼睛在看人時一眨不眨，厚嘴唇總是微咧着。在唐山孤兒的人羣中，誰都可以從你那憨厚的臉上，看出你是個鄉下

的孩子。

你的家在哪兒？洼里？古冶？我也忘了。因為在大地搖起來的那一刻，你便永遠失去那裏的家了。

你是送往邢台育紅院去的。人們說，石家莊條件好，睡軟枕頭，吃細糧；邢台條件差，睡木枕頭，吃玉米粉，所以，嬌氣些的唐山市區孤兒送往石家莊，能吃苦的郊縣的孤兒就送往邢台。呵，我真為你抱不平，難道你那圓圓的大腦袋，是注定要睡硬枕頭的麼？

汽笛長鳴，列車徐徐開動的時候，我很奇怪：你們這一羣孩子竟然都沒有哭。是因為幼小心靈裏鄉土觀念本來就淡薄？還是因為兩個月來你們已多少習慣了四處為家的生活？你們都撲向窗口，驚訝地看着一排排鑽天楊越來越快地向後閃去，看着田野像一個巨大的黃色圓盤在旋轉，旋轉……

有的孩子邊看邊打開挎包。你們早飯吃得早，這會兒肚子已經有點餓了。一個帶了頭，個個都解挎包帶子，像比賽似的，掏出餅乾、月餅、蛋糕、蘋果。

可是你呢？我一眼看見了你，只有你沒有加入那熱鬧的聚餐。你站在過道上離我不遠的地方，低頭玩着衣扣，腳尖一翹一翹。你的皮膚黑亮亮的，藏青色上衣做得小了些，領口敞開，露出肉鼓鼓的脖子。

我發現，你的挎包是空的。

「喂，你的點心呢？」我問。

你低着頭不說話。

「弄丟了？」

你怯生生地搖了搖頭。

「公社沒給買？」

「怎麼沒買呀！」你對我說，而後又低下頭去，輕聲說，「我全留給姥姥了。」

「姥姥？」

我想起來，蔣局長說過，地震後那些只剩下祖孫二人的家庭，如果老人年邁體弱、無力撫養孫兒，孩子也送往外地。這是殘酷的然而又是不能不如此的骨肉別離。我眼前又出現了在車站廣場見到的那位老婆婆，此時她大約是拄着拐杖，顫巍巍地站在一間「防震棚」前，喃喃地唸着外孫兒的小名兒，向遠方眺望。

「告訴叔叔，姥姥喜歡你嗎？」

你咧嘴笑了，露着一對小虎牙。

「叔叔你看！」你忽然扯開了衣扣，露出穿在裏面的黑色棉背心。棉背心上有個口子，原先似乎是縫着的，現在線已經散了。你在裏面摳了半天，摳出一個小紙捲兒，我定睛一看，是一張人民幣。

「我有一塊錢！」你無比自豪地告訴我，「是姥姥給的！」

你把那紙幣抖開來，在我面前晃着。你笑了，笑得好甜呀。你好像有了最值得誇耀的珍寶，好像能夠擁有一切，最主要的是，你好像覺得自己變成了一個大人，一個頂天立地的大人。你有着一塊錢！你就不再是個孩子了！是的，我知道，這

張人民幣已被你的小手揉皺，似乎你已經無數次把它從棉背心裏摳出來，放在手心撫摸過，在別人眼前像小旗子似的動過。

「收好，別丟了。」我鼻子有些發酸。我給你找來蛋糕，讓你坐在我身邊上吃着。你吃得那麼香，又回到了你五歲的年紀。我不禁想起你那獨自在家思念你的姥姥。於是，我給你講起故事——為的是把你的心從可怖的廢墟帶到寧靜的童話世界中去。《白雪公主》、《假大王》、《過猴山》……你眼睛一眨不眨地盯着我，厚厚的嘴唇半咧着。說着說着，許多孩子圍了上來，我座背後的孩子也從座椅靠背上探出了腦袋。有趣的童話，和車廂中我這身獨一無二的綠色軍裝，對你們大家都是有吸引力的呀。

我又結束了一個故事，你們發出快活的笑聲。這時，列車播音室開始預報站名。你忽然扯了扯我的衣角問：「叔叔，前面到哪個莊兒？」

我笑了：「不是莊，是城，先過天津城，再到北京城。」

一片尖聲的歡呼。聽說「北京」，你從座位上跳起來，拉着我的手說：「叔叔，到北京，你帶我下去玩玩好麼？」

「怎麼不好？好！」

然而我的話說早了。真可惜，列車進北京站時，負責護送的人考慮到孩子們的安全，規定一個也不許下車。你們無限惋惜地把一張張小臉貼在玻璃窗上，看着潮水般的人羣，從一個地道口流進去，從另一個地道口湧出來。

你記得嗎？當你久久地望着北京站巍峨的大廈，你曾木然

地問我：「叔叔，那是華國鋒住的屋吧？」

你記得嗎？列車駛離北京的那一刻，有個女孩子唱起了《我愛北京天安門》。於是我說：「我們大家一起唱，好不好！」隨着一聲興高采烈的「好──」，我身邊飛出了一支支歡快的歌：

> 「小小針線包，
>
> 革命傳家寶……」

> 「我在馬路邊，
>
> 拾到一分錢……」

> 「路邊有顆螺絲帽，
>
> 路邊有顆螺絲帽，螺、絲、帽！……」
>
> ……

你呢？我回頭一看，你的嘴時而張開，時而閉攏，壓根兒沒有出聲兒！你的臉漲紅了，兩眼閃着委屈。

「你怎麼了？」

「他們盡唱我不會的……」

我看得出，你是多麼想唱啊！於是我說：「那就讓大夥兒唱支你會的歌！」

「唱『嘟嘟嘟嘟拖拉機』！」

我一把將你抱上椅子，讓你起音當指揮。你也不怕羞，胸

脯一挺，像個司令官似的。第一次起音起得太高，脖子上的小「蚯蚓」都鼓了起來。你又起第二回。這下起得可以，可是底下沒人會唱。城市孩子沒學過「嘟嘟嘟嘟拖拉機」，他們在發愣。你好沮喪！好像別人在欺負你，你說：「他們會，就會！」

「要不你獨唱一個？」我拍拍你的胖臉蛋，又回頭問大夥兒：「你們歡迎不歡迎？」

「歡迎──」

呵，你又神氣啦。你脖子一揚，放聲高唱：

　　嘟嘟嘟嘟拖拉機，

　　我呀我愛你……

你唱得那麼富有感情，那麼專注，像是忘卻了周圍的世界。唱完，你在一片掌聲中跳下椅子，就像跳下一台履帶拖拉機。

「你長大後，是想開拖拉機耕地吧？」

「不！」你搖搖頭，「我要開拖拉機鏟土！」

「鏟，鏟土？」我愣了愣，方才明白過來，「噢，那不是拖拉機，那是推土機。」

「推土機……」你喃喃着說，「我小叔叔就是開那個的……」

你的眼圈突然紅了。誰都理解那一切的，地震，奪去了我們多少親人的生命，留下的創痛無處不在。而你們的歌聲，你

們的願望，你們的生命力並沒有被奪走。

「讓我們一塊兒唱個『小小竹排』吧！」

這次是我當的指揮。整個車廂的孩子都唱了起來。列車彷彿變成一支綠色的竹排，在青山碧水間漂游。我的心情很不平靜。望着你們那一張張似乎無憂無慮的小臉，我一會兒感到一種透明的天真，一會兒又感到一種奇怪的早熟。我不相信你們是在克制自己，然而也不相信你們會那麼快地淡忘災難。過了多少年之後，你也會帶着深思的神情回憶起那一切的。是的，你會永遠記住廢墟上的軍人，記住列車上我們這些掛着黃色小牌兒的工作人員；你會像別人一樣地說，曾有一雙無形的溫暖的大手，撫摸過你們這一羣孤兒的心。但，這就是一切嗎？嫩綠的小草從岩縫中頑強地探出頭來，那本身的意義，難道不是更應被理解嗎？

我們分手在石家莊車站。那情景是殘酷的。你當時一定很奇怪，那個一路上一直陪伴在身邊的軍人，為什麼突然不見了呢？我的的確確是「溜」走的——因為，有人交待我們，說你們這些失去親人的孩子，一旦和某個大人混熟，就會把他當作難捨難離的親人。所以，當我們要隨去石家莊的孩子出站，而你和幾個小伙伴還要等待換乘去邢台的車時，我們被告知：不要纏綿，快速離開！

那一夜，我睡在石家莊的招待所裏，心裏總在想着你。我知道，你們將在車站等兩三個小時，為了不讓你們睡着、凍壞，石家莊組織了一批大學生，帶着麵包、玩具到月台上去，

孤兒遠行（李耀東攝）

錢鋼和「張家五姐弟」中的四位，左起：張鳳霞，張鳳琪，錢鋼，張學軍，張鳳敏

他們的任務就是哄你們玩，不讓你們睡着。唉，災難使你們經歷了一些什麼樣的怪異的生活！

幾天後，我來到邢台。

參觀育紅院時，我到處尋找着你那墩實的身形，終於，透過一扇窗我發現了你。

寬大的炕上，你正和幾個小伙伴在摔跤。似乎你是贏了，你光着腳，滿頭大汗，叉腰站着，像大人似地在豪爽地笑。那件裝着一塊錢的棉背心，斜擱在木枕頭上。

你發現了我，先是一愣，隨即噗嗵跳下炕，光腳向門口跑。

「不要纏綿，趕快離開！」我又聽到了嚴肅的聲音。

我狠狠心，快步走出「育紅院」大門，和大家一起跳上已經發動的麵包車。這時，遠遠地傳來了你的聲音：「叔叔——叔叔——」

你不難想像出我當時的心情。然而我終於為你高興了。一切都已開始，你，有着一塊錢的孩子，我的小拖拉機手，已經開始了自己的嶄新生活。你站在炕沿上，我覺得你一下子變得好高好大。站住，站穩，可愛的孩子！永遠要樂觀，永遠像這樣生氣勃勃，永遠不要被災難的重負壓倒。記住，你是一個勇敢的人，一個朝氣蓬勃的小拖拉機手……

## 張家五姐弟

唐山孤兒中有三家「五姐弟」，地震後，他們都留在塵土

飛揚的廢墟上。沒有送往外地，是因為他們還能互相照顧，還有一個勉強能稱作「家」的家。

十六歲的張鳳敏，當時就是那樣一個特殊家庭的「家長」。她的家庭成員有：十五歲的大妹張鳳霞，十三歲的二妹張鳳麗，八歲的孿生姐弟張學軍和張鳳琪。

剛從廢墟中鑽出來的那一刻，她根本沒有意識到，她那瘦弱的肩頭已經壓上了一副山一樣的擔子。她呆呆地站着，不知道喊，不知道哭，不知道父母親雙雙死去這件事意味着什麼。看到被人從咽氣的母親懷中找出來的小弟，她的第一反應竟是：怎麼這樣髒！滿頭的灰……一把拉過小弟，四處去找自來水洗頭。直到聽見人喊：「到這會兒還要什麼乾淨！地震啦！哪兒還有水！」鳳敏才木然地停下腳。

不是夢，不是，是真的。爸爸媽媽的屍體就在路邊躺着，他們好像睡着了一樣地離去了。他們一句話也沒留下，一句也沒有……

一個溫暖的家庭被砸碎了。父母全是開灤職工，父親張子義還是唐山礦的行政科長。一個小康之家，父母對孩子有着一片溫情。為什麼被砸碎的偏偏是這樣一個家庭？為什麼老天獨獨選中了一個嬌弱的少女來承擔那千斤重擔呢？

弟弟妹妹們站在張鳳敏的身後，他們眼巴巴地望着大姐，十六歲的姐姐也在眼巴巴地望着他們。

瘦小的大妹鳳霞，她過去總愛無憂無慮地說笑，今後還有

誰能給她歡樂呢？小臉兒黃黃的二妹鳳麗，過去總愛拉着媽媽的衣角，忸怩，撒嬌，她還是個「藥罐子」，弱不禁風，今後她要是病倒了該怎麼辦呢？小妹鳳琪，還是個十足的小娃娃，剛上小學一年級，她不愛言語，過去只有媽媽知道她的心思，可今後呢？……

最叫人揪心的是小弟。張家生了這麼些個姑娘，為的就是等他這個寶貝小子。張鳳霞還記得，小弟小妹在鄉下老家出生時，先問世的是小妹。當時父親正在外屋焦急地走來走去，一聽說生的又是女兒，他氣得一甩手就要往門外走。只聽大夫叫：「別走別走！還有一個——是個兒子！」父親哈哈大笑，摟着鳳霞跑到村裏大喊大嚷，架大鍋，搬大桌，擺酒請客，燃鞭放炮，恨不得把全村人請到屋裏來……這就是小弟的生活基調：討喜，受寵，被視若掌上明珠，因而他是全家最嬌的一個孩子。他在家裏和父親一起享受「男人待遇」，飯桌上，母親和女兒們吃一樣菜，他和父親吃另一樣菜——能常常吃到牛肉、西紅柿炒雞蛋，還能喝上一口酒。他是個「小皇帝」，可現在，他那小小的宮殿還剩下了什麼呢？只有一片廢墟，一片廢墟啊……

和多數唐山孤兒一樣，最後，張家五姐弟得到了街道鄰居和救災部隊的關心和幫助。他們穿上了救濟衣裳，吃上了救濟糧食，住上了部隊給蓋的簡易房。天涼了，部隊戰士給醃了滿滿一缸鹹菜；暴風雨之夜，一位師長親自下令派人來為他們加固屋頂。軍隊的新聞幹事趕來了，拍照，寫稿，要把五姐弟在

震後的「幸福生活」登到報上去。

巨大的災難，真能這樣輕易地被「幸福」所替代麼？

再不完整，再弱小，這也是一個家庭。地震後，感情變得粗糙、生活節奏變得匆忙的人們，他們注意不到隱藏在這個小小家庭深處的、那些微乎其微卻又無比沉重的困難，注意不到幾個孩子支撐一個家庭的艱辛。

當大姐鳳敏第一次生爐子，熏得淚流滿面、嗆得咳嗽不止的時候；當老二鳳霞為給姐弟們領一份幼兒食品（雞蛋卷），而去和有的大人爭吵的時候；當幾個姑娘為縫一牀褥子而發愁，一連折斷了四根大針還把手指扎破的時候，人們能夠體會她們的苦澀麼？人們能夠聽到幾根支撐不住屋頂的纖細的小柱子，所發出的「咔咔」的斷裂聲麼？

「姐！我不吃你烙的餅！」小弟把一塊烙糊了的餅狠狠摔在滿面煙灰的鳳敏面前，「我要吃媽媽烙的那種兩面黃嘎嘎的餅！」

「姐不會烙……」

「那我就不吃飯！」

「你走吧，」鳳敏生氣了，「哪家烙的餅好，你到哪家吃去！」

八歲的小弟果真捆了一捲衣服走了，在外面流浪了兩天才回來。

「姐！給我買個小收音機！」他在街頭看見剛剛恢復售貨的小攤子上，正在出售從廢墟中扒出來的還黏着泥土的「半導

體」。

「姐沒錢⋯⋯」

「你有，從媽媽的抽屜裏扒出來的！」

「這點錢⋯⋯唉，咱們以後怎麼活呀？」

鳳敏磨破了嘴皮，才使弟弟相信那些收音機是砸壞了的，是從死屍身邊扒來的。她給弟弟找來小人書、破破爛爛的玩具，還拿出解放軍送的花尼龍襪，親手給他穿上。

小弟笑了。災難並沒有改變他的心靈，他還是那個「小皇帝」，要吃得可口，穿得漂亮。鳳敏怎麼會想到呢？小弟穿上了花尼龍襪和那件他最喜愛的黃格子上衣，就再也不肯脫掉；沾滿了泥巴，蹭上了煤灰，也決不讓姐姐去洗。而鳳敏最怕弟妹穿得邋邋遢遢出去惹人閒話，說沒娘的孩子就是髒⋯⋯

「我不換！就不換！那藍衣服醜！那線襪子硌腳！」小弟在炕上哭鬧。

鳳敏無可奈何，只得趁弟弟熟睡的時候，把他的衣服一件件洗淨，又一件件烤乾。

她度過多少個這樣的不眠之夜？風在撲打窗紙，火光在淚汪汪的眼中閃爍。炕上，弟弟妹妹發出輕微的鼾聲⋯⋯她累極了。她覺得自己就要栽倒了。爸爸呀！媽媽呀！此時此刻，你們能知道女兒的辛酸麼？我們活得多麼不容易，多不容易啊！這一條坑坑窪窪的漫長的路，我們能走到底嗎？這樣的日子，究竟又有多少意思？絕望的時候，張鳳敏甚至閃過這樣的念頭：找一包藥，下到飯鍋裏，姐兒五個一同死去算了⋯⋯

這天，當小弟又在為雞毛蒜皮的小事「無理取鬧」時，鳳敏忍無可忍地打了他兩個嘴巴。

小弟弟捂着臉，驚奇地瞪大眼睛望着姐姐，這一生，他還沒有挨過打呢。他不解，他委屈。突然，他帶着哭聲，淒厲地喊道：「媽媽……」

這聲音，頓時像一把鋒利的刀，刺穿了小姐姐們的心。她們一起撲向弟弟，緊緊地抱成一團，在炕上號啕大哭。為小弟，也為自己。

……也許這個新的家庭的奠基，正是在這哭聲中開始的。變了。在生活的磨難面前，不知不覺地，每個孩子都變了……

鳳霞成了大姐最好的幫手，她頭腦清楚，家裏的柴米油鹽，鍋碗瓢勺，常由她一手統管。她不再愛笑，她總在沉思。

鳳麗的嬌氣也不見了。地震後她斷了藥，卻也奇怪地斷了病根。「姐，爸媽都不在了，我不撒嬌了。」她為大姐分憂，精心照看着小弟。

小弟的變化同樣是令人吃驚的。有一天，他突然雙手沾泥地跑回家來，報告鳳敏：「姐！我把分的蘿蔔領回來了！」

不再是那個不懂事的小弟弟了。家裏唯一的「男子漢」呵。姐姐們說不清是喜還是憂。小弟長大了，這個家似乎也更有希望了。

在這段日子裏，所有的人似乎都忘記了像小貓一樣縮在屋角的鳳琪。在這個家庭中，她的地位是特殊的。和她的孿生兄

弟一樣，她也才八歲啊！然而她從來不是大家關注的中心，她也是個「姐姐」。她自己把自己放在一個個懂事的姐姐下面，又放在一個似乎比她小得多的小弟的上面。

「鳳琪！今天你怎麼總喝水？」

「我渴……」

「你臉色不對！」

「我，我不好受……」

鳳霞一摸她的腦袋：火爐似的！這小妹，有了病，怕姐姐為難，整整瞞了一天，只是守在水缸邊不停地在那兒喝涼水啊……

病剛起，鳳琪又去幫姐姐們幹活。她揉麵，兩隻小手像細麻稈似地插進麵團，好像一使勁就會折斷。她刷碗，傷口還未癒合的十指浸在涼水裏，疼得直抽涼氣。可是當姐姐走來時，她反要做出若無其事的樣子，細聲弱氣地安慰姐姐：「姐姐，我會幹，將來你們都去上班，我來看家……」

家！這就是大地震後重新崛起的一個小小的家！幾株柔弱的小草在廢墟中生存着，幾顆稚嫩的心在災難中成熟着。長輩人沒有留下一句叮嚀囑咐就匆匆離去了。可他們留下了的那一點無形的什麼，正使一代孩子們比他們的父輩們更頑強地活着。多麼珍貴而令人深思的遺傳啊……

唐山的街頭上，出現了五姐弟的身影。一輛裝滿煤塊的架子車，鳳敏拉，四個弟妹推。和那沉重的大車相比，孩子們顯得多麼弱小啊！車輪在坎坷不平的路上艱難滾動。地面上，伴

隨着一雙雙小小腳印的，是他們滴下的汗水。上坡時，他們常常累得支撐不住，只得抱來石塊，墊在車輪上，把車架在半坡上，坐在地上喘一口氣。下坡時，五姐弟因力量小，常常把不住車，只得一齊尖聲呼叫着衝下去，讓行人躲避。逢到車輪不幸陷進坑裏，他們又齊聲喊起了號子，那中間，小弟的聲音越來越響……

救災部隊撤離時，為了減輕家庭的負擔，把大姐鳳敏帶走去當兵了。鳳敏不讓弟妹們去車站送行，可是，當她跨進候車室前回頭一瞥時，她發現，弟妹們全躲在不遠的一個商店的棚子裏，一雙雙淚汪汪的眼睛從門簾縫裏偷偷望她！她的眼淚撲簌簌往下落，耳邊又響起大妹鳳霞說過的話：「姐，你放心去，我會把他們帶大的……」


他們都大了。

唐山地震九年後，一九八五年春節，我看到的張鳳敏是個模樣俊秀的退伍女戰士。正等待分配工作。張鳳霞是個潑潑辣辣的汽車修理工，她對我說：「你看我額頭上的皺紋！我像比姐姐老了七八歲！嗨，這些年呐……」老三張鳳麗是開灤礬土礦的工人，很難想像，這個昔日的「藥罐子」，如今騎車幾十公里上班下班。小妹鳳琪也做工了，她如今是家裏打扮得最俏的姑娘，當年那個不聲不響的「醜小鴨」早已不見了。那天晚上我進門時，她正要出去參加舞會。那個唯一的男子漢張學軍呢？噢，聽説已經

成了一個年輕軍人，而且「感情挺深沉的」呢⋯⋯

這個家庭最大的變化，在於我看到了兩個小伙子——鳳敏和鳳霞的男朋友。

我好像一下子看到，這個家庭真的長大了。真正是家庭了，也將會有新的父親、母親和新一代人。

生生不息！

古往今來，還有什麼力量比生的力量更頑強的呢？

第 七 章
# 大震前後的國家地震局

# 「餓死他們！」「疼死他們！」「槍斃他們！」

在那些炎熱、壓抑、動盪不寧的日子裏，唐山廢墟上常常可以看到這樣一些人：他們負罪似地低着頭，疲憊、憔悴、痛苦；腳上的翻毛皮鞋灌了鉛一般，滯重地、緩慢地、機械地踩在殘磚碎瓦之上；緘默無語的臉孔上積滿灰土，顏色沉重。他們很少與人交談，即使開口，聲調也是低低的，對於毀滅和死亡的理性反應，似乎正被一股更有力的情緒有意識地壓抑着。此刻，只有極熟悉他們並理解他們的人，才能從他們充血的眼睛裏知道，創傷和震動猶如另一座廢墟，正死死壓在他們心上。

他們沒日沒夜走着，看着，工作着。

圖紙、捲尺、標杆。

工作服上的標記：「地球物理所」、「地質所」……

再看去，人們從儀器上發現了刺眼的字樣：國家地震局！

是他們！

此刻，在這塊九百六十萬平方公里的土地上，再沒有一個專有名詞，會像「地震局」般在這裏遭到如此的詛咒和痛罵。唐山人的滿腔怨憤，猶如一座火山爆發，沸騰着的岩漿，從這一個宣泄口中不可遏制地噴射出來。

失職。瀆職。

二十四萬冤死的生靈。

成千上萬的傷殘者和孤兒。

仇恨與憤怒一起，死命地擠向那一個小小的宣泄口。唐山人圍住了那些「地球物理」工作者、「地質」工作者，他們要向這些「吃地震飯的人」討還失去的一切。

地震工作者們永遠也不會忘記那些刻骨銘心的日子：一雙雙逼視着的灼人的眼睛；一具具表情各異的死難者的屍體；那些孩子……都在他們心頭留下了抹不去的烙痕。

然而，還有着的，便是那強咽下去的深深的委屈。

雨點般飛來的石塊。舉着扁擔追來的大漢。髒話。唾沫。……他們的汽車被砸了。他們的儀器被扔了。人們拒絕回答他們的調查，反而要他們回答自己的質問。就連為地震工作者開車的司機，也會受到憤怒的質問。

餓極了的地震工作者，站在領救濟糧的長長的隊伍裏。

「哪個單位的？」

「……地震局的……」

「請走吧，沒你們的糧食。」

「為什麼？」

「啊！你們還要吃飯吶？沒你們的！」

……

累極了的一位女地震工作者，野外考察歸來路上，攔住了一輛軍車。司機是個年輕的士兵，他起初和氣地請她上車，一路還說着話，可是當她暴露了自己的身份時，卡車突然剎住了。

「你下去！……下去 !!!」

重重的關門聲。足以把女人的心震碎的關門聲。汽車憤怒地吼叫着。這是一輛灑過傷者鮮血的車麼？這是一輛躺過遇難者遺體的車麼？車吼叫着遠去，甩下一個在荒野裏啜泣的女人。

苦澀的淚水。多少地震工作者，在唐山廢墟上流過這種委屈無告的淚水。他們能說什麼？他們也是人，也是活生生的人。他們知道什麼叫做羞辱，知道什麼叫做飢渴；他們甚至同樣地體驗過，什麼叫做被房樑砸斷筋骨、被碎瓦割開肌膚的滋味兒。

唐山市地震台的分析預報組組長劉占武，地震時肱骨骨折。他在機場的死屍堆中整整躺了三天，裹着一條被雨水淋透的被子，疼得說不出一句話。第三天，他掙扎着起來，讓人架着來到一個軍隊醫療隊，排在長長的傷員隊伍中。

「同志，你是哪個單位的？」大夫問。

「我，我是唐山地震台的⋯⋯」

彷彿一顆火星引爆了一堆炸藥，傷員羣裏發生了一陣騷動。

「大夫！別給他治！」

「他們還有臉活着！這些吃乾飯的傢伙！」

「疼死他們！」

「地震怎麼沒把他們震死！」

「別給他治！別給他治！」

能走的，拄着棍子圍上來；不能動的，躺在地上揮着拳頭。人們怒不可遏：地震奪去了他們的親人，奪去了他們的胳膊、腿，或者是眼睛⋯⋯他們能向誰去哭訴申冤呢？一位老醫生擋住了憤怒的傷員，他說：「這是科學問題，怪不得做具體工作的人，他傷得這麼重，我們不能見死不救⋯⋯」他把劉占武扶進手術帳篷。然而，做完手術後，他也忍不住了：「同志，你們為什麼沒有預報？唐山死了那麼多人，慘吶！⋯⋯你們真的一點兒動靜都沒有發覺？」

劉占武淚流滿面。他能說什麼呢！

唐山人有權利，也有足夠的理由傾瀉他們的憤怒。地震工作是人命關天的工作，人民是把安危託付給地震工作者的。曾幾何時，他們不也成功地預報過大地震、救過千千萬萬人的性命麼？唐山廢墟的一些斷牆上，還留着糊牆的舊報紙。一九七五年，遼寧海城，一次七點三級的地震被預報，成為轟動世界的奇跡，「這是毛主席革命路線的偉大勝利」，「這是對

反動的『天命觀』和『地震不可知論』的有力批判」。可如今，一切又顛倒了。沒有預報。突如其來的災難。過去對地震工作者的那種篤信，一夜間變成了仇視。唐山人把那些舊報紙狠狠扯下來，撕得粉碎，扔在瓦礫堆上。瓦礫在嘲弄着宣傳。受難者要尋找罪魁在哪裏。他們付出的代價太慘重了，他們難道不能追尋一下悲劇的根源，難道不能對維繫他們人身安全的國家地震預報部門發出一聲悲愴的質問麼？

唐山人並不是從未聽見過「地震」這個詞兒。從一九七四年六月二十九日國務院批轉中國科學院關於華北及渤海地區地震形勢的報告正式下達後開始，這個城市就曾多次進行防震演習。幾乎每家每戶的桌上，都放着一個倒立的酒瓶，據說酒瓶一倒就是地震，就要往外跑。有嬰兒的家庭，把奶粉、奶瓶都放在離門極近的地方，以備逃離時隨手帶走。孩子稍大些的，父母就在他們的衣服夾層中縫進一些錢，這無疑是做了「萬一他們失去爹媽」的準備……唐山人由此認定，對唐山會發生地震，國家心裏是有底的。可是為什麼在大震臨震之前卻未吭一聲呢？震後在唐山有一個近乎家喻戶曉的傳聞，說是搞業餘地震預報的一位中學生都曾發出過「七月底有大地震」的警報，可是為什麼國家地震局沒有理睬？唐山人只能找到一個解釋：開灤煤礦關係到全國的經濟，國家害怕礦工們因為防震而不下井不出煤。不是也確有過那樣的流傳——誰要是散佈地震消息，煽動煤礦停工，那就是「現行反革命」麼？

在「7·28」之後的幾個月中，地震工作者的形象真是低

劣透了。不僅僅是唐山人，還有天津人、北京人，甚至全國的人都在詛咒他們。「7‧28」大震他們未能預報，就連唐山地震的強餘震預報水平也不高。

在北京，天安門廣場上、寬闊的長安街兩側、所有公園的草坪、體育場，以及一切空地上林立着防震棚。不要小看，這就是大自然的指揮權在發生作用。在那些日子裏，「恐地震症」蔓延全國，各省地震局也頻頻發出地震預報，當時，全國有十七個省（市）的四億人露宿戶外，甚至連香港人都惶惶不安。人們尚無能力建造如此巨大的防震棚，中國在秋風秋雨中打着寒戰。

一切都準備好了，地震卻沒有發生。大自然的玩笑似乎開得過頭了。

一封封憤怒已極的人民來信，飛向國務院，飛向國家地震局。人民要求法辦瀆職者，要求槍斃國家地震局局長。

這就是一九七六年爆發在人們內心中的久久難以平息的震波。

這一切究竟是怎樣發生的？

是誰，必須對這一切負責？

「吃地震飯的」到底是一些什麼樣的人？

歷史同樣要求中國地震界作出回答。


一九八六年早春，當我坐在原國家地震局局長劉英勇的會客廳裏時，我的面前，是一位年過七旬的老人。稀疏

的白髮，深度近視眼鏡。有一隻眼睛似乎已近失明，另一隻眼睛打量着我，顯得很費力。他的身體深深地埋在沙發裏，像一塊正在風化中的岩石。他的手心轉着兩隻「健身球」，小廳裏自始至終有着鋼球磨擦時的機械、單調的聲響。

「十年啦……」老人閉目長歎。

他告訴我，十年來，他天天夜裏要吞服三片「安定」才能成眠。

# 「7·28」在國家地震局

位於北京三里河中國科學院院內的中華人民共和國國家地震局所在的辦公樓，七月二十八日凌晨三時四十二分，和全北京所有的建築物一樣，發生了猛烈的搖撼。辦公桌上的茶杯落在地，摔得粉碎；窗戶的碎玻璃也如冰雹飛落，「嘩啦啦」響聲一片。樓道裏迴蕩着「嗡嗡」的人的聲響。地震之魔在襲擊這個世界的同時，也沒有忘記小小地捉弄一下它的老對手。

局長劉英勇被驚醒了。他家廚房的煤氣爐被震翻在地。慌亂中，他披了件外衣，趿拉着鞋，就往宿舍樓下奔。他住在離辦公樓不遠的一座四層樓上，他以從未有過的速度直奔辦公室。

「震中呢？震中在哪裏？！」

他喊出的第一句話，和所有前來詢問的人的第一句話一

樣。

　　當時在值班室的高旭報告：北京附近幾個地震台的測震儀，有的被震翻，有的記錄出格。外地台的報告尚未收到。

　　當時中國大陸有十幾個地震台構成測震基本台網，每次地震的震級都是根據各台給出的震級數平均後確定的。

　　四時三十分，蘭州、南京、昆明等十個台報來測震數據，其中給出震級的僅六個台，有的定八級以上，有的定七級以下，懸殊甚大。至於震中，大都只能確定在「北京附近」。

　　震中還是不明。

　　詢問震中和震級的電話鈴此起彼落！

　　中央軍委副主席葉劍英辦公室來電話了解：什麼地方發生地震？震級多大？人員傷亡情況如何？

　　震級可能七到八級，「震中離北京大概不會超過二百公里……」高旭只能作這種回答。

　　電話裏又傳出中共中央一位副主席的聲音：「叫你們局長！……」

　　劉英勇焦急萬分。這位老紅軍出身的幹部，此時完全被震懵了。他只能一遍又一遍地對專業人員們說：「別慌，別慌……你們只管工作，殺頭坐牢的事我去，我去……」

　　「震中究竟在哪裏？」

　　「7‧28」凌晨，國家地震局的各個角落都迴蕩着這個聲音。電話鈴聲急促不斷，交換台的紅綠燈眨着眼似地閃爍。長途台、市內台紛紛呼叫國家地震局。全中國都在詢問震中，全

中國都在尋找震中。

沒辦法。慌亂的辦事機構，落後的通訊反饋系統。強震發生整整一個小時了，國家地震局還不知道震中在哪兒。

僅僅相距一百五十多公里。

五點整，國家地震局做出決定，地震地質大隊、地球物理研究所、北京市地震隊和國家地震局機關，兵分四路，立即開赴東西南北四個方向，在二百公里範圍內尋找震中。

對於任何一個有自尊心、有事業心的中國地震科學工作者來說，這一決定無疑是刺痛心靈的。早在公元一百三十二年，東漢時期的張衡就研製出了人類歷史上的第一台地震儀器，他的「候風地動儀」能夠檢測出地震方向。而在一千八百多年之後的今天，面對儀器記錄出格等意外的困難，人們卻不得不用如此原始的辦法去尋找震中。


國家地震局副局長張魁三和計劃處長高文學帶隊驅車向東，朝通縣、香河一帶急馳而去。

那一天的情景是慘痛的，高文學事後告訴筆者：那天清晨，汽車經過長安街時，透過車窗，看見街上到處是人，身穿汗衫、短褲，披着毯子，驚慌失措。北京飯店的外國人和小胡同中奔出的中國居民擠在一起，他們都被這沒有預報的災變震懾住了。這一刻，沒有任何人能向他們解釋眼前發生的一切，更沒有人能擔保他們的安全。

高文學不敢看路邊那些人的眼睛。當年他在清華大學、

地質學院以及蘇聯列寧格勒大學攻讀地質專業的時候，不是沒有接觸過世界上那些著名大地震的史料。然而，那些震例、數據都沒能像今天這樣使他的心受到如此強烈的衝擊。自然的災難。人類的災難。他看見了一個不安的世界，看到了一顆顆戰慄的心。一個自然科學家對人類擔負的責任是如此重大，他從未像今天這樣深切地感受過。

震中究竟在哪裏？通縣？不像。房屋是倒塌了一些，可是並不厲害。香河？也不像。雖然已經看見了頭破血流的傷員，可老鄉說：「東邊還厲害！」

吉普車繼續自西向東，沿着既定路線尋找。軍人出身的副局長張魁三罵罵咧咧。這個當年的軍隊老政工幹部，此時正在幹一個偵察排長幹的事。他急，他火。可是他也不知道該罵誰。

道路上出現了裂縫。三河縣！三河的破壞至少達到了烈度七度。也許這裏就是震中？向北京報告，電話又打不通。張魁三和高文學急得跺腳！國家地震局連個電台都沒有，可他們從事的卻又是人命關天的工作。

終於與北京取得了聯繫。這一刻，他們才得到了確實的消息，值班員告之：震中不在三河，在唐山。

（確定唐山是震中的消息，是電信局系統首先報告的。因為在與各地聯絡的過程中，唯獨發現唐山地區打不通電話。幾乎同時，尋找震中的地震地質大隊的人，在薊縣遇到了赴京報警的李玉林一行，他們也報回了「唐山全平了」的消息。當時

約六點多鐘，即地震發生後兩個半小時。）

當日十時許，那輛裹滿塵土的吉普車風馳電掣般地駛進唐山市區。當懸掛在危樓上的死屍和整片廢墟出現在眼前時，高文學和張魁三禁不住失聲痛哭。

當震中基本確定的時候，國家地震局根據不完全的各台站報告匯總，初步確定震級為 7.5 級。新華社在第一條消息中公佈的即這一震級。事實上時隔不久，各台站都報告震測結果後，「7.8 級」，這一經過核準的震級數據已產生。但是人們顧不上去更正了。北京正一片混亂。

國家地震局局長劉英勇被召進中南海彙報。

隨同前去的專業人員是局分析預報室京津組組長汪成民。

「小汪，地震就發生在我們眼皮底下，我們的責任是推不掉的，推不掉的⋯⋯」

劉英勇，這位行伍出身的老幹部，理所當然地將科學的失誤和戰場的失敗等同相視，把自己和軍事法庭聯繫在一起。

「這次地震，你們事先是否知道？」

中南海。政治局委員們的目光逼視着劉英勇。

「我們，我們注意過京津唐地區⋯⋯七月十五日還在唐山開過羣測羣防會⋯⋯當時沒有發現五級以上地震的可能性，國務院規定五級以上才能報⋯⋯」劉英勇語無倫次，他反反覆覆地檢討，他請求處分，他說已經派人到震中區去了，他自己也準備立刻去現場監視震情⋯⋯

「不！現在的問題是要確保北京！」一位政治局委員說，

「你必須留在地震局，晝夜值班，隨叫隨到！」

會議的中心轉到了確保北京的問題上。這一會兒，最高決策者們似乎還無暇追究唐山地震未能預報的責任。

當日下午，國家地震局分析預報室京津組組長汪成民驅車趕往唐山。

這個五十年代的留蘇生，在車上始終保持沉默。不是睏倦，而是難以說清的鬱悶。車外雨濛濛一片，到處是淋得濕透的避難者，孩子哭、老人叫、男人們在罵娘。雨刮器吃力地劃動着，把大災難的畫幅一會兒揭開，一會兒遮上。

他能說什麼呢？中國地震界內部關於北京一帶會否發生強烈地震的所有爭論和重重矛盾，他都知道。那一切是多麼紛繁複雜！

越往前方去，災情越重，他甚至可以想像得出，遍地的災民們如果知道這輛麵包車上坐着的就是分管京、津、唐地區地震預報的組長，他們將會怎樣蜂湧而上。什麼難以預料的事都可能發生。如果那樣，他將怎樣回答人們的質問？去大聲申辯「唐山地震是沒法預報的」？不。這不是真正事態的全部。「7.28」之前的幾個月，他們的目光是在密切地注視着京津唐一帶，可是……

「十年了……」汪成民喟然長歎。從十年前的邢台地震開始，地震工作者有哪一天放鬆過對華北、特別是對京津唐地區的監視？這一地區，是全國範圍內地震專業隊伍最多、觀察網點最為密集的地區。地震工作者們早就預感到華北大地下面

潛藏着一個巨大的惡魔，他們緊緊盯了它十年，追了它十年，一九七六年眼看就可能抓住它的尾巴，它卻再一次狡猾地溜過了人們的監視，蓄謀已久、而又從從容容地在唐山製造了這一場慘絕人寰的浩劫。

麵包車顛簸起來。

夜色中的唐山。瓦礫。死屍。無表情的呆傻的人。

他難受。一種無從訴說的難受。一種難以解釋的難受。他敢說，他自己和許許多多獻身於地震預報工作的同事們決不是罪人，可是現在，他們的身上分明已經揹上了深重的罪孽。他能說什麼呢？

麵包車停下了，去機場的路還沒找到，車就被人截在道旁。

「快！給我們把傷員拉到醫院去！」

「同志，對不起，」汪成民跳下車，「我們是北京來的，車上帶着儀器，我們要盡快找到指揮部……」

「什麼指揮部?! 救人要緊！」

「我們不知哪兒有醫院，哪兒有大夫……」

「他媽的，你拉不拉？」黑暗中說話的大漢居然有一支手槍，「不拉，我就開槍了！」

七月二十八日的夜晚，國家地震局派往唐山監視震情的裝有儀器的麵包車，就這樣，拉上了一個、兩個……直至滿滿一車傷員，在無路的廢墟上顛來顛去，徒勞地尋找醫院。汪成民和那些奄奄一息的傷員擠在一堆，耳邊滿是呻吟，衣服染

上了血跡。他忽然覺得，自己在這種時候還活着，還完好地活着，這本身就是巨大的痛苦和悲哀。面對殷紅的鮮血，他能說什麼呢？他能說什麼啊？！

汪成民到達指揮部後，通過電話向國家地震局正式提出：「請立刻封存所有歷史資料，以備審查。」

我坐在國家地震局的檔案室裏，面前是一大堆一大堆在保險櫃裏沉睡了多年的資料：中共中央文件、國務院文件、請示報告、會議發言⋯⋯發黃的紙頁。帶有「文革」味兒的文字。除枯燥的數字之外，還有一些當年的豪言壯語之類。然而，就在這掀動紙張的單調的聲響中，我被激動了，我嗅到了歷史的氣息。

儘管是在那個畸形的時代，是在那個所有人似乎都變了一副模樣的時代，巨大的星球仍在依然故我地轉動。而我們成千上萬的科學工作者，那些忍辱負重的中國知識分子，仍在工作。那一堆堆發黃的紙頁中，無不閃耀着一顆顆艱辛地探索着的心。

應當把這一段歷史留給後代。

## 備忘錄（一）

如果人們發現，在唐山地震一兩年前，甚至早在邢台地震之後，有關地震的許多文件中便已多次提到過「唐山」這個

地名，那麼，對國家地震局的簡單的怨憤，也許會變成深沉的疑問：中國的地震預報在世界上並不落後，那末最終未能預報「7‧28」大震的癥結何在？

也許一切都應追溯到邢台地震。

邢台地震標誌着中國大陸地震活動一個「高潮幕」的開始。此前的一二十年間，除人煙稀少的西藏察隅在一九五〇年八月十五日發生過一次八點五級地震和西藏當雄一九五一年十一月十八日發生八級地震外，中國大陸，特別是東部，總的說是平靜的。中華人民共和國建國初期，總共只有三位地震科學家：北京鷲峯測震台創辦人李善邦先生、當代中國地震學權威傅承義先生和中國地球物理事業開拓者顧功敍先生。他們或是搞測震和地球物理研究，或是通過研究地震波來探索地球內部奧祕。那時沒有地震預報工作——在平靜的日子裏，人們會把警鈴的職能忽略。五十年代中期，蘇聯援建一百五十六項工程，在選址時需要考察歷史上發生地震的情況，與長期地震預報有關的烈度鑒定工作於是才開始上馬，當時人們的眼睛還只是盯着歷史。直到邢台地震發生，人們才被地震的現實危險性驚醒了。

一九六六年三月八日，邢台發生六點八級強烈地震後，在周恩來總理指示下，一大批從事地質學、地球物理學研究的科學工作者和大學生趕赴災區。在前所未見的慘不忍睹的廢墟、屍體、鮮血面前，他們第一次強烈感受到，一次未能預報的地震是怎樣危及千千萬萬人，甚至搖撼了一個國家。國務院總理

周恩來乘坐直升機趕到邢台。當他站在一個木箱上，向災民們發表講話，勉勵他們重建家園、戰勝災害之後，神情嚴峻地來到科學工作者中間。

周恩來說，「這次地震，代價極大，必須找出規律，總結經驗」，「希望在你們這一代能解決地震預報問題」。他交給他們的任務是：「要為保衛大城市、大水庫、電力樞紐、鐵路幹線做出貢獻。」

地震預報工作就在邢台匆匆上馬。一切都是那樣簡單幼稚：科學工作者們到各個村子裏，廣泛搜集地震前兆，從動物異常、有感小震直到井水變化……像尋找仙草神藥似的尋找「預報方法」。「方法」二字成了口頭禪，連炊事員賣飯時都要問一問：「同志！找到方法了沒有？」

三月二十二日，邢台再次發生七點二級強烈地震，四天之後，三月二十六日，奇跡出現了。彷彿冥冥中有個神靈被這羣人的虔誠所打動，它竟慷慨地真把大地的祕密透露出來了。在災區的科學工作者感到有一連串的小震，小車司機報告說在路上壓死了亂竄的老鼠……。當小震平靜時，人們根據剛剛總結出的「方法」——「小震密集→平靜→大震」，感到有可能發生強餘震。晚上八點多鐘，收音機又受到奇怪的干擾。科學工作者們下決心發佈「預報」。可當時他們連通過什麼渠道發佈都不知道：是要寫報告呢？還是拍電報？他們中的朱傳鎮抓起電話向上級報告，話沒說完，二十三時十九分，六級餘震發生了！

不管怎樣說，這是中國地震工作者第一次成功的內部試報。它發生在國務院總理發出莊嚴號召僅僅十八天之後！複雜的科學問題在一瞬間變得那樣簡單，人們的自信心成百倍地增長。他們覺得邢台的經驗太寶貴了，那些「方法」太靈驗了。「人類的歷史，就是一個不斷地由必然王國向自由王國發展的歷史。」他們興奮着背誦着毛澤東的這條語錄，彷彿自己就要踏上自由王國的金色台階。

　　真正的輝煌還在九年後的海城。

　　人們不能不承認中國地震預報研究工作進展的神速。一九七五年二月四日，地震工作者發佈的預報，使得遼寧省南部的一百多萬人撤離了他們的住宅和工作地點——僅僅在兩個半小時之後，海城被七點三級強烈地震擊中。在六個市、十個縣的震區範圍內，城鎮房屋毀壞五百零八萬平方米，農村民房毀壞八十六點七萬間，卻僅有一千三百二十八人死亡，佔全地區人口的萬分之一點六。

　　國外認為，成功地預報七級以上大震，這在世界歷史上還是第一次。震後，美國、紐西蘭、日本、羅馬尼亞、西德等十多個國家的地震科學專家和國際學術組織的成員曾到海城考察。一位美國記者將海城地震的預報稱之為「科學的奇跡」。

　　怎麼不「奇」呢？早在海城地震發生前，國家地震局根據小震活動、地殼形變、地磁、海平面等四項異常，並考慮西太平洋地震帶和四五百公里深源地震對華北的影響，以及華北北

部近年長期乾旱、氣象異常等重要情況，就已將渤海北部列為地震危險區。遼寧省似乎是從從容容地建立羣測羣防隊伍，派人到邢台「學習取經」，演兵佈陣，挽弓以待，早準備決戰一番。

怎麼不「奇」呢？邢台的「方法」幾乎可以原封不動地套用到海城。那麼多人熟知並能運用從邢台傳來的口訣：「小震鬧，大震到，小震一多一少要報告。」海城地震前三天，當有感小震頻頻發生時，大震的緊急報告便紛至沓來！

這是真正的奇跡！大震發生的當天上午，遼寧省革命委員會向全省，特別是鞍山、營口兩市發出做好防震工作的電話通報。下午，海城、營口召開研究對策的防震會議。於是，工廠停產，成千上萬人被動員，甚至是被強令撤到滴水成冰的屋外。廣場上停滿了裝着藥品和食物的救援車輛。醫療隊整裝待發。連拖拉機也開出了可能會倒塌的車棚。人們裹着大衣，在寒風裹坐着等地震的到來。

這是真正的奇跡！地震發生前半小時，正在一個禮堂裹參加軍民聯歡會的某野戰軍官兵和地方羣眾，接到緊急通知，於是會議臨時中斷，幾千人安然撤出……

中國災害史上奇特的一幕揭開了。暮色蒼茫的遼南大地上，四處回響着「噹噹」的鐘聲，有線廣播一遍一遍發出嚴厲的警告，阻止快要凍僵的人返回自己的小屋。

營口縣地震辦公室主任曹顯清，一個多次到邢台學習「方法」、對地震預報充滿自信和熱情、被人稱為「曹地辦」的小

老頭，彷彿在唸咒似的，看着手錶喃喃自語：「小震平靜後，時間越長，震級越高。從中午平靜到現在已經六個多小時了。七點震，就是七級，八點震，就是八級。」

七點三十六分，七點三級地震發生了！

四面八方，一片尖聲呼喊。人們不像在驚呼天災的可怖，不像在慶幸自己的存活，倒像在歡呼地震工作者的神機妙算。

海城，這是中國地震界的一枚金光閃閃的勳章。地震工作者來到海城地震現場，老百姓把他們奉若神明，視為救星。被這次成功的預報保存了生命的成千上萬幸運的人們，歡呼着，夾道歡迎這些能夠征服自然的英雄。彩旗、鼓樂、美酒……科學家們醉了。當時的國務院副總理華國鋒一一握着地震工作者的手說：「今後能不能爭取在二十四小時前預報五級以上地震？」

那時地震工作者誰也沒有想到，他們會從海城輝煌的頂峯，一下子跌落到唐山的黑洞洞的深淵裏去。

唐山地震後，有人認為海城的輝煌是報紙吹出來的，七點三級地震的預報，完全是碰運氣碰上的，然而，如果人們冷靜下來，不去糾纏於報紙宣傳那些高八度的讚歌和不切實際的溢美之詞，而把眼光投向無可增刪的歷史事實，他們便能作出判斷：從海城地震全盤重演了「邢台方式」這一點說，「運氣」似乎存在；可是人們能把監視範圍縮小到遼南那一小片地區，這根本就不是哪個神仙暗示的結果。短期和臨震預報的成功，

離不開中期預報的正確。而恰恰是這一點上，中國地震預報科學工作者在數年間作了大量艱苦細緻、具有很高學術價值的研究。

輝煌決不是偶然的。

應當留下這段歷史，包括某些極其重要的文獻。輝煌是真實的，正如日後的灰暗也是真實的一樣。這是科學走過的路。它會告訴人們：對於海城地震和唐山地震的追蹤，是同一部大書的緊密相連的上下篇；區別只在於前者的結局是喜劇，而後者的結局卻是悲劇。是同一批活生生的人，先後承受了巨大的歡欣和深重的折磨。


在各種文獻上，「渤海」危險區總是和「唐山」危險區相提並論。

一九六七年三月二十七日，河北河間發生六點三級地震，造成的損失並不算大，但是北京和天津明顯有感。這是非同小可的警告！國務院總理周恩來發出指示：「要密切注視京津地區地震動向。」並責成有關部門部署北京、天津、唐山、渤海（「京津唐渤」）地區的地震工作，把該區列為重點監視區之一。李四光教授也感到了迫在眉睫的危機。這位偉大的地質力學家的銳敏的眼睛，早就注意到整個新華夏構造體系正在活動。他從東西向構造的活動特點出發，強調要對唐山地區的灤縣、遷安一帶做些觀測。

一九六九年七月十八日，渤海又發生七點四級地震。這

樣，邢台地震之後三年多的時間裏，華北北部連續發生了三次大於六級的強震，其發震地點有逐步向北東方向遷移之勢。真正的有識之士已經警覺到華北大地進入了不尋常的躁動期。

中國地震界一批年輕有為的科學工作者，瞪大雙眼在搜索着可能發生的強震。

有人的搜索方式似乎十分奇特。一九七二年炎夏酷熱，北京市地震隊科研人員耿慶國在去平谷馬坊地震台的路上口渴難忍，向一位老農買西瓜。閒談中，只聽見老農長歎一聲道：「俗話說，大旱不過陽曆五月十三，可今天都陽曆六月十五了，天還未下透雨，唉，今年吶，大旱是旱定嘍！」

老農說：「我活了六十七年，還沒有趕上像今年這麼旱的，這可是個大旱年喲！」聽到幾十年不遇的大旱已成定局，耿慶國不禁心中一跳：他頓時聯想起河北邢台地震和雲南通海地震震中區的老鄉都反映過震前大旱的說法。他很擔心：一九七二年已成定局的包括首都北京在內的大旱區，是否也是將要發生強震的一種前兆表現？是否意味着會發生危及華北北部、特別是京津地區安全的強震？出自對國家和人民的責任感，他給自己提出了一個緊迫的研究課題：研究一九七二年大旱與未來幾年華北強震活動的關係！

當他在張秀臣協助下搜集到有關氣象資料時，他驚呆了：一九七二年，華北及渤海北部大旱區面積達一百一十三萬四千平方公里。當時廣播裏幾乎也天天能聽到關於「抗旱」的報道，山西的大寨人提出的口號恰恰是：「沒見過的大旱，沒見

過的大旱！」

「沒見過的大旱」，是否在預示一場沒見過的大震呢？耿慶國一頭扎入「旱震關係」的研究之中，他翻閱大量的資料，繪製圖表，常常徹夜不眠⋯⋯他的研究得到了馬宗晉的堅決支持。

一九七二年十一月在山西臨汾，董鐵成主持召開了全國地震中期預報科研工作會議。耿慶國做了旱震關係報告，提出了他的發現：六級以上大地震的震中區，震前一至三年半時間內往往是旱區。旱區面積大，則震級大。在旱後第三年發震時，震級要比旱後第一年內發震增大半級。他強調指出：華北及渤海北部一九七二年出現了幾十年不遇的嚴重乾旱，這是一個發生兩組七級大地震、甚至可能發生一組八級強震的旱區面積。華北及渤海地區一九七二年大旱，與一九六五年和一九六八年那兩次大旱情形相似。而一九六五年大旱之後，發生了邢台七點二級地震；一九六八年大旱之後，發生了渤海七點四級地震。

一九七四年上半年，另一些地震工作者也通過小震活動、地形變測量、重力測量、水氡觀測、地磁和海平面變化等方法，發現華北及渤海地區的若干異常情況。

地震的危險在逼近！

一九七四年五月三十一日，耿慶國在西頤賓館北館五單元北京市地震隊所在地再次重申中期預報意見：

一九七二年大旱後的一至三年或稍長時間內，在華北及渤海地區，特別是遼寧、河北、山西、內蒙古四省旱區範圍內，可能會發生七級以上大地震。

若在一九七五年以後發生地震，則震級可達七點五級至八級左右。

他提出：

一九七二年華北及渤海大旱區的特旱帶為：遼南的錦州—岫岩一帶、河北唐山地區以及河北山西交界的石家莊—邢台—太原—忻縣一帶。

對上述特旱帶及其附近地區（一九七四至一九七六年）發生七級以上強震的危險性必須認真重視。

耿慶國呼籲：

請有關方面切實加強京津唐張地區和華北及渤海北部地區的抗震防震和羣測羣防、專羣結合的測報工作，特別要時刻警惕可能發生的波及北京、天津、石家莊、太原和瀋陽的震級在七級以上，甚至在七點五級以上強震的危險性，幾百天之內強震就有到來的可能!!!

在北京市地震辦公室主任傅瑞峯的大力支持和安排下，

一九七四年六月四日，北京市科技局黨委常委白介夫、田夫、鄭林、潘梁四人用整整一個上午時間，專門聽取了耿慶國所做的《關於我國華北及渤海地區一九七二年特大乾旱提出的旱震關係中期預報意見的基礎依據和分析結論》的彙報。白介夫說：我們科技局黨委堅決支持耿慶國的中期預報意見，這是有科學依據的。幾百天之內，華北及渤海北部的一些地區就有可能發生七級半大地震，這是一樁大事。要立即把旱震關係中期預報意見向國家地震局和胡克實彙報。

一九七四年六月七日至九日，由領導小組組長胡克實主持，國家地震局在一片報警聲中召開了華北及渤海地區地震形勢會商會議。會議給國務院的報告稱：

> 會上對華北及渤海地區的地震形勢，進行了分析。多數人認為：京津一帶，渤海北部，晉、冀、豫交界的邯鄲、安陽一帶，山西臨汾盆地、山東臨沂一帶和黃海中部等地區，今明年內有可能發生五至六級地震，內蒙的包頭、五原一帶可能發生五級左右地震。
>
> 其主要根據是：
>
> 京津之間近來小震頻繁，地形變測量、重力測量和水氣觀測等都顯出較集中的異常。
>
> 渤海北京有四項較為突出的異常：全縣的水準測量前幾年變化很緩慢，年變化率僅零點一一毫米，但一九七三年九月以來，累計變化量卻達二點五毫米處；大

連出現二十二伽馬的地磁異常；渤海北部六個潮汐觀測站，一九七三年都測出海平面上升十幾公分的變化，為十幾年來所未有；小震活動也明顯增加。

晉南臨汾盆地近年出現地震波速異常。晉、冀、豫交界區和黃海中部小震活動都有所增強。魯南臨沂一帶一九六八年發生八點五級地震前，外圍地區地震活動頻繁，近年這個地區周圍又開始出現類似情況。

還有一些人根據強震活動規律的歷史情況及大區域地震活動的綜合研究，並考慮到西太平洋地震帶和四五百公里深源地震對華北的影響，認為華北已積累七至八級地震的能量，加之華北北部近年長期乾旱，去年又出現建國以來少有的暖冬、冷春，乾濕失調的氣象異常，提出華北有發生七級左右強震的危險。但是也有人根據地球轉速去年開始變快，和以往在此情況下華北很少發生強震，以及華北強震依次發生的時間間隔一般較長的情況，認為華北近年不會發生大於五點五級地震。

為了落實毛主席「備戰、備荒、為人民」的偉大戰略思想，貫徹執行中央關於地震工作「以預防為主」的方針，接受江蘇溧陽和雲南昭通連續發生破壞性地震的教訓，雖然會議對北方一些地區發生強震的分析不盡準確，但要立足於有震，提高警惕，防備六級以上地震的突然襲擊，切實加強幾個危險地區的工作。

會議決定：「加強有關地區的協作。成立京、津、唐、張和渤海地區兩個協作組，京、津、唐、張協作組由北京、河北、天津的地震部門、地球物理所、地震地質大隊、地震測量隊組成，暫由國家地震局負責；渤海地區協作組由遼寧、天津、山東的地震部門組成，會議推定由遼寧負責。協作組應及時交流情況，大力協同，密切配合。」

一九七四年六月二十九日，也就是海城地震發生前八個月，中華人民共和國國務院下達國發〔1974〕69號文件，將國家地震局的報告轉發給京、津、冀、晉、蒙、遼、魯七省（區、市）。文件稱：

> 做好地震工作是關係到保衛社會主義建設和人民生命財產安全的一項重要任務，望你們在搞好批林批孔活動的同時，貫徹執行中央關於地震工作要「在黨的一元化領導下，以預防為主，專群結合，土洋結合，大打人民戰爭」的方針，把地震管理部門建立和健全起來。切實抓好地震專業隊伍和群測群防運動，加強防震抗震工作。

在國務院〔1974〕69號文件下達後兩年多的時間內，華北及渤海地區的大地震活動確實空前地活躍起來，七省市都在不同程度上受到了強烈地震的襲擊或波及，相繼發生了一九七五年二月四日遼寧海城七點三級地震、一九七六年四月六日內蒙和林格爾六點三級地震和一九七六年七月二十八日河

北唐山七點八級、灤縣七點一級地震。海城七點三級強震和唐山七點八級強震、灤縣七點一級強震，恰恰是發生在渤海地區和京津唐張地區這兩個協作組的工作範圍內。

歷史證明，中華人民共和國國務院〔1974〕69 號文件的巨大功績是不可抹煞的。

人們完全沒有必要因為唐山地震臨震未能預報，而輕率地否定「海城預報」在科學史上的價值，如同因為海城地震曾經預報，而把地震工作者圍繞唐山地震的預報所作的一切努力一筆勾銷一樣。從國務院〔1974〕69 號文件中，誰都能看出，地震工作者早已把唐山套在他們的瞄準鏡內，應當說唐山地震的中期預報是成功的，只是他們在臨震預報的決斷上最終失敗了……

# 備忘錄（二）

海城地震之後，一大批地震工作者的歡欣鼓舞的情緒似乎消失得很快。他們幾乎全都被一個問題困擾着：海城七點三級大震，是否標誌着自邢台地震以來華北地震活動的一個「高潮期」的結束呢？

華北。謎一般的華北！

在漫長的地質歷史時期中，地球上部已變得破碎不堪，像一件古老的陶器，表面佈滿了裂紋。無數碎片構成一個地殼，華北地塊便是這其中的一片。它的西界為賀蘭山—六盤山構造

帶，北界為陰山—燕山構造帶，南界為秦嶺—大別山構造帶，東界在海中。這些構造帶附近常有從地幔侵入的超基性火成岩系、複雜的變質岩系和規模巨大的褶皺斷裂系統。那裏既是構造活動帶，又是各種地球物理場的異常帶，也是地震的活動帶。在太平洋板塊、歐亞板塊、印度洋板塊三者相對運動的控制下，華北這一塊「碎片」常常處於不平靜的狀態。

但是現在呢？

海城之後，還有沒有大震？

**觀點（1）：**華北強震依次發生的時間間隔一般較長，華北大地該平靜一陣子了。倒是中國西部更值得注意：從一九六九年到一九七四年，已連續發生雲南通海、四川爐霍、雲南昭通三次七級以上大震。應當更警惕西部的危險性。

**觀點（2）：**海城地震後，華北地區的許多異常現象並未消失，大震的危險性依然存在！

這是一場極為正常的學術爭鳴。誰都擁有一定的科學依據，誰又都沒有充足的理由說服對方。一個旁觀者，事先要想為雙方輕易地作出裁決是既荒唐又淺薄的。當時誰也不能看穿地殼下的這一切奧祕。斗轉星移，即使現在，這些自然科學家有時仍多少像一個占卜者，於一片茫茫之中去掐，去算……

常常，他們就像總在秒針的嗒嗒聲中過日子。

然而，時間，構成這段歷史的最客觀的時間，究竟是怎樣度過的呢？

## · 一九七六年一月二十八日
——距唐山地震半年

國家地震局向國務院上報《關於京、津、唐、渤、張地區一九七六年地震趨勢的報告》。

報告稱：我局於一九七五年十二月十五日至一九七六年一月九日在北京召開了海城地震科技經驗交流和一九七六年全國地震趨勢會商會議。會議認為，當前我國正處在地震活動的高潮階段，估計近一二年內大陸地區有可能發生七級以上的強震。目前有較多異常顯示，可能發生較強地震，需要重點加強監視的地區為：(1) 滇西北及川藏交界一帶；(2) 四川、青海、甘肅交界的四川松潘—茂汶一帶和青海的花石峽—都蘭、烏蘭一帶。有發生五至六級地震背景的地區為：(1) 京津唐渤張地區；(2) 皖北、蘇北、魯東、豫東一帶。

會議認為：「京津唐渤張地區今年內仍然存在發生五至六級地震的可能，但目前尚未出現明顯的短期和臨震異常。」「從目前地震活動和前兆異常的空間分佈來看，唐山與朝陽之間和京津之間兩個地區尤應加強工作……。」

報告提出急需採取的措施和建議，第一條就是「繼續貫徹國務院〔1974〕69 號文件的精神」。

## · 一九七六年三月三日
——距唐山地震四個月零二十五天

國家建委召開兩市（京津）一省（河北）和國務院各部地震工作會議，介紹了地震形勢。國家地震局分析預報室京津組組長汪成民到會做業務報告，解釋京津唐渤張地區年內可能發生五到六級地震的預報。他說：「目前還沒有出現短期和臨震現象，比較具體的時間和地點還不明確，因此馬上動員羣眾採取臨震的具體措施還不是時候，但防震抗震工作一定要抓緊。」

## ·一九七六年四月六日、二十二日
——距唐山地震一百一十三天、九十七天

六月二十二日，在內蒙古和林格爾和河北大城先後發生六點三級和四點四級地震。震後，華北地區某些在海城地震後依然存在的異常現象消失。

這兩次地震使地震工作者陷入了極大的惶惑。

## ·一九七六年五月十一日
——距唐山地震七十八天

國家地震局在北京軍區招待所召開分析預報人員緊急碰頭會，分析和林格爾和大城地震後京、津、唐、渤、張地區震情。

不同意見仍在延續。

**觀點（1）：** 這兩次地震使那些令人不安的異常已經「交代」了。海城地震後華北發生大震的可能性已經基本排除。至少，蘊藏在地殼內的應變能量已經有相當一部分得到了釋放。有人提出，國務院〔1974〕69 號文件中的華北有震的估計可以宣佈到期撤銷。

**觀點（2）：** 對京、津、唐、渤、張地區的異常，用內蒙六點三級地震來解釋，方位似乎偏西；用大城四點四級地震解釋，震級又似乎太小。並且，他們注意到京、津、唐地區在四月間新出現的「寶坻地電」、「昌黎地磁」、「灤縣水氡」、「香河水準」等四項異常。

持以上兩種觀點者一致認為，目前尚未出現較強地震的臨震跡象。倘若近期有震，震級不會太大，約四至五級，地震要注意渤海西部及其沿岸地區。

對於更長時間的趨勢，會議決定在八月間另行開會會商。

為準備下次會商，會議從技術方面佈置了五項工作，中心精神是要各單位提出對趨勢的估計。

## ·一九七六年五月二十九日
——距唐山地震六十天

雲南龍陵發生七點四級地震。國家地震局分析預報室主任丁國瑜趕赴地震現場工作。

專業人員又一次感到情況緊迫。幾天後，當四川大邑出現

一些異常情況時，國家地震局分析預報室副主任梅世蓉奉命風塵僕僕趕赴西南。

## ·一九七六年六月二十一日
——距唐山地震三十七天

國家地震局分析預報室劉德富根據氣象資料分析，發現唐山地區出現一九六九年渤海七點四級地震前的類似氣象現象。中國東部形勢也日益微妙。

## 一九七六年六月二十六日
——距唐山地震三十二天

國家地震局分析預報室黃德瑜根據小地震活動分析，認為渤海西岸有問題。

## ·一九七六年七月五日
——距唐山地震二十三天

北京市地震隊耿慶國發現北京地區一週來的氣象要素中，出現四項異常：日降水量——六月二十九日突破歷年同日降水量的最高值；日平均氣溫——六月三十日至七月四日連續五天突破歷年同日平均氣溫最低值；日最高氣溫——七月一日和七月四日分別突破歷年同日最高氣溫的最高值；日最低氣溫——

七月三日、四日連續兩天突破歷年同日最低氣溫的最低值。只有日平均氣壓這一項指標還沒有出現異常。耿慶國認為，只等低壓指標突破，就可能進入臨震狀態。他立刻趕赴唐山、天津、廊坊收集氣象資料。

## ·一九七六年七月十二日
——距唐山地震十六天

似乎又是一次「蓄謀」中的戲弄，一次「地震會議」的會址，竟然選在唐山。據國家地震局幹部周英志回憶：十二日，出席京、津、唐、渤、張地區羣測羣防經驗交流會的代表陸續到達唐山。到火車站接站的工作人員，手舉「地震會議」的木牌，引起了過往行人的注意。

「怎麼？唐山要地震？」人們紛紛詢問。

「沒的事！我們交流經驗……」

同日，國家地震局黨的領導小組召開「批鄧反右」會議。會議的中心議題是批判領導小組組長胡克實。會議形成的上報科學院的緊急報告稱：「胡克實一貫緊跟劉少奇、鄧小平，推行修正主義路線，這次又大颳右傾翻案風，他的問題的性質是正在走的走資派。……鑒於此，已不宜再主持局黨的領導小組的工作，應免去領導小組組長的職務，檢查交代問題，接受羣眾批判。」

在江青、張春橋、王洪文、姚文元一伙搶班奪權的滔滔濁

浪中，國家地震局也沒能成為安定的綠洲。三里河的大樓和中
國的無數大樓一樣，充滿令人窒息的「政治空氣」。

## · 一九七六年七月十三日
——距唐山地震十五天

　　北京市地震隊已有華祥文提出京津唐渤張地區地震活動
性異常、耿慶國提出旱震關係和短期氣象異常、李宣瑚提出該
區水化學氡含量異常、陳克忠和劉惠琳提出京郊大灰廠形變異
常，以及其他人提出京津唐渤張地區地磁場總強度異常、地下
水位異常和地電異常，累計七大異常！

　　當晚，北京市地震隊在隊長邢景孟的安排下，由業務組組
長魯連勤和副組長張國民出面向北京市科技局黨委書記白介夫
彙報。白介夫指示：要以臨震姿態投入工作，並立即把震情危
險性向國家地震局做彙報，聽聽國家地震局的看法……

## · 一九七六年七月十四日
——距唐山地震十四天

　　北京市地震隊發出工作簡報第二十九期《關於加強當前京
區震情監視的意見》。

　　簡報稱：「北京及其周圍地區應力場正在增加，從今年下
半年起，發生五級以上地震的趨勢背景正在加強。在當前的地

震形勢下，為完成保衛毛主席、保衛黨中央、保衛偉大社會主義祖國首都的光榮政治任務，按照（北京市科技局）黨委指示，我隊全體同志必須緊急動員起來，高度警惕當前地震前兆的發展和變化，用臨震的姿態密切注視京區的地震動向。」

同日，國家地震局汪成民接到北京市地震隊張國民的電話。張國民彙報了北京隊的「七大異常」，並要求國家地震局分析預報室立即安排時間聽取詳細彙報。汪成民經請示已從四川回京的梅世蓉副主任和局領導，答覆張國民：「要求給一週的時間，以便國家地震局分析預報，並派人到天津、唐山等地了解一下那裏的異常情況，再聽取北京隊的震情彙報。」聽取彙報時間定為七月二十一日。

同日，地震地質大隊依據京區各台站地應力突跳異常，提出短期預報意見。

## · 一九七六年七月十七日
——距唐山地震十一天

唐山。「羣測羣防經驗交流會」會場。

剛剛趕到那裏的汪成民要求在會上作震情發言，會議主持人查志遠因「日程安排較緊」而未同意。汪利用休息時間召集部分代表座談。他的談話要點：（1）近來情況較多，大家要注意。我們注意的重點是唐山、灤縣一帶。（2）目前我們了解到的臨震突變異常不多，希望大家提供。

汪成民向代表們散發了三百多份調查表，要求大家填畢寄國家地震局。表格樣式為：

| 省 | | | 縣（台）　填表日期 |
|---|---|---|---|
| 地點 | 手段 | 條件 | 76 年以來出現過幾次突變異常？<br>（時間、幅度、特點及原因分析） |
| | | | |

這些表格，國家地震局在唐山地震前大都沒有收回。地震後一二日，有表陸續寄到。

七月十七日，北京市地震隊分析組地應力組根據地應力手段出現的異常，提出七月十七日至二十三日，在北京八寶山、紫荊關斷裂帶有四級左右地震，北京外圍鄰近地區有六級左右地震。同日，北京市地震隊平谷馬坊地震台張秀臣也提出該台觀測資料出現短期異常。


## ·一九七六年七月二十一日

——距唐山地震七天


國家地震局分析預報室未能如期於此日聽取北京市地震隊震情告急彙報。

張國民打電話給國家地震局分析預報室。梅世蓉認為自己掌握的情況還不多，提出待赴唐山了解異常情況的汪成民從唐山返回後再進行會商。時間定在七月二十六日。

# · 一九七六年七月二十二日

## ——距唐山地震六天

汪成民回京。

唐山之行並沒有發現更多的臨震異常，還沒有充足的依據，發出京、津、唐臨震預報。

鑒於國家地震局黨組正忙於政治運動，很少過問業務工作，汪成民等人將震情抄出，貼在局長劉英勇辦公室門上。

其一：

**趨勢預報：**

1. 北京隊：

今年下半年，發生大於五級地震的趨勢在增加，今後地震活動可能將轉移到北京地區，要緊急動員，用臨震姿態注意本區地震動向。

2. 天津隊：

大於五級的背景仍然存在，七月份在天津以東及渤海可能有四至四點五級地震。

3. 地球所：

京津附近，似在孕育較大地震，特別是十至十一月，要注意監視。

其二：

**短期預報：**

　　1. 河北隊：七月十五日前後，紅山、滄州、德州＞
四點四級。

　　2. 地震地質大隊：七月六日、七月二十日或八月五
日前後，集寧—繁峙—張家口或寶坻—樂亭—渤海，五級
左右。

　　3. 海洋局情報所：七月二十日至十月二十日，張家
口—秦皇島—滄州，三點五級到四點八級。

　　4. 地震測量隊：七月二十三日至七月三十一日，京
西北（大同至河北、內蒙、山西交界）或京東南，四點五
級左右。


## ·一九七六年七月二十三日

### ──距唐山地震五天


　　北京地區日平均氣壓九百九十一點九毫巴。這既是自
一九五一年以來這一天日平均氣壓的最低值，也是自一九七六
年一月一日以來二百零五天中逐日平均氣壓的最低值。耿慶國
從震例中歸納的「短期臨震氣象要素五項指標」，在北京地區
已全部完成。

## ·一九七六年七月二十四日
──距唐山地震四天

　　國家地震局分析預報室為準備與北京隊會商，召開會商準備會。到會者談及各種異常，梅世蓉副主任聽得十分仔細，但會上沒有提出結論性意見。大家認為，須待與北京隊會商後決定。

　　同日，北京市地震隊也召開會商準備會，會議在緊張的氣氛中進行。幾位專業人員根據各自的監測手段，提出短期預報的看法。

　　華祥文：七月底八月初，京、津、唐、張地區將發生五級以上地震。

　　張閔厚：依據磁情指數異常，發震危險點是一九七六年七月二十六日「±」兩天，將在京、津、懷來、唐、渤、張地區發生四級以上地震……

　　耿慶國：你如果能把預報震級提到五級以上，我就將敢報包括北京、保定、張家口地區在內的京、津、唐、渤、張地區馬上會發生六級以上地震，時間是一九七六年七月二十九日之前！

　　李宣瑚：七月底八月初，將在京、津、唐、渤、張地區發生五級以上地震。

　　業務組副組長張國民最後說：由於我隊掌握各種異常情況都已及時報告國家地震局，正式的預報意見，可在兩家會商後

再定。

當晚收到通縣西集地震台廖官成報來的意見：七月二十七日前，北京附近二百公里範圍內，要發生五級以上地震。

## · 一九七六年七月二十六日上午八時許
### ──距唐山地震四十四小時

國家地震局分析預報室一行十五人，由汪成民等人帶隊，前往北京市地震隊會商。

面前的情況是：對於京津唐地區的發震可能，中期預報早已作出（以國務院〔1974〕69 號文件的貫徹為標誌），中短期異常也已出現（以北京市地震隊「七大異常」為標誌），但是臨震預報──即有較為明確的地點、時間、震級的預報，尚難作出。

會商雙方一致認為情況嚴重，震情緊迫感是客觀的，也是空前的。但對京津地區如何報，感到不能輕率。尤其是北京。正如有人說的：「四川北部搞防震，已經鬧得不可收拾，停工、停產、疏散……京、津、唐地區再鬧一下怎麼得了？北京是首都，預報要慎重。」

問題的關鍵已很清楚：要立刻向領導彙報，不惜像海城地震前那樣，冒人心動盪、停工停產的危險，公開發動群眾，大量捕捉臨震前兆，抓住了前兆，才能做出明確的臨震預報。

# 一九七六年七月二十七日上午十時

——距唐山地震十七小時

　　在汪成民等人再三要求下，國家地震局副局長查志遠、張魁三聽取分析預報室彙報。參加者有副主任梅世蓉，專業工作者汪成民、張郢珍、劉德富等人。

　　介紹震情的汪成民事先寫了彙報稿，他唸道：「局領導：自七月份以來，京、津、唐、渤、張地區有些台站在原有的前兆異常中長期趨勢的背景上又有了新的發展。各有關單位的預報較多，調子較高。據統計，今年以來我們共收到對京、津、唐、渤的預報計四十八次，僅七月份就有十次，其中七次是七月中旬以來收到的。」

　　汪成民唸了與貼在局長門前的「大字報」內容相同的一段文字，接着說：「如何處理京、津地區震情，是項十分重大嚴肅的政治任務……我們認為可能發生較大地震的背景是存在的，北京隊已提出自建隊以來最突出的異常形勢，但大家都同意何時發震要看臨震異常。我們已發了表格，但收到還不多。昨天收到廊坊水氫自記突跳異常的報告，這種手段在過去幾次大震中反映臨震較好，情況值得重視。我們要緊急動員起來，密切注視情況的發展，採取什麼措施，請領導趕快研究一下！」

　　軍人出身的張魁三副局長：「說了半天，你們的意見呢？你們分析預報室有什麼傾向性看法？……你們有沒有掌握什

麼規律性的東西？……」

與會者無言以對。

會議由技術人員出身的地震局副局長查志遠最後拍板：「鑒於目前科學院會議較多，這樣，一、你們拿出京、津地區的詳細資料。二、下星期準備一週，要圈出幾個危險區，然後派出隊伍去抓地震。三、明天派一輛車到廊坊，落實水氫異常。」

參加會議的主要人員都表示同意。

會議於中午結束，此時距唐山地震發震時刻只有十五個小時了。


地震出版社出版的《1966 — 1976 中國九大地震》一書中，第四頁上在談到唐山地震未能做出臨震預報的原因時，這樣寫道：


一九七六年七月二十八日唐山七點八級地震，造成二十四萬餘人死亡，這是本世紀來傷亡最大的一次地震。一九七六年初召開的年度地震會商會上，曾估計唐山—遼西地區有發生五至六級地震的可能，並建議加強該區的工作。五六月間河北省地震局曾派出唐山地震工作小組赴唐山調查，而且有幾人就在唐山大震中遇難。但為什麼未能像海城地震那樣做出臨震預報呢？這是因為，總的說，我們對地震規律的認識能力還很差，在工作上，我們認為可

能還有以下幾點重要原因：第一，對基本形勢估計的錯誤。一九七五年海城七點三級地震後，在海城周圍幾百公里的範圍內，近年內還會有七級以上強震發生嗎？雖少數人據地震活動和氣象異常，認為有大震背景，但多數人抱有懷疑。所以，雖然看到唐山—灤西一帶存在異常，也只作為有五至六級地震的背景區加以注意。第二，四月六日在唐山市以西五百三十公里的內蒙古自治區的和林格爾發生六點三級地震，震後京、津地區原有一部分異常現象消失，同時，天津西南大城四月二十二日還發生四點四級地震，相當多的人認為這些異常和這兩次地震有關。第三，地震前幾十天至幾天，震中區及其周圍沒有獲得大量的突發性異常的報告，也無前震，因此，未預計到地震會來得那麼快、那麼大。第四，京、津、唐地區的地震預報的發佈，不可避免地要考慮到十分嚴重的社會影響問題。

## 歷史記着他們

　　唐山地震九年之後，當我在採訪本上記下那一頁頁極為重要的史料的同時，無意識之下，在我的筆記本中也出現了一個個活生生的人的形象。在國家地震局採訪期間，我常常忘記了採訪本身，而深深地陷入了對那些飲恨唐山的地震工作者的苦苦理解之中。吸引我的，是他們的興奮、憤怒、茫然……那些複雜的心理與感情。

那個每天夜裏要服三片「安定」才能成眠的老人劉英勇，如今已經快要被人遺忘了。

劉英勇是位老紅軍，劉志丹手下的陝西省委少先隊總隊長。一個老資格的共產黨人。一九三六年就是地委書記。解放後的地質部礦產司司長。他那時說什麼也不願意呵。「地質？這兩個字是什麼意思我都不懂。我光認得一個碳、一個鐵。我是小學生……」可是中國革命需要這樣一批小學生逼上梁山，不管他們要完成的那個人生的轉折是多麼艱難。他的本錢只是他的忠誠。他幾乎走遍了全中國的大山，海拔四千米以上的高度他都去過……他曾經生機勃勃地工作過，甚至還取得過令人炫目的成就。

可那畢竟是尋找寶藏的事業。找到礦，立刻會得到榮譽，找不到，誰也不會拿着手銬來找他。他後悔一九六九年秋天答應老部長李四光的要求，出任中央地震工作小組辦公室領導成員，以至後來出任國家地震局局長。起初他對這個職務還有幾分珍視，一上任第一件大事是為地震局爭得了一塊國家部級單位的大牌子，和一個部一級才能有的大銅印。至於具體工作，他也想由外行變內行，可是這個「變」卻遠不是那麼容易的事情。他的確沒有想到，當意想不到的災難降臨的時候，坐了轎車到國家領導人那兒去負荊請罪的，注定是他而不是別人。

地震災害迫在眉睫的那些日子，也是劉英勇在政治災難的漩渦中整天提心吊膽的日子。在國家地震局的上級單位中國科學院，復出工作才一年的領導人胡耀邦、李昌已被打倒。在地

震局，領導小組組長胡克實也被鬥靠邊。那是一段惡夢般的日子。他事後不止一次向人們說起：地震前，他的主要精力在於應付政治活動，「我天天權衡：哪句話該說，哪句話不該說；哪個文件非我傳達不可，哪個文件我可以推給別人……」

回首往事，劉英勇認為他這一生中「吃了兩個大虧」：第一是讀書太少，弄到後來成了一個不懂業務卻又不能不管業務的尷尬角色。第二是從小近視。這雙眼睛，使他一九三六年失去了一次到軍隊當領導幹部的機會。如果日後當個將軍，哪還會遇上唐山這樣一個人生路上的萬丈深淵呢？他時常歎息。

全國人大常委會委員胡克實在他的辦公室裏接見了我。「文革」前，他和胡耀邦、胡啟立並稱團中央「三胡」，「文革」一開始，就成為被打倒的重點人物。直到1974年，他才復出，擔任國家地震局黨的領導小組組長。唐山大地震前後，他受到的衝擊是雙重的。

「7‧28」大震發生兩小時後，胡克實就從北京東城趕到了一片混亂的地震局。他是地震局的負責人之一，可是，他此時只能坐在牆角，沒有一個人向他請示彙報。這並非疏忽和遺忘。

一九七六年一月，在中國科學院批判所謂「右傾翻案風」的大會上，一個造反派點名批判了胡耀邦、李昌和胡克實。半年來，和胡耀邦、李昌一樣，胡克實被剝奪了領導權力，糾

纏他的，是無休無止的批判會。他憤懣無語，更憂心如焚：中國，失去了周恩來、朱德兩位偉人的中國，在一九七六年夏天已經走到了什麼樣的邊緣？而自然界的災害，彷彿又和政治領域的災難勾結而至！

人聲嘈雜的地震局防震棚裏，前國家地震局負責人胡克實找到了屬於他的工作：傳接電話，貼信封，發震情……

他還能幹什麼呢？

一種什麼樣的痛苦和折磨呵！


梅世蓉很忙。我們只在辦公室握過一次手。她不是有會，便是有外事活動。有一段時間又患病住院，去外地療養。我們一直沒有機會長談。她託國家地震局辦公室的工作人員轉告我：「是否不談了吧？」這是使人感到遺憾的。她是國家地震局分析預報中心主任，曾為全國婦聯第四屆執委。


梅世蓉的丈夫林庭煌，是現國家地震局副局長，我從他那裏得知，梅世蓉是一個十分嚴肅的人。她是重慶大學物理系的畢業生，畢業後被分到中國科學院地球物理所工作，從此便與地震科學結下了不解之緣。一九五六年她作為蘇聯科學院地球物理所研究生在莫斯科學習期間，勤奮、刻苦，甚至到了拚命的地步。留蘇之前她已二十七八歲，為了突擊俄語，累得骨瘦如柴。回國後，很久家裏不起伙，總和丈夫吃食堂……

她的事業是一個艱辛而艱難的事業。

她不是沒有注意過華北地震危險問題。一九七〇年十月，她曾寫過《從華北地區強震活動的規則性，論危險區劃分的一個途徑》一文，提出：「今後十餘年內，應當特別注意的有以下四個地區：(1) 山西、河南、河北三省交界地區；(2) 遼寧瀋陽、錦州、遼東灣至渤海；(3) 天津、唐山、渤海灣；(4) 北京以西懷來、蔚縣一帶。」

當海城地震和以後的和林格爾、大城地震發生後，她於一九七六年五月主持召開了京、津地區震情會商會，在對異常的分析、認識的很大分歧面前，她感到「要想作出明確的震情判斷是困難的」。她曾「準備八月份再開會討論」。同年五月二十九日雲南龍陵地震後不久，她被派往四川工作了一個多月的時間，返京後又負責主持京、津、唐、渤地區震情分析預報工作。七月二十六日，她因為要起草關於四川震情的材料，而沒有參加北京地震隊的會商。

「7‧28」大震發生時，被驚醒的梅世蓉呆呆地對丈夫林庭煌說：「唉，又沒有預報！又沒有預報出來……」後來，當她看到河北省地震局一位在地震中失去了丈夫的女人時，難受地哭了。

唐山大震後，梅世蓉於一九八二年親自主編了《一九七六年唐山地震》一書。其中第十七章《問題與啟示》是她執筆的。她剖析了唐山地震的複雜性，包括「主震之前無明顯前震」、「大震前區域地震活動圖像複雜」、「四月份發生的和林

格爾六點三級和大城四點四級地震之後，京、津、唐、張地區的地震活動空前平靜」、「宏觀異常出現很晚」等現象，認為「以上這一系列複雜的情況給震前的預報、震後的趨勢分析造成了極大的問題」。

梅世蓉圍繞「地點、震級、時間」三要素總結了唐山地震未能預報的教訓。她寫道：

> 以往常從大斷裂的交匯部位，斷層的拐彎、端點等地方去尋找強震地點，而唐山地震表明，這種方法值得改進。唐山七點八級地震的震中不在深大斷裂上，而是在一個並不引人注目的唐山斷裂帶上。顯然，用上述方法看待唐山，唐山不可能被劃為具有強震危險的地點。
>
> 唐山地震預報失敗的教訓之一是震級判斷與實際相差太遠。如果說震前在地區上從大的方面看還有所估計的話，在震級上，可以說是完全出乎意料之外。震前的地震地質工作沒有指出這個地區可能發生七級以上地震，歷史地震資料的分析也未指出這種可能。對於已經出現的一系列異常現象，震前又缺乏認識，對趨勢異常的幾次大轉折也作了錯誤的判斷。結果將完整的異常過程切成數個時段，大範圍的整體異常被解成數塊，分別當作別處已發生地震的反應，預報了一些客觀上後來沒有發生的中強（五至六級）地震，而未報出唐山地震，教訓是深刻的。
>
> ……

強震時間的預報問題……不認識短臨前兆又是一個重要原因……

　　當梅世蓉寫下這些鮮血換來的教訓時，她的心情是可以想見的。

　　　　汪成民常在他那間桌上堆滿了書，牀上也堆滿了書的小屋裏接待我。一開始我就發現，他有許多話要說，可那些話都在一個「保險櫃」裏鎖着——他並不信任我，既懷疑我對唐山大地震的熟悉程度，也懷疑我的理解能力。但是我們彼此間終於有了橋樑。令我十分吃驚，某一天，他拿出了許多極其重要的史料。「一切都要經受歷史的檢驗……」那一刻，給我印象最深的，是汪成民那嚴肅的、沉重的、內涵十分複雜的目光。

　　在一九七六年七月二十七日上午的彙報會上，汪成民作為國家地震局分析預報室京津組組長，被一種巨大的責任壓得透不過氣來。半年來，他已三次去唐山一帶核查異常情況，如此關注一個地區，在他來說是前所未有的。可是他不能像耿慶國那樣大聲疾呼，甚至斷言「首都北京將晃一次房子」。他的身份要求他拿出更精確的論據、更權威的意見，然而他畢竟沒有。

　　他清楚，萬一漏報，一場大地震會帶來什麼樣的惡果。

　　他也清楚，萬一虛報，在京、津地區會造成什麼樣不堪設

想的動盪。

北京，中國的政治中心，中南海住着毛澤東主席！京、津地區又是經濟中心，一天的產值近兩億元！

周總理在世時，國務院一位領導人曾說：「北京地區的防震演習必須總理批准方能進行。」京、津地區的地震預報，是一個極其敏感又極其重大的難題。

對於華北地區潛伏着的這個大地震，地震工作者已經追蹤了那麼久，那麼久！他們百倍警覺，枕戈待旦，從判別方位到概略瞄準……可是當急需精確瞄準的時候，瞄準鏡中卻看不清那個惡魔。它藏在哪裏？它會在什麼時候興風作浪？看不真切，看不真切啊！

他只能寄希望於再捕捉一些臨震前兆，特別是有感小震，像海城那樣，如果開始「小震鬧」，再緊急動員防震還是來得及的。最後的一線希望。

誰能想到，唐山根本沒有重複海城的發震過程。「7·28」之前八十一天中，唐山地區微震也無，異常平靜。七月二十七日彙報會之後僅十幾小時，唐山大地震在沒有有感前震的情況下突然爆發！

這一切都是多麼的難，多麼的難啊……


耿慶國今年四十五歲，是傅承義教授的門生，中國科學技術大學地球物理系地震專業首屆畢業生，人稱「耿大炮」。人們說他是「敢報大震的人」，可那話，多半是一

種揶揄，一種笑談。有趣的是，在耿慶國那地面上佈有灰塵、桌子上堆滿書籍資料的書房裏，我見到了一副用篆字書寫的對聯：「歸雲有象藏明月，漁父無心放小舟。」那是他的父親——第一位將自動電話引進我國東北的愛國教授耿暉老先生書寫的。可是耿慶國並不像一個寧靜而淡泊的「漁父」。他血氣方剛，鋒芒畢露，說話總站起來，在屋裏來回踱步。「是的……！」「是的……！」他用一連串歐化的句子，慷慨激昂地「演說」着。末了，給我續茶。「喝水！吃這個……」於是，我倆一粒粒嚼着從馬路對面的小飯館買來的鹽水花生，又繼續展開關於「7‧28」地震問題的熱烈討論。

耿慶國在七月二十六日之後的一天裏陷入了空前的焦躁不安。他和同伴們像猛虎一樣咆哮過了，可是引起了多大震動呢？從研究旱震關係開始，他對研究地震氣象學問題入了迷。他認為，震源是下墊面內的熱源，震源體是地殼和上地幔中的聚熱體，上地幔和下地殼局部融熔產生的地熱異常變化，和岩漿物質上湧活動與地震之間有着成因上的密切關係。研究地震前兆，光從力學角度是不夠的，更要考慮岩漿活動、地熱變化這一重要因素。地下變熱，地面變乾，在孕震過程中肯定有氣象效應存在。他相信自己的研究，但這種研究並沒有為多數人所接受——因為地震預報這一課題，只能通過地震預報實踐來驗證！

地震工作者常常感到自己像個中醫。他們憑經驗、憑感覺能發現大地的病症，可是缺乏「解剖學」意義上的論證。耿慶國從北京地區氣象要素指標的特大異常，感覺到大震將臨，認為：至少首都北京將晃動一次房子！然而人們無法對他的意見確信不疑。儘管他的預報十分尖銳、驚人，但他僅僅是從氣象異常這一個角度提出問題，理論依據還不完全。他根據一九七二年華北及渤海地區大旱所提出的七級大震中期預報，被海城地震所證實，但他關於石家莊—忻縣有大震的預報卻落空了。至於用氣象要素異常預報地震的臨震要素，他說只有百分之二十的成功把握。（唐山地震後，耿慶國也虛報過一些未發生的地震，有人對他的預報有如聞牧童呼喊「狼來了」的感覺。）

七月二十四日晚，耿慶國步履沉重地回到家裏。老父親耿暉教授從「牛棚」出來後住在鼓樓一間破舊的小屋裏。在飯桌上，耿慶國對父母說：「當前震情緊迫，幾天之內就有可能發生強震，要波及北京，要晃房子。我要隨時準備出差去現場考察，或在單位留守值班。如果我下班後沒回家，你們不要着急，肯定有緊急的震情要處理。如果有臨震預報發出，您們要聽招呼。如果沒有臨震預報發出，地震真來時，爸爸和媽媽要趕快鑽牀底，來不及鑽牀底就裹上被子。千萬別往外跑，跑出來反會挨砸……」

在說這些話時，耿慶國感到一陣陣心酸痛楚。海城地震後，唐山地震前，即一九七五年二月至一九七六年七月這十七

個月裏，他和王福山、賀國玉等人一起專門向北京市人民宣講防震抗震知識，以防備大震的突然襲擊。耿慶國本人應邀分別在新華社、中央廣播事業局、一機部、中央氣象局、總參氣象局、北京市各區縣局、大型廠礦企業、中國科學院動物所、自動化所等科研單位、一些大中小學向成千上萬人做了地震形勢和防震知識的宣傳報告。然而，在大地震發生前夕，作為地震工作者，他不能向千萬人報警，卻只能悄悄地給老父母捎個話。他算什麼呢？

「7‧28」大地震發生時，耿暉教授的小屋塌了一面牆，老兩口記着兒子的話，趕緊裹上了棉被，結果「連土都沒有吃」。

母親對其他兒子們說：「慶國打過招呼……」

耿慶國的兄長們氣極了！地震後幾天當他們見到弟弟時，一齊用激烈的言詞斥責他：「你們是怎麼搞的?! 使國家損失這麼巨大 !!! 你原來知道有地震！既然你能通報家裏，為什麼不能通報唐山人民，為什麼不能通報北京人民！」

耿慶國嗚嗚地哭了……

他能說什麼呢？

使他痛苦萬分的還有一個來自唐山的噩耗：他的同窗好友、河北省地震局派往唐山進行地震地質考察的技術人員賈雲年，在唐山以身殉職！

賈雲年並不是搞短期臨震預報的，他的本職工作是研究華北地區地震的歷史資料，對未來地震進行趨勢性預

測。然而，正是對歷史資料的分析，使他如聞警鐘，寢食不安。一九七四年，他提出過一個「格架」觀點，認為河北省的燕山構造帶、涉縣大名構造帶和太行山前斷裂帶、滄東斷裂帶如同一個「II」形格架，該省地震有沿着這個框架由北而南、由南而北輪迴發生的規律。《地球物理學報》一九七五年六月十六日收到了由他執筆起草的《關於河北省地震危險性的探索》一文，他在文中提出：「一九八〇年前後在河北省北部有發生七級以上地震的可能。」

一九七六年四月六日內蒙和林格爾六點三級地震發生後，耿慶國和賈雲年在災區考察時相見。

「太遲了！」耿慶國對賈雲年說：「你那個『1980』太遲了。據我們的判斷，大地震近期就會發生！」

「到底什麼時間？什麼地點？」

「今年下半年。京、津、唐、張地區。」

「咱們得撲下身子去抓短臨前兆！」

五月二十二日晚，內蒙古自治區尤太忠書記設宴招待地震工作者。席間，賈雲年來到耿慶國座前，提議：「為保衛京、津、唐，為保衛毛主席，乾杯！」

這對好友相約：和林格爾考察結束後，便奔赴唐山一帶去摸情況。

這一切都像發生在昨天——如果日曆真能翻回到幾個月前該有多好！無法挽回，無法修改那令人痛心疾首的歷史了。賈雲年從一九七六年六月下旬起，就和河北省地震局地震地質組

的同伴們一起在唐山地區奔波，從事野外地震地質調查。然而在他的視野裏，並沒有發現突出的臨震前兆，如果他能及時注意發現臨震前兆，他不會蒙難，那二十四萬人說不定也不會蒙難。可是那場他曾預見過的大地震，在沒有前震的情況下，於一九七六年七月二十八日突然降臨了。它宣判了賈雲年這半生事業的失敗和他整個生命的終結！聽扒挖屍體的人們說，賈雲年在地震發生的剎那間，還很機敏地裹着棉被滾到了牀下。但是房子整個兒塌了，他被悶死在其間。人們把一副完好的眼鏡交給了他的妻子陳非比，還有一隻錶面完好的手錶……只是由於地震時被強大的磁場損壞，它再也不會走動，它永遠指着那個悲慘的時刻：三點四十二分。

在北京的防震棚裏，耿慶國寫下了一封悲壯的唁書：

非比同志：

您好！

驚悉賈雲年同學遇難的噩耗，內心不勝悲痛！七月二十八日唐山、豐南七點八級強烈地震，給幾十萬人民造成了浩劫。作為地震工作者，我們內疚的心情是無以復加的。唐山地震臨震預報沒有做出，實在是我們畢生的遺憾！我們的工作沒有做好，給唐山、天津、北京人民造成極其嚴重的損失，回想起來，痛感我們是有罪的，辜負了毛主席、黨中央和全國人民對我們的殷切期望。

賈雲年同學和河北地震局、唐山地震隊的十幾位地

震戰士，不幸以身殉職，他們是第一批獻身於地震的戰士，值得我們永久的懷念！為雲年同學的靈耗所帶給我們地震事業和您本人的損失，向您——我們的老同學，謹致最衷心的慰問！唯望您在毛澤東思想光輝照耀下，化悲痛為力量，振奮革命精神，努力完成雲年同學未竟的事業——在二十四小時前預報出五級以上的地震，實現大地震的臨震預報和預防!!!

讓我們共同努力，為履行好我們當仁不讓的神聖天職，保衛毛主席、保衛黨中央、保衛首都北京、保衛廣大人民生命財產安全，而奮不顧身地奮鬥！向兇惡的自然界敵人——大地震，決一死戰，為唐山大震遇難的階級兄弟報仇，為雲年同學報仇！

我想，我們只要拚命地工作，全心全意為人民，我們一定能夠及時抓住下一次威脅北京安全的大地震，為人民立功贖罪！

如果下一次威脅北京安全的大地震沒有抓住，使唐山的浩劫重演的話，我已下定了決心，要麼像雲年同學那樣以身殉職，要麼只好畏罪自殺，因為實在感到無地自容，慚愧萬分！當然我並不悲觀，我是感到有信心的。我是有決心，盡自己的全部努力，……

雲年同學安息吧——我們會為唐山、豐南幾十萬遇難的階級兄弟，也為雲年同學和其他戰友報仇雪恨的，誓與窮兇極惡的地震之敵血戰到底!!!

望您節哀，振奮精神，勇往直前！

……

耿慶國

一九七六年八月七日於北京

這分明是勇士準備再次搏鬥的吶喊！

我不是一個地震工作者，我只是用我的心在感受這段歷史。如今，十年過去了，那些拚搏過或者猶豫過的自然科學工作者，也許會被忽視，被遺忘。功與過，是與非，似乎也都不重要了。剩下的，依然是那個古老而永恆的課題。

然而，無論是被遺忘的，還是將要被遺忘的；無論是失敗了的，還是有可能再次失敗的，他們總是在拚盡全力地搏鬥着。今天，這場搏鬥也並沒有因唐山的失敗而結束，或許正是一個飛躍的開端。

拚搏着的，不僅是那一大批專業地震工作者，還有千千萬萬用土設備在監測地震的普通羣眾。唐山八中學生張仁英，在業餘地震小組觀察地應力變化，曾做出「七月底八月初渤海北部有大地震」的預報；唐山二中老教師田金武，根據對地電、地磁的觀測，提出「七月底八月初唐山有七級以上大震」。唐山馬家溝礦地震辦公室的馬熙友，在震前也曾通過觀察地電變化，預言唐山將有大震。雖然他們的論據並不充分，但他們的責任感是不能被輕侮嘲弄的。他們和專業地震工作者一起在大震前發出過吶喊，發出過警告。

那些聲音顯得微弱的警告，也不是沒有收效。

在國家地震局一九七六年十一月八日發出的《地震工作簡報》第十七期上，披露了一椿發人深思的事實。這期《地震工作簡報》的標題為《青龍縣在唐山大震前採取了預防措施》。簡報稱：

> 河北省青龍縣緊靠唐山地區的遷安、盧龍兩縣，七月二十八日唐山、豐南一帶發生七點八級強烈地震，由於縣委重視，事先採取了有力的臨震預防措施，廣大羣眾有了思想準備，臨震不亂，雖然房屋建築遭到較重破壞，但人畜傷亡極小，收到了預防的效果。

> 今年七月中旬，青龍縣地辦的同志，參加國家地震局在唐山召開的京、津、唐、渤、張羣測羣防經驗交流會時，在會外了解到國家地震局地震地質大隊等幾個單位預報，七月二十二日至八月五日京、津、唐地區可能發生五級左右地震。七月二十一日會議結束回縣，向縣委作了彙報。縣委進行了討論，認為五級左右地震震級雖然不大，但根據國務院 69 號文件，京、津、唐、張近一兩年內可能發生六級左右破壞性地震，考慮到青龍縣處於京、津、唐、渤、張協作區範圍內，因此決定，堅決貫徹我國地震工作方針，以預防為主，有備無患。七月二十四日，由縣委書記冉廣岐開電話會進行傳達部署。當時縣裏正開農業學大寨會議，區社書記和工作隊長都在縣裏開會，決定

二十五日每個公社回去一名書記，一名工作隊負責人，具體抓好防震抗震工作；二十七日由縣科委副主任在縣農業學大寨會議上講震情和防震抗震知識。二十五日，各公社、縣直各單位都召開了緊急會議，公社幹部包大隊，大隊幹部包生產隊，連夜向羣眾傳達貫徹，進行防震抗震部署。縣廣播站向全縣廣播了防震抗震知識。多數公社廣播站連續廣播震情和地震知識，傳達縣委決定，基本上達到了家喻戶曉，人人皆知。對重點工程、倉庫、重要設施責成專人進行檢查，縣委書記、副書記還深入到八一水庫進行檢查，作具體部署。有的公社還集中基幹民兵幾百人巡邏值班。羣眾晚上不關門，不關窗戶，以便有震情能迅速離開房屋。事實證明，羣眾有沒有思想準備大不一樣，唐山地震該縣損壞房屋十八萬多間，其中倒塌七千三百多間，但直接死於地震災害的只有一人。震後五小時，青龍縣派出了第一支醫療隊奔赴災區，在很短的時間內，組成搶救隊，赴唐山救災，搶運傷員。該縣大丈子衛生院一個醫生，二十七日出差到唐山市，住在他同學家裏，因為聽了縣裏傳達近幾天可能發生五級左右地震，他一面向同學講明震情；一面睡覺時作了準備，把衣服、鞋放在一起。地震發生時他立即離開房屋，打開窗戶，並叫出同學家裏的人。雖然房屋倒塌，他自己未受傷，同學全家都跑出房屋，無一人受傷。

唐山大地震前夕，既然青龍縣委在全縣範圍內採取了預防措施，也收到了極好的預防效果，那麼，唐山大地震到底能不能在一定程度上預防？唐山市二十四萬生靈的劫難到底能不能在一定程度上得以避免？對於專業地震工作者來說，青龍縣的「例外」反而更使人悔恨不已。他們不能不時常去想：如果在整個京、津、唐地區公開「吹」了「風」……

　　慘敗。

　　歷史將如何評價這場以慘敗告終的搏鬥？

　　歷史將如何評價那些以慘敗告終的搏鬥者？

# 我的結束語

　　唐山無疑已屬於人類。

　　一九八五年三月，我開始寫作《唐山大地震》，至九月，就在半年多的時間裏，我發現我已與地震，而不僅僅是唐山，產生了無法解脫的感情維繫。

　　三月四日至四月九日，智利聖地亞哥一帶連續發生三次大於七級的地震。

　　五月和七月，兩次七點一級地震又相繼擊中了新幾內亞和巴基斯坦。

　　八月二十三日，一次七點四級地震，震撼了從中國新疆烏恰、疏附、喀什直到蘇聯吉爾吉斯共和國的大片區域。烏恰縣百分之八十五的房屋夷為平地，數十人蒙難。這是唐山大地震和四川松潘、平武地震後，相對平靜達九年之久的中國大陸的一個危險信號。

　　九月十九日，墨西哥發生了震級與唐山大地震相同的七點八級強震，兩天後又發生了六點八級強餘震，首都墨西哥城

——這座世界上最大的城市，滿目瘡痍，數萬人斃命……

墨西哥大地震發生後的那些日子裏，我天天從晚間的電視節目中關注來自大洋彼岸的救災新聞。那些倒塌的巨型建築，那些在地震數天後仍然驚慌失措的市民，那些從廢墟中被救出的傷員……無一不使我再次顫慄。無論是搶奪生命的救險隊員，無論是在人羣中費力穿行的救護車，還是為防止搶劫而在街頭巡邏的警察，這一切情景都是我所熟悉的。從那個在電視攝像機前敍述地震情景的傷員身上，我又看到了我的「目擊者」；而從那個在擔架上疼得手臂抽搐着的墨西哥孩子的眼睛裏，我分明又看到了人類對於自己、對於生命的呼喚。

地震！

給人類帶來無窮災難的地震！

全世界每年發生可記錄的地震五百萬次，其中有感地震五萬次，造成破壞的近千次，而七級以上、足以造成慘重破壞的強震，每年平均要發生十餘次！

更可怕的是，唐山的悲劇已警告人類：地震危險正隨着人類文明的發展——城市經濟的繁榮，人口密度的劇增——而成正比地不斷升級。如果說，一九二三年的東京大地震曾給日本關東地區帶來巨大破壞，那麼今天，一場發生在東京的破壞性地震將摧毀日本三分之一的經濟力量；同樣，在當今，如果美國的聖安德烈斯斷層的活動再次引起加利福尼亞州的大地震（就像許多學者的預言那樣），那麼，其損失也決不是八十年前的舊金山地震所能比擬的。

在寫作《唐山大地震》的那些日子裏，面對案頭上的那架地球儀——這個神祕的與我們的生命息息相關的蔚藍色球體，我會時常陷於一種悲觀。

當人類對宇宙開發的興趣日益濃厚，各種行星探測器頻頻飛向太空，甚至正在準備把機器人送上金星和火星工作、把第一批「月球居民」送上月球生活的時候，人們對屬於自己的星球又認識得如何呢？人們怎樣看待腳下的大地？人們探明了多少地底的奧祕？有人說，人類有兩大難題：癌與地震。現在，據說癌症的被攻克已經指日可待，可是地震呢？人們對於包括地震在內的種種奇異而又可怖的自然現象，究竟有多少了解和防範呢？

今天，人類的目光已經達到數百億光年外的遙遠天體，然而，人類對於生於斯長於斯的這個星球，才「深入」了不過十二公里——蘇聯科拉半島摩爾曼斯克附近的一眼達一萬二千米的地質鑽孔，被認為是世界之最。這就是現實。

當我和那些未能戰勝惡魔的「失敗的搏鬥者」——那些飲恨唐山的地震預報科學家們促膝長談的時候，心中常常翻騰着一種難以言說的複雜的情緒。他們那痛苦的眼神，沉重的歎息，常常把我引入一個悠遠的廣漠的世界，一個人與自然間征戰不息的古戰場。

多少年了？從唐山地震算起，才十年；從人類有文字的歷史看，數千年；而要是從人類誕生的那一天算起呢？

如果我們今天一代代人生存、繁衍的七大洲，是遠古年代

由一個「聯合古陸」漂移或斷裂而成，那麼，就可以說，七大洲是在一系列強烈地震中誕生的！而我們的遠祖也是在山搖地動中降世的！

因此，對於人類的祖先來說，地震和洪水、颶風同樣地不可思議。人們用想像描繪那個主宰世界的精靈或是怪物：日本人說，地底下躺着一條巨大的鯰魚，它翻一下身，便會地震；平時，一位神舉着石槌監視着它，可是神偶有鬆懈，鯰魚就會乘機翻身。古希臘人說，海神波塞冬是「大地的震撼者」，他憤怒時，「使海洋和大地同時震動」，懸岩為之顫抖，海岸也在他的三叉戟的突擊下崩裂……

「燁燁震電，不寧不令；百川沸騰，山冢崒崩；高岸為谷，深谷為陵。」中國人在《詩經》中留下了如此壯闊的地震景觀。

「西奈全山冒煙，因為耶和華在火中降於山上，山的煙氣上騰，如燒窯一般，遍山大大地震動……」《聖經》則這樣記下了大自然奇異的突變。

人類認識地震，就像認識形形色色的大自然之謎一樣，走過了數千年曲曲彎彎的道路，付出了並仍在付出無數血的代價。人類似乎在和大自然進行着一場無始無終的搏鬥，從洪荒時代，一直延續到文明時代。為了生存和繁衍，為了牢牢地站立於大地之上，人類沒有一天不在鍛造打開自然奧祕之門的鑰匙。在地球飛速的旋轉中，神話的迷霧漸漸消散了。可是，大自然依然以它神祕的存在，成為當今一個最大的司芬克斯之

謎。

真是可悲的嗎？

在我寫作《唐山大地震》的日子裏，有五個孩子始終陪伴着我。一個是照片上我心愛的兒子，另外四個，則在一組外國畫片上。有時，我會覺得，當他們瞪着一雙天真的眼睛看着我時，他們似乎比我更能理解大自然，理解我的寫作，理解唐山的廢墟。

無論是登上海城輝煌的頂峯，還是落入唐山黑暗的深淵，無論這中間有着多大的偶然性，中國的地震科學家們畢竟摸到過大自然的脈搏。尤其，當我因為採訪和尋找資料，常常出入於中華人民共和國國家地震局辦公大樓的時候，科學家們忙碌的身影，使我感受到了人類對於大自然的不屈不撓的求索精神、一種頗為深沉的人類固有的力度。

在雲南，一個試驗場正在緊張工作，科學家們正從大量可記錄的小震中探尋地震的規律。

在西北、華北，特殊記號標明的地震危險區域內，地震工作者們正枕戈待旦，警惕着中國大陸又一個地震高潮期的到來。

與此同時，國外的學者也在同步地為征服地震惡魔而努力工作。據塔斯社報道：蘇聯已決定在哈薩克首府阿拉木圖附近的山前地帶建立蘇聯第一座生物地震試驗場。在那裏，動物學家、生物物理學家和地球物理學家共同工作，目標是解決地震的臨震預報問題。據《科學畫報》報道：為尋找導致大陸漂

移、火山爆發、地震頻繁的地幔熱流，美國科學家用分析地震衝擊波速度的方法，繪製出第一批地球深處一千八百英里處的三維地圖。還有一條與地震相距較遠的消息也引起了我的注意，馬來西亞《星洲日報》報道，美籍科學家丁肇中教授正主持建造一個實驗場，準備進行龐大試驗——模擬「我們的宇宙」的初始狀態，宇宙大爆炸的一剎那，以研究此刻地質結構變化和物質間的相互作用……這似乎更屬於一種質的探索！

一九八五年六月九日，長期致力於地震預報研究的中國老科學家、石油部顧問翁文波，向新疆維吾爾自治區地震局發去一份電報，指出：八月二十日，在巴楚北東東，將發生六點八級地震。

八月二十三日，巴楚以西三百公里的烏恰發生七點四級地震。

是繼海城之後的又一次偶然嗎？這或許算不上一條驚人的消息，可它卻使我抑制不住地激動。十年了，唐山大地震以來，有多少人對地震預報失去了信心，有多少人在「人和自然」這一深奧而永恆的課題面前畏縮卻步。事實卻證明：希望之光並沒有熄滅！

記得，在新疆烏恰發生地震的消息傳來時，我的第一個反應是：北緯 39.4 度！又是一個 40 度線附近！我不止一次聽地震工作者們說過，北緯 40 度線，是一條神祕詭譎有如百慕達三角的恐怖線。正是在北緯 40 度線及鄰近這一緯度的地區，發生過歷史上許多著名的大地震——

美國舊金山大地震；

葡萄牙里斯本大地震；

意大利波察坦以南地區地震；

日本十勝近海地震；

中國海城地震；

中國唐山地震；

……

頗有戲劇性的是，我寫作這本書時，雙腳也正踩着這條「恐怖線」。北京，中國地震界設防的核心區域，也恰恰處在40 度線上。

一個至今無人解釋的謎。

不過，這僅是無數大地之謎中的一個。

在自然科學的浩瀚大海裏，我們人類的哥倫布船隊和麥哲倫船隊才剛剛啟航。從起點到終點是極其漫長的，但我們始終能看到那頂昂然前行的風帆。

我相信，人類終究會查明地幔熱流和地震的關聯，地核的不規則運動、地軸和磁軸的偏轉和地震的關聯，天文因素、太陽黑子和地震的關聯，埃爾尼諾洋流和地震的關聯，以及千千萬萬不可思議的自然現象、尚未把握的物質運動規律和地震災難的或遠或近的關聯……

我還相信，有一天，人類不僅將預報地震，還終將能「疏導」地震。究竟是像美國科普作家阿西莫夫所預言的，用沿斷裂帶打井注水的方法，誘發一些黏滑地震（小震），從而釋放

能量，避免大震（這似乎是一種奇想！），還是像我的一位朋友所預言的，將用小型地下核爆炸的方法，去達到同樣的目的？也許還有許多更新更好的方法。不久的將來，那條躺臥在地底深處的大鯰魚，也將會躺在人類設置的解剖台上，成為人類戰勝自己、戰勝大自然的一個象徵。

　　也許，我的一位朋友的想法倒是可取的，人類對大自然的最後「征服」，不在於力的征服，而在於學會與自然和諧相處。這種和諧相處的前提不是人類的退避，而是以人類認識自然、改造自然的能力空前提高為基礎。總之，這一切，在今天，是幻想；可在明天，它一定會是現實。

　　這就是我為什麼要寫這本書的目的。

　　我在為明天留取一個參照物，以證明人類畢竟是偉大的。

　　為此，我為明天祝福。

　　我為人類祝福。

　　我為我們雖然有限卻具有永恆意義的星球祝福。

**一九八五至一九八六年於北京**
**為紀念唐山地震十週年而作**

　　一九八六年三月三十一日校畢。是日，美國舊金山發生五點六級地震。

附　錄

# 從唐山大地震到「沙士」的天災報導

二○○三年九月二十日，
錢鋼先生在香港中央圖書館的演講。
該演講由香港中央圖書館、
香港大學新聞及傳媒研究中心聯合舉辦，
聽眾多為香港的中學生。

先向在座的朋友說一聲謝謝，特別要向現在還站在門外大廳的朋友說謝謝。辛苦你們了！

　　我們一起經歷了「沙士」，經歷了一段刻骨銘心的歷史。我三月五號來到香港，整個沙士的高潮中間，我一直是在香港大學。如果有人問我，你自己印象最深的是什麼？讓我告訴大家：

　　第一個印象是一首歌。我想在座的各位或許還能記得，香港有線電視新聞台在播送新聞時，常常出現一段過渡的音樂，這個音樂就是「We Shall Overcome」，我想你們一定記得，而且一定會唱這首美國歌。「我們要征服」，征服沙士，這是我第一個強烈印象。

　　我的第二個印象，也是一首歌。香港人給為了搶救病人而獻身的謝婉雯醫生送行的時候，成百上千的人在浩園唱起一首歌。我當時誤以為是一首基督教的歌，後來越聽覺得越耳熟，終於聽出來，它是中國的古典名曲《陽關三疊》。在香港，我聽見「We Shall Overcome」，也聽到《陽關三疊》。香港的中西合璧，令我感慨。

　　第三個印象，還是一首歌。大家知道「沙士」期間我們每天都要用消毒劑洗很多次手。有一個同學跟我講：錢老師，你知道嗎？洗手的時候你一定要唱歌的，唱什麼歌呢？唱「Happy Birthday to You」。她說：你一定要從第一句唱到最後一句，你把這首歌唱完，手就已經徹底消毒了。噢，原來香港的同學用這首《生日快樂》，讓消毒的過程盡善盡美，在面臨生

死的嚴峻時刻，香港人還有這樣的生活態度！

今天我想談談我個人和《唐山大地震》這本書。

很多人問我，當時唐山有很多人在現場，有作家，也有記者，為什麼寫唐山大地震的使命會落到你的身上？確實，我有特別的機會。

唐山地震發生不久，我就去參加救災。我去時，口袋裏面裝滿了紙條。很多很多的人，聽說我要去，把想要尋找的人寫在紙條上叫我去找。你知道那時沒有互聯網，沒有手提電話，唐山完全是消息隔絕的。口袋的紙條中包括我媽媽寫的。我家在杭州，媽媽託人打電話給我說，一定要去找你的蔣叔叔。蔣叔叔是我媽媽的老朋友。大家不知道能否理解，在當時的文化大革命中，很多的人都被抓起來、關起來。蔣叔叔在杭州很倒楣，被鬥爭，日子很苦，然後他就跟他的夫人——他的夫人是唐山人，他們在一九七五年的時候做了個決定，說，唉呀，杭州這個地方真不是個好過的地方，我們走吧，回唐山去。沒想到逃避了杭州的鬥爭，又遇到唐山的地震。他們是死是活？他們家還有兩個孩子，比我小，是我們的弟弟妹妹，他們怎麼樣？

一些熟人在條子上寫了人名，託我幫他們在唐山找人，我就拿着一疊條子到了唐山。除了隨身衣服，我帶了一些大蒜，還帶了黃連素，因為都說唐山特別危險，有傳染病，所以要帶藥。還有一瓶糖——那時候內地的生活非常苦，買糖都要憑票。我記得特別清楚，是一瓶椰子糖。因為有人說到唐山後

你沒有飯吃的，我想沒有飯吃的時候我就吃一顆糖，也許能堅持。

可是哪裏能夠去找什麼蔣叔叔、張叔叔？地震後的唐山已經沒有門牌號碼、沒有路了，只有廢墟。一個人一生中如果見過唐山廢墟，你就知道，什麼叫巨大的災變、人類的噩運。

說來湊巧，那天我跟防疫隊去了幾個醫療隊以後，正在跟人談事，突然聽到一個聲音特別耳熟，是蘇北口音，那不是我的那個蔣叔叔嗎？沒有那麼湊巧的，到了唐山才一天，我就意外地遇到蔣叔叔，我一下子就叫起來了，蔣叔叔見到我一下子就跑上來，他的表情是我一輩子不能忘記的，又是笑又是哭，然後，他語不成句，就到處指：你看你看，我們唐山都怎麼怎麼……，我們倆一下子就緊緊地抱在一起。那時候我做的第一個反應是，馬上脫下我的軍裝給蔣叔叔穿上。

蔣叔叔是唐山市的民政局局長，「民政局」管理社會的救濟事務，比如說殘障人。因為有蔣叔叔，所以我一邊參加救災，一邊參加蔣叔叔的一些工作。他跟我講：錢鋼，你是喜歡文學的，你要多了解唐山的情況，我來幫你。他是一個局長，有一部汽車，什麼汽車呢？又破又小的美國吉普，是戰爭年代留下來的破汽車。他有一個司機，他就讓司機載我到處去走、讓我去了解情況，讓我去了解那些盲人、聾啞人，他們怎樣度過地震以後的日子，特別是讓我跟他一起去送唐山孤兒。

很多人問，唐山地震是一九七六年發生的，為什麼你的書是一九八六年才出版呢？問題就在這裏。在一九七六年，我

在唐山經歷了許多事情，但是沒有要出一本書的計劃，也不可能。

在唐山地震時，地震的消息、地震中間的人民傷亡，是祕密。地震的時候在現場，如果有人帶一部照相機，那麼你就立刻會被警員抓起來，相機會被沒收。所以今天我們看到的很多地震的照片，它不是由當時的記者拍的，是科學工作者在日後去考察拍的。所以，大量的是同一類照片，叫做「地震造成的建築物破壞」，人呢？那些死去的人、受傷的人的照片呢？幾乎是找不到的。我花了很大的功夫，找到了一幅起重機從廢墟裏把死者搬出來的模模糊糊的照片。不知道是誰祕密地拍下來的，在當時那是犯法的。

當時我寫過一些詩，其中一首叫作《烙餅的大娘》。在走過唐山路邊的時候，看到一個老婆婆，在那裏烙餅，我心裏就想，好，我要寫一首詩，寫什麼呢？寫這個大娘啊：她烙餅的麵粉是從山西省送來的，她的油是從山東省送來的，她的鍋子是從江蘇省送來的，她的鏟子是從浙江省送來的。我的意思是什麼呢？你看，從大娘的這個鍋子裏面，你看到了全國人民的「階級友愛」。這個想法固然也不錯，但是，當年像我們這樣的作者，一考慮問題，就會習慣地想，噢，我要寫一個東西，怎樣去歌頌我們的國家，怎麼去歌頌我們的黨，這是一個最基本的想法，除此而外，沒有更多。

所以說，最初的時候，不要說別人不允許你寫，你自己也沒有想過去寫後來這本《唐山大地震》。

從唐山地震往後三年、五年、八年，你們知道在中國是變化最大的一個年代，我們叫什麼呢？今天叫作「改革開放」。它的到來對我來說意味什麼？對我來說，就是思維習慣發生了極大的變化。一九八四年，唐山地震快要十年了，一本雜誌向我約稿，題目是「一座城市的毀滅和新生」。他們是說，你看從前是一片廢墟，今天這個城市又重新建設起來了，蓋了許多新房子，在蓋新房子的時候，有一個建築公司表現得很好，它採取了一些改革的措施，發了獎金等等、等等。雜誌要我寫唐山在十年裏邊的變化，它的立足點，還是在要歌頌誰誰誰的功勞。

但是，這個時候是一九八四年，我的內心發生了很大的變化。我問自己，我為什麼只能用災難來襯托十年以後的成就，而不能直接去寫當時唐山人所受過的苦難呢？

我們常常說一句話叫「文學是人學」，但是如果不是到了八十年代，我們不可能真正去寫人的苦難、人的命運、人的悲歡離合、人的柔弱、人的堅強。

在我自己個人成長的許多年裏邊，「人」，是不重要的。我在檢索《建國以來毛澤東文稿》時，發現一九五九年在江蘇的海上發生了一次特別大的風暴。因為沒有預報，在海上捕魚的漁民，有四千多個人死亡。下面因此做了檢討，總結了氣象局為什麼沒有報告等等，最後報到毛主席那裏。毛澤東批示：「唐人詩云：『沉舟側畔千帆過，病樹前頭萬木春。』」你看，四千人的死亡，在「君」看來，沒什麼了不起，所以他接着批

示：「再接再厲，視死如歸，在同地球開戰中要有此種氣概。」

我們不會忘記親身經歷的東西。我們曾經過着貧乏的物質生活，沒有人的尊嚴，不知道怎樣去尊重人、怎麼去愛人，在文學作品裏邊，你看不到人和人之間的愛。終於，經過思想解放運動，我們明白了，「人」是第一位的，我們要文學去反映「人」。這好像是一把鑰匙，到我拿到這把鑰匙的時候，我在唐山的日日夜夜，許多難忘的東西，跟泉水一樣噴發出來。

我在那裏不光是一個每天背藥桶去噴藥的防疫隊員，也不光是一個四處採訪的作者。因為蔣叔叔的孩子已經受傷送到了外地，我就到他們家裏，成為他們的「兒子」，跟他們一起經歷過所有的生活。先是住蘆蓆的篷子，天氣涼了，我們用解放軍的帳篷做起了新家；天氣更冷了，我們用磚頭臨時趕建起過冬的簡易房。沒有水，在街上消防車每天來，一家人發一桶水，要排隊的，甚至有時候要搶。沒有衣服，有時發救濟衣，可能一家人領一件衣服，可能大小還不合適。有的時候，沒有米，沒有麵，就上街去領。這就是災民的生活。

唐山的災難，影響非常深遠。一直到今天，它的後遺症還存在。很多人記得的唐山，遠遠不止於我所看到的唐山。不久以前，我看到一個浙江的官員，他說，噢，你是寫唐山的，我一看到你就想起一件事。他從前是軍人，在中越邊境的老山打過仗，當時是個連長。他說，在老山的時候，上面分配來一個年輕的軍官。老山那地方當時到處是地雷，非常危險。新分來的這個軍官，就一步不離地跟着他，他對新軍官說，你幹什

麼總跟着我？新軍官說，連長啊，我要跟你說句話，我是唐山人，我家就剩了我一個了，地震的時候，他們全死了……我有點怕。一天，這個連長帶着他，通過一段非常危險的地方，突然，就聽他叫了一聲，回頭一看，人沒有了。出了什麼事情？原來路很滑，他一下子滑到了山坡底下去了。就聽到山坡底下，「轟，轟，轟」，一連串的地雷爆炸了……原來這也是一個唐山地震的孤兒！

　　我們的文學、我們的新聞，有責任去把人類的痛苦如實地記錄下來。我從事過中國自然災害史的研究，在一些科學家和作家、記者朋友的共同幫助下，我參與主編了一部叫作《20世紀中國重災百錄》的書，我們的口號是：「為了遠離災難，我們走近災難。」我們要把一九○○年一直到一九九九年，一百年間中國發生的災害，一個一個搞清楚。

　　我們現在這個地方，離銅鑼灣很近，大家知道銅鑼灣那片海就是避風塘。大家試想一下，如果在香港發生一次有成千上萬人遇難的自然災害是什麼景象。這就是在一九○六年九月十八號的颱風。香港早在一八八二年已經開始掛風球報告颱風消息了，但是偏偏一九○六年的颱風毫無跡象，什麼跡象都沒有，一個外國神父還駕船，在青衣一帶傳道呢！突然颱風到來，造成極大的傷亡，當時銅鑼灣的船都打成了碎片，銅鑼灣避風塘全飄滿了碎船的木板，人可以在避風塘裏的碎船板上走來走去，災情如此慘重，一萬人傷亡。

　　除了唐山大地震，中國還發生過很多傷亡慘重的災害。在

唐山大地震僅僅一年之前，還發生了一九七五年可以稱之為世界最大的水庫垮壩慘案。由於淮河大水，兩個特大水庫、十幾個中型水庫、一百個小型水庫同時潰決，河南駐馬店地區完全是一片汪洋，有一個縣全部沉沒在水底，京廣鐵路停車一百多天，巨大的火車車廂都被沖到幾十公里之外。

　　二十世紀在中國還發生過多次類似「沙士」這樣的疫潮，比如說一九一〇年，清朝末年，發生了東北特大鼠疫。那次鼠疫跟這次「沙士」有很多相似的地方。首先動物傳給人類，第二是飛沫傳染疾病，第三是肺科的疾病，第四是沿交通線迅速地擴散，第五造成嚴重的地區性恐慌，第六是跨國界的，俄羅斯和中國都發生問題，第七是政府採取了隔離措施。很多事情非常的相似。最後全世界在中國召開了萬國鼠疫大會，不簡單的。

　　大家知道，一九八八年上海發生了「甲肝」——甲型肝炎，這個「甲肝」，跟這次的「沙士」也有很多相似的地方，它在時間上非常相似，元旦開始出現，春節形成高潮，春天爆發，然後又突然消失。當然，有一點不同：肝炎是人類有認識的，有疫苗可以防範。但是 1988 年的這麼大的一場肝炎，發病的高峰每天有一萬個病例新增，上海的醫院根本沒有充足的病牀可以供病人住院。這次「甲肝」總共導致四十萬人染病，引致四十多人死亡，肝炎啊，直接死亡四十多人。大家再想一想，在物質貧困時代，中國人，得肝炎是得不起的，喪失勞動力啊，但是，我要告訴大家，今天你要在報紙上去尋找它的資

料，你會找不到，輕描淡寫，沒有多少。

我們來說一說這次的「沙士」。熒幕上是我的朋友——《中國青年報》的記者賀延光，在「沙士」中間拍的一幅照片。賀延光拍了幾千幅有關「沙士」的照片。談到中國對於「沙士」的報導，賀延光說，災害就是災害，死亡就是死亡，為什麼我們的報導裏，你看不到這種死亡的真相？這樣賀延光就拍下了這張照片：一個病人剛剛死去，旁邊是一個無奈的醫生。

大家知道四月二十日衞生部長張文康、北京市市長孟學農下台了。下台了以後，在北京的報紙上，前一時期的寂靜無聲，變成了震耳欲聾的「非典」的報導。四月二十三日這一天，《中國青年報》的頭版，在「非典時期的怕和愛」專欄登了一篇文章，是一個北大女學生的來信。我把這個來信給大家唸一遍，它的題目叫《請為我的父母祈禱》。這個大學生的文章說：

　　四月二十一日晚，父母把我叫回了家，吃飯時他們告訴我，他們所在的醫院，已經被北京市衞生局指定為「沙士」專門接收醫院了，一個星期之內將清空所有的病人，集中所有的醫護人員，專門救治「非典」病人。他們叫我回來，就是為了告訴我這件事。並讓我帶夠衣服和錢，叫我以後不要回家了，他們也會被封閉在醫院，不能出來，什麼時候能出來，也是未知數。聽到這個消息，我感到晴空霹靂一般，當時不知說什麼好，半天說出一句：

你們會不會感染上？可是誰都知道，趕上這事的醫生的感染率是相當高的。我想讓他們辭職不幹了，我說，以後我上班養活你們！父母只是笑笑，說我孩子氣。由於他們都在一個醫院工作，所以可以享受只去一個人到醫院的待遇。（就是她父母同在一家醫院，就可以一個人去沙士病區，一個人不去。）當我要求他們只去一個人時，他們幾乎同時說：「我去！」父親說，他是一家之主，有責任承擔這個危險；而母親說，如果只有一個人去的話，那就是她去。他們就在飯桌上就這麼平靜地爭着，而我的心就像被刺破了一樣，我不相信我的家有一天會要面臨這種生死抉擇。他們讓我決定誰去，我快要哭出來了，感到極度的無助和傷心，我喊着：「無論你們誰染上，咱們這個家就算要完了！你們誰也不許去！」最後母親慈祥地看着我，說了一句我一想起來就要流眼淚的話：「你以後會有你自己的家庭的，你已經長大了。」母親說這句話時那慈祥平和但又不容置疑的口氣，讓我心碎欲裂：「我和你爸爸這麼多年的夫妻了，誰去都不放心，就像你現在不放心我們一樣。所以叫你回來之前，我們已經決定了，兩個人都去。比起那些孩子還小的同事，我們感到幸運多了。」此時我的叫喊、我的眼淚已經無濟於事，我感到從未有過的絕望，我又一次求他們放棄這個工作，不要去，我現在打工掙的錢三個人夠用了。父親說，他做了三十多年的醫生，在這種國難當頭的時候，決不能愧對「醫生」這個稱

號，這是最起碼的職業道德。我不知道怎麼辦了，坐在那裏傻傻地發呆。電話響起來，是父親醫學院的同學聽說了這個消息，打電話來問候。父親還在電話中說，要是他「光榮」了（內地的話就是說如果他遇難了），就是他們這個班第一個為醫療事業獻身的人。母親安靜地給我收拾東西，我本來每週都回家，但這次，他們給我帶夠了換洗的衣服，我只能這樣回學校了。一想到我不知什麼時候才能回家，才能見到我的父母，我就淚如泉湧。街上各色各樣的行人，有的跟父母一起出來，去超市購物。我想我的家本來也同他們是一樣的，我的父母下班後也會去超市，去菜市場討價還價，他們本來不是什麼崇高的偉人，他們是普普通通的老百姓，只是這個時候他們忠於自己的職責而已。我多年來養成的玩世不恭、叛逆不羈，在瞬間土崩瓦解。我多想再聽我媽媽的嘮叨，而不是從今天起為他們擔驚受怕，有家不能回。我現在真的不知怎麼辦才好，回到實驗室坐在電腦前發呆，每到吃飯時就忍不住流眼淚。我親愛的朋友，請為我的父母祈禱，祝他們平安好嗎？這也是我現在唯一能做的，謝謝你們，祝你們和你們的父母都健康。

從唐山地震，到這次「沙士」，我想說，「人」這個字，終於在我們面前樹立起來了。儘管我們付出了非常大的代價，儘管「沙士」的消息一度被封鎖、被阻隔，然後導致了非常大

的悲劇，但是四月二十號，當衛生部長、北京市長下台之後，你看我們的報紙，包括黨報，終於可以堂而皇之把「怕」、把「愛」放到他們的頭版。這就是時代，這就是歷史。真的，如果一個人他連怕的權力都沒有，你怎麼期望他去愛？如果你一而再、再而三地壓抑他的恐懼、壓抑他的怕，這個怕，只能變成一種恨。

因為時間的關係，我的談話只到這裏。然後，我很願意和大家繼續討論大家所關心的任何問題。

**問：** 大自然的災害和疾病給人帶來很多災難，有人可以勝出，是否真的解決一切，還是會有更嚴重的後果呢？

**錢鋼：** 唐山地震後，我們都佩戴一個徽章，上有四個字：人定勝天。「人定勝天」，不是「人一定能勝天」的意思。可是在很多年裏面，我們都說，我們能戰勝這個「天」。我想在上世紀末的時候，我們人類對於自己的能力充滿了信心，尤其是當互聯網出現了以後，甚至是非常的驕傲。但是 21 世紀初，我想人類變得冷靜多了，有許多未知的東西，「沙士」來得快，去得也快，我們說「沙士」是被我們戰勝的，言之過早啊！我想，人類永遠不要去說我們要去戰勝自然，我們只能說，我們跟它和諧相處，我們去理解它、去了解它。

**問：** 你如何說服死難者的家人接受你的訪問？寫完《唐山大地震》之後會否對生命有另一種看法？

**錢鋼：** 這個朋友的問題，是站在今天來說的，為什麼呢？

在今天「沙士」中間，我們如果去採訪「沙士」死難者的家屬，是很敏感，是需要特別慎重的一件事情。但是我要告訴大家，在唐山大地震的時候，採訪死難者的家屬，決不像今天這樣的敏感，需要謹小慎微。在那樣的一個年代，充滿了鬥爭，充滿了仇恨，真的，人比較粗糙，我們也可以說是堅強。事實上，當年許多唐山人談到死亡的時候，是很平靜的，而且由於死亡的人數太大了，幾十萬人，身邊到處都是死亡者。所以這個問題在當年唐山，不是一個問題。在今天「沙士」的時候，一定是一個問題。

從表面上看來，我自己對於生命，可能有了更多的尊重，但實際上，這個東西是我本來就有的，我想我去送孤兒的時候，我對小孩子，對他們的那種情感是本來就有的。我想一個健康的社會，它是使人們這種與生俱來的這種善良，能夠健康地生長和發育，而不被壓抑，不是被變成另外一種東西。

**問**：究竟是人對社會災害影響大，抑或是天災對人的影響更為深遠？

**錢鋼**：我們講天災，離不開講人，有很多時候，災害的後果之所以如此嚴重，就是因為有人的失誤。還有一部分災害，本來不是什麼嚴重的災害，但是某些人為了某些利益集團、某些政客的需要，他會利用這種災害的資訊，會有的，所以這樣的，有的時候是人禍和災害、天災和人禍互為因果。

**問**：您剛才說的「人」的觀念開始出現在中國內地的文學，這代表日後的中國的新聞報導都會如此報導嗎？這是否中

國新聞的一個新的里程碑？

　　**錢鋼**：在「沙士」中間中國內地新聞的變化，談不上「里程碑」。毫無疑問的，以人為本的思想，正在日益地深入人心。如果説在八十年代，我們僅僅認識到人的重要性，那麼在今天就不僅僅是一個道德概念上的「人」的重要性的問題了。因為大家要考慮在這個社會的基本結構、在政府的功能、在社會的功能，這個社會的體系，這個社會的各種公共事物，比如説教育，比如説新聞，比如説衛生事業，它如何健康地發展，才能確保人的權利。不僅僅是一種呼喊，所以説來日方長。中國新聞報導剛剛開始。剛才説的四月二十三日，這位學生的擔驚受怕，可以放在《中國青年報》這份黨報的頭版，這只是剛剛開始，為什麼二月份不可以呀？我們就問這個問題。對不對？因為很多人還在説假話嘛！對吧，張文康還説：大家來北京旅遊，沒有危險嘛！歡迎你們來嘛！是不是？所以説，我們要考慮的是，如何用一個健康的制度來保障個人的權利，是這個問題。

　　**問**：請問自從發生唐山大地震後，你對中國政府在處理天災方面有何評價，有什麼地方需要做出改善？

　　**錢鋼**：毫無疑問，從唐山地震到現在的二十七年中間，人們對於災害的處理能力，我們叫危機處理能力，叫風險的管理，這種能力是開始增強了。但是，我們今天的防災救災體系，還有許多的工作需要做。這次公共衛生的漏洞大大地暴露出來了。「沙士」以後，CCTV 專門去做了北京第一人民醫院的

內部的調查，才發現，這是最好最好的醫院嗎？還有那麼多的漏洞需要解決。另外，我還要補充一點，「沙士」、地震和別的災害有一個不同，就是它的未知性。颱風、洪水都有很多的明確的預兆，你都有很多很成熟的對付它的辦法；「沙士」沒有，沒有疫苗；地震，地震最可怕的是，什麼時候要發生地震，全人類，不要說中國，不要說西方世界，也都不知道的，特別大的一個謎，人類對於地底下發生的很多變化，特別茫然。所以說，真的不能說大話，可能很多很多工作需要去做。

　　**問：**唐山大地震有大自然的警告，但人卻沒有察覺；而「沙士」在香港爆發前也是有的，但人呢，依然沒有發覺。這兩種情況有什麼不同？

　　**錢鋼：**據我掌握的有限的資訊，好像「沙士」出現之前是沒有預兆的，因為我們現在很難講在「沙士」之前，中國內地和香港出現的較大規模的流感是「沙士」的預兆，這沒有根據。但我可以肯定這個預兆是一定有的，因為人們倒過來去追溯它的時候，他想起來佛山的那個姓龐的是第一個病例，後來是深圳姓黃的廚師。「沙士」留下了太多太多的科學考題，它留下了非常大的一個考卷。「沙士」來得非常奇怪，走得也非常奇怪。地震的前兆，大家看《唐山大地震》的書裏面，那麼多的前兆：雞飛狗跳、豬跳出圈，可是，你能拿這個前兆來應用於下一次地震嗎？比如說，你今天看見一隻狗，突然地狂叫起來，你就能向全中國發佈：地震來了！這樣預告？這不可能！為什麼呢？它沒有唯一性，我們說

它沒有排它性，它不是唯一的信號。一九九六年的一天晚上，當年準確地預報過唐山地震的科學家，跑到我家，敲門說：不得了了！北京要地震了，要地震了！他說，你看，北京孔廟裏的井啊，水沒有了！還有什麼地方的鳥啊，又跟唐山地震時一樣嘩嘩飛過去！又有蜻蜓跟蜜蜂怎麼怎麼飛。我真的相信要地震了，然後我把中央電視台的記者請到家裏來，然後開始採訪，說現在是七點三十六分，我們的地震工作者，在這談一談他的判斷。這天晚上，很多人都跑到外面院子裏去，那天天氣真的是特別怪，特別的悶熱，那天晚上，我在院子裏走到夜裏二三點鐘，地震沒來！所以說，人類認識自然真的是「路漫漫其修遠兮」，非常長的一條道路。

**問**：你寫作《唐山大地震》時，你在主觀感情和客觀事實上，如何做一個平衡？怎樣才能確保報告沒有滲入過多的個人感情或者是思想？

**錢鋼**：《唐山大地震》的確滲入了很多個人感情或者思想，為什麼呢，你要知道中國在那個時候，我們的新聞啟蒙還沒有開始，我們能夠把自己的感情不受壓制地宣洩出來，就已經是很難得了。在一九八六年寫這樣一本書，和當時中國內地讀者們的欣賞習慣是一致的，他們並不會覺得我的主觀過多。一篇作品，首先要有真感情、真思想，因為我們見過太多的假感情、假思想。先從假感情、假思想到真感情、真思想，然後才說更客觀、更冷靜。

**問**：由發生唐山大地震與「沙士」相比，你認為當權者做

法有什麼相同和不同？

　　**錢鋼**：唐山地震的時候，中國處在政治的地震期。政治也在地震，為什麼呢？其實，毛澤東已經不能夠去管理這個國家，他已經病重了，就在唐山地震期間，他逝世了。但是呢？他形成的一整套的方法，是固定的。這個方法是建國以來形成的。唐山地震不能預報，有這樣那樣的原因，它最讓人感到扼腕歎息的就是，一九七四年地震工作者就已經指出了，在北京、唐山、張家口、渤海灣這個圈裏要發生大地震。一九七四年，而且形成了國務院文件，說這個地區要嚴密地防範大地震。這多可惜，就是說七四年的時候就已經圈了這個地區，這個期間發生了幾次大的地震，最大的是遼寧海城的一個七級多的大地震。好了，這個大地震發生了以後，大家反而茫然了。等到北京又出現了很多跡象，北京周圍、唐山出現很多跡象的時候，科學工作者不能夠很大膽地做決斷，有一個原因就是離北京太近了，如果要預報，就意味着毛主席要搬家。可以理解嗎？這是非常大的問題。所以政治的壓力，使科學的預報變得非常的膽戰心驚。剛才我講過一九八八年的「甲肝」，其實有很多思路是一樣的，就是說社會要穩定，如果能不報就不要報，能少報就少報，但是關起門來要好好解決，你不能說關起門來不好好解決。醫院政府都下了很大的力氣，但是它基本的思路不是像現在我們看到的，就是說，要講資訊公開、透明、流動。不僅是政府要發揮強有力的作用，社會，包括知識界，包括媒體，也要很主動地起來承擔責任。

**問：**你認為青少年應該怎樣看待中國文化？應該以什麼樣的態度，面對中國文化？

**錢鋼：**可能這位朋友在聽到我講《陽關三疊》的時候，勾起了這個問題。真的，我發自內心地講，香港有許多西方色彩，是中國內地所看不到的，香港有很多中國色彩，也是內地看不到的。我希望香港永遠地保持那種中西合璧的色彩，不要把它丟掉。為什麼我聽到《陽關三疊》的時候，我會有那種感覺？這是這個民族沉澱了幾千年的情感。我們給一個人送行的時候，用這種「西出陽關無故人」的感傷方式，這是我們中華民族的方式。每一個民族都有自己的根深蒂固的東西，不要把它丟掉。

好，時間關係，很抱歉，有很多朋友的問題，我們來不及回答。謝謝你們，謝謝大家。

# 《唐山大地震》
# 和那個十年

從 1976 年「7.28」那天算起，
到 1986 年 3 月《解放軍文藝》雜誌刊出
《唐山大地震》，時間跨度長至十年。
這篇報告文學的形成過程，
可從一個側面，
印證文革結束後最初十年的演變。

# 1976：《朝霞》派我去震區

　　我那時還不是記者。我是上海《朝霞》雜誌一名穿軍裝的編輯。《朝霞》編輯部裏，有工人、農民、解放軍。這是那個年代的奇觀——「工農兵佔領上層建築」。雜誌名義上隸屬上海人民出版社，主管者卻是上海市委寫作組。

　　《朝霞》文學月刊創刊於 1974 年。後來有人將《朝霞》和《學習與批判》並論，稱為「四人幫篡黨奪權的輿論工具」。如果不用這種簡單的政治標籤，說《朝霞》是一本認真執行張春橋、姚文元指示，全力宣傳毛澤東「全面專政」思想的刊物，是合乎實情的。

　　我 1969 年 3 月入伍到上海警備區。16 歲的我，懷揣着《人民日報》、《解放軍報》和《紅旗》雜誌「兩報一刊」社論集到部隊，那些紅色語言，當時讓我入迷。一次手榴彈投擲，我的副連長為救戰士而負重傷。作為目擊者，我奉命去各單位宣講他的事跡，後來被抽調去寫演唱作品。從宣講，到創作，事實被不斷拔高，豪言壯語不斷增加，最後副連長成為「一不怕苦，二不怕死」的典型。

　　我在軍中自學寫作。從 1972 年開始，在《解放日報》發表小說、詩歌，也在《朝霞》發表過多篇文藝作品。1975 年底，我被「借調」到《朝霞》，任「詩歌、散文、電影文學組」的組長。

　　去《朝霞》時，「批鄧」已開始。未幾，周恩來逝世，

四五運動爆發。那時，包括在軍中，人們私下對四人幫特別是江青怨聲載道。我也參與這些議論，傳看「李一哲大字報」等地下資料。但我當時仍擁護文革、懷念我參加過的紅衛兵運動。1976 年是文革 10 週年，7 月號的《朝霞》刊登了我的長詩《獻給十年的詩篇》。

這是唐山地震發生前的我。一個受「毛文化」影響很深的文學青年；對幾年後將投身的新聞傳媒，認識幾無。

1976 年 7 月 28 日，唐山 7.8 級大地震發生。我向編輯部請求，去參加抗震救災。我與《朝霞》和出版社幾位編輯獲准組成一個小組，到震區組稿。那些稿件的主題都是歌頌黨和主義的。比如我寫過一首詩《烙餅的大娘》，用抒情的筆調，寫一個夕陽下在路邊架鍋做飯的老人，她的鍋是哪個省支援的，麵，油，又是哪個哪個省送來的。

在唐山我見到過一些記者，印象中他們在震區的時間不很久。因為偶然的機會，我留了下來。我遇見了父母的老友，唐山民政局局長蔣憶潮。這是一位老宣傳工作者，他有意識帶我參加賑災工作，並在各處了解情況。在唐山的兩個多月裡，許多時間我就住在他家，感受了真實的災區生活。其中最難忘的經歷，是參加護送數百孤兒到石家莊和邢台。回到唐山我向上海醫療隊做了一次內部報告，醫生護士泣不成聲。這讓我第一次感到，不帶宣傳色彩的如實報道是多麼打動人心。

在唐山我趕上一個時代的閉幕。毛澤東逝世；四人幫被捕；上海的張、姚體系瓦解。《朝霞》編輯部打了許多電話，

才在震區找到我，命我速回。這也是《朝霞》的末日。「揭、批、查」開始了，編輯部裏貼滿了揭發市委寫作組的大字報。一次全市批判大會上，有人追問，市委寫作組派人到唐山，是去搞什麼特務活動？！

可以這樣說，在那時，無論是手頭掌握資料的完整性、確鑿性，還是我自己的觀念，都距後來的《唐山大地震》十分遙遠。文革末期，不要說絕無可能出版那樣一本書，連採寫的構想也不可能產生。

## 1984：頭腦風暴

一直到 1984 年。

用天地翻覆來形容那幾年，一點也不過分。改革開放開始了。

1979 年初，我被抽調到前線，參加中越邊界戰事報道，由此調入解放軍報社，開始從事職業新聞工作。那正好是一個轉折點 —— 報社在「撥亂反正」，批判林彪、四人幫的「假，大，空」新聞宣傳惡習。發給新記者的學習資料，除了人大編的《外國新聞通訊選》，還有美國大學的新聞教材。

後人很難想像那樣的情景：在還需要按比例吃「粗糧」的飯堂里，年輕軍事記者們開始在飯桌上興致勃勃切磋美國新聞的導語寫法，什麼「子彈式導語」、「曬衣繩式導語」、「延緩式導語」……；熱烈討論「大兵記者」歐尼・派爾的報道風格。

一羣餓極了的孩子，面對從天而降的大餐。和同齡人一樣，我也天蒙蒙亮到書店排過隊搶購文學名著，惡補解禁書籍，興奮地閱讀報刊上一篇又一篇引起轟動的作品。大概誰也忘不了《哥德巴赫猜想》發表時的情景，許多報紙都用若干個版來全文轉載徐遲的這篇報告文學。報告文學的浪潮湧來，文革後一代新記者，幾乎人人是報告文學的愛好者，談起劉賓雁、理由、黃宗英的作品，如數家珍。

　　我們飛快接受那些全新的 —— 而又是最基本的理念：說真話，不說假話；說人話，不說鬼話；人性；人道主義；以「5W」為標誌的新聞真實性原則；還有最重要的，「改革」。

　　我們這代記者的「師傅」，多為 1957 年的右派、「中右」、和文革中吃足苦頭的新聞工作者。他們方復出，尚年富，成了各大報社的骨幹。他們痛定思痛，棄舊圖新，是新聞改革的中堅力量。

　　中央級黨媒體一度讓人刮目相看。1979 年，《解放軍報》從《詩刊》轉載長篇政治抒情詩《將軍，不能這樣做》，批評一位拆除幼兒園、耗用外匯為自己興建樓房的高級將領（實有其事）。1980 年，人民日報曾點名批評兩名副總理和四名部級領導。同年，《中國青年報》在頭版頭條刊登報道，批評國務院商業部長享受特權，到餐館就餐不照章付費的「不正之風」。

　　但新聞改革步履維艱，媒體的工具角色一如既往。當記者之初，我參加對越戰事、發射火箭、審判「林、江反革命集

團」等報道，起步順利，但隨後狀態跌入低谷。許多反映軍隊基層實際的稿子無法寫，或寫了登不出。而一些被迫從命的政治任務，令我反感。有一回，報社派我去寫一位先進人物，並明確傳達領導的指示：「就是要用這個人生觀典型，去打自由化！」

我們許多新記者，就是這樣「逃」到報告文學去的。上世紀 80 年代初期，當新聞報道剛剛開始活躍便被套上枷鎖時，一些呼喚人性、披露史實、觸及現實的報告文學作品卻日益受到讀者鍾愛。這一「報告文學運動」的實質，是另闢蹊徑爭取新聞自由。

1981 年，我和江永紅合作採寫了《藍軍司令》（《解放軍文藝》1981 年 3 月號），這篇讚揚一位說真話的指揮員的作品，在次年獲得第二屆全國優秀報告文學獎。這對我們鼓舞極大。1984 年，兩人又合作採寫了記錄軍隊幹部制度改革的《奔湧的潮頭》（《崑崙》1984 年第 3 期），在當年獲得第三屆全國優秀報告文學獎。

《解放軍文藝》當時很活躍。第三屆全國報告文學優秀獎剛公佈，他們便萌生大手筆創意，約當時獲全國獎的幾位軍隊作者，每人寫一部長篇報告文學，雜誌則為每人提供整整一期的篇幅，就是說，一期雜誌，只刊登一位獲獎作者的一部新作。李延國率先發表了《中國農民大趨勢》。編輯部和我商議，寫唐山。

時間已經過去了 8 年。我保存着唐山救災時的筆記本，

蔣憶潮叔叔那些年也常寄資料給我，說別忘了大地震，有機會你要寫！但是，除了應唐山市的徵文，我寫過一篇護送孤兒的回憶，寫長篇作品的念頭沒有產生過。1984年，條件比較成熟了。

我的責任編輯是陶泰忠。他建議，兩年後就是唐山地震10週年，可以寫一篇《一座城市的毀滅和新生》。我們商量過具體的框架，在大地震的背景下，寫唐山的重建。其中要突出改革。例如當時參加唐山重建的邯鄲第二建築公司，正在推行責任制，是耀邦抓的改革典型，要重點採訪。

當時我離職進修。1984年，我考入解放軍藝術學院文學系。系主任徐懷中請來一位又一位知名的作家、評論家和學者，開闊我們的視野，衝擊我們的觀念。1984，喬治‧奧威爾筆下的這個虛構的年份，在我的真實記憶里，充滿頭腦風暴的呼嘯激盪。

我邊讀書，邊一次次去唐山採訪，1985年春節前後在唐山住了一個月。換句話說，邊採訪，邊在用讀書中得到的「新觀念」重新審視唐山地震，用已經掌握的職業新聞手段重新調查事實。例如，我當時下決心找到「7‧28」凌晨3點42分時的地震目擊者。這樣的人不多，淹沒在人海中，但我還是尋找到了10位，有深夜值班的醫院護士、電廠工人、火車站職工等。我用軍報剛發給我的SONY微型錄音機，錄下他們的證言。我當時想，這些極其珍貴的資料，應該被大英博物館收藏！

可以用「狂」來形容我和同伴們 1984 年的模樣。我當時決心，要達到基希報告文學的水準，要寫一部約翰・赫西《廣島》那樣的作品。我堅信唐山大地震屬於人類，我的作品，不同國家的人都能看懂 —— 我相信能，只要抓住全人類共有的人性。

很自然的，我想，為什麼不能只寫「毀滅」，不寫「重建」？

我把這個想法告訴陶泰忠。我們一拍即合！

重新調整了視角，內心的閘門被打開了。當年震區筆記本裏的故事、細節，在重新採訪核查後一一復活，又引出更多的大災難實況。我當時還沒有聽過「口述歷史」這個術語，事後看，《唐山大地震》中口述歷史的比重很大。採訪的後半段，我開始追蹤唐山地震預報問題。當時也還不知道何謂「調查報道」，但所做的，無疑已是錯綜複雜的調查。

寫作《唐山大地震》，有缺一不可的三個條件。一是我當年在震區兩個多月的親身經歷；二是 80 年代思想解放和我個人所受的影響；三是我擔任記者後受到的新聞訓練。

作品在 1985 年底寫成，1986 年 3 月發表。當時意識形態領域吹來寬容，寬鬆，寬厚的「三寬」之風。《唐山大地震》的發表，碰上了難能可貴的「時間窗口」。稍早不行，還在「清除精神污染」；稍遲也不成，新一輪反自由化運動又開始了。

# 1986：解凍效應

　　以災難為核心，而不是以救災為核心，這樣的寫法，在當年是突破。作品按照新聞的規範，記述了大量確鑿的事實：地震前的奇異自然現象，地震發生時的實況，震後的慘烈景象，幸存者的自述，救援者的親歷，艱難時日各種人的命運，地震工作者的痛楚……。其實這只是回到事實的本來面目，報道了在 10 年前就該報道的東西，然而這麼做，在 1986 年已足以使《唐山大地震》引起轟動。報告文學家理由說：「這是冰凍新聞的解凍效應。」

　　在沒有互聯網的年代，一部作品的流傳，除了報刊雜誌的刊登與轉載，很重要的渠道是廣播。當時北京、上海、天津的電台，都有優秀的播音員或著名演員在連日播送《唐山大地震》。我也因此遇到作品發表後最初的麻煩。

　　《唐山大地震》的第七章《大震前後的國家地震局》，觸及了地震預報這個敏感問題和國家地震局內部的矛盾。地震局有人向《解放軍報》和《解放軍文藝》社的領導反映我的作品有錯誤。但領導認為是學術爭論，只是要我到國家地震局去，和持不同意見的同志座談、解釋。後來，國家地震局向正在播送這部作品的中央人民廣播電台發去公函，要求不要播送第七章。《唐山大地震》在中央台播到第六章，戛然而止。

　　又有一天，報社領導找我談話，說總政領導對我有批示。

原來，國家地震局老局長，時任全國人大常委會教科文衞委員會副主任的胡克實，寫信反映，《唐山大地震》對「四人幫」搞批鄧反擊右傾翻案風、破壞地震預報和抗震救災的事實揭露不夠。總政主任余秋里批示，大意為，請錢鋼同志去採訪胡克實同志，向他請教，在再版時對作品進行修改。我很快見到了胡克實，這位和善的老人，又讓我了解到許多史實。

總之，《唐山大地震》發表後，有麻煩，但麻煩不算大。我沒有遇到張慶洲先生的坎坷 —— 他的《唐山警示錄》在 2005 年出版不久即被停止重印；也比 2008 年採訪汶川地震的一些記者朋友幸運 —— 他們想查明一些真相，卻見厲禁高懸。

2008 年，有記者採訪我，要我比較汶川和唐山。我說，2008，無疑比 1976 開放了太多。但與 80 年代比呢？以《唐山大地震》為例，你們比較一下吧。

我在為明天留取一個參照物，

以 證 明 人 類 畢 竟 是 偉 大 的。

# 唐山大地震

錢 鋼 著

責任編輯 蕭 健
裝幀設計 明 志
排　　版 盤琳琳
印　　務 劉漢舉

出版
中華書局（香港）有限公司
香港北角英皇道 499 號北角工業大廈一樓 B
電話：（852）2137 2338　傳真：（852）2713 8202
電子郵件：info@chunghwabook.com.hk
網址：http://www.chunghwabook.com.hk

發行
香港聯合書刊物流有限公司
香港新界荃灣德士古道 220-248 號
荃灣工業中心 16 樓
電話：（852）2150 2100　傳真：（852）2407 3062
電子郵件：info@suplogistics.com.hk

印刷
美雅印刷製本有限公司
香港觀塘榮業街 6 號
海濱工業大廈 4 樓 A 室

版次
2016年9月初版
2024年9月第14次印刷
© 2016 2024 中華書局（香港）有限公司

規格
32 開（210mm×153mm）

ISBN
978-988-8420-11-7